ILLUSTRIERTE GESCHICHTE DER
HITLERJUGEND

1922 - 1945

BRENDA RALPH LEWIS

ILLUSTRIERTE GESCHICHTE DER HITLERJUGEND

1922 - 1945

Die verlorene Kindheit

tosa

Aus dem Englischen von Die Textwerkstatt/Rudolf F. Kaspar
This translation of *Hitler Youth* first published in 2000 is published by arrangement with Amber Books Ltd.
Umschlag von Josef Koo

Printed by Mladinska knjiga tiskarna d. d.

Bildnachweis

AKG: 6-7, 9, 13, 14, 15, 17, 18, 21, 30, 31, 33, 35, 37, 39, 41, 42, 44, 45, 46-47, 48, 49, 50, 52, 53, 62, 64-65, 66, 68, 70, 75, 76, 78, 80-81, 83, 84, 85, 86, 87, 88, 90, 91, 92, 94, 95, 96-97, 99, 101, 103, 104, 106, 107, 109, 110, 111, 112, 114-115, 116, 117, 119, 120, 122, 123, 124, 131, 136, 138, 158, 160, 161, 162, 166, 167, 168-169, 170, 173, 174, 178, 182. **Popperfoto**: 16, 20, 22, 23, 28-29, 32, 40, 54. **Robert Hunt Library**: 10-11, 59, 132-133, 135, 143, 177, 183. **TRH Pictures**: 8, 24, 25, 26, 36, 38, 57 (US National Archives), 58, 60, 61, 67, 69 (US National Archives), 72 (US National Archives), 73, 74 (US National Archives), 79 (US National Archives), 82 (US National Archives), 93 (US National Archives), 98 (US National Archives), 100 (US National Archives), 102 (US National Archives), 118 (US National Archives), 126, 127, 128, 129 (US National Archives), 134, 137, 139, 140, 142, 144, 145, 146, 147, 148, 150-151, 152, 153, 154, 156, 157, 163 (US National Archives), 164 (IWM), 172, 175 (US National Archives), 176 (US National Archives), 180 (US National Archives), 181, 184 (US National Archives), 185 (US National Archives), 186-187, 188 (US National Archives).

Inhalt

EINLEITUNG

Die Hitlerjugend, die 1922 von der aufkeimenden Nazipartei gegründet wurde, versprach den deutschen Jugendlichen Spannung, Kameradschaft, Abenteuer und eine große Zukunft in einem großen Deutschland. Das war zu jener Zeit eine starke Botschaft. Deutschland war nur vier Jahre zuvor im Ersten Weltkrieg besiegt und von den Alliierten hart gestraft worden. Es war ein Paria unter den Nationen. Die Hitlerjugend gab den Jugendlichen, was sie ihnen versprochen hatte, doch dies war nicht ihr einziges Ziel. Die Nazis wollten eine Generation schaffen, die nur Naziprinzipien und -ideologie kannte und die ihre eigenen Kinder auf genau dieselbe Weise erzog.

Für Adolf Hitler war die Jugend entscheidend. Er wollte ein „Tausendjähriges Reich" schaffen, dessen Hauptstadt Germania das Zentrum der Welt sein sollte. „Nur wer die Jugend hat, hat die Zukunft", pflegte er zu sagen. Die Jugend sollte bereit sein, die Fackel der Naziideologie durch die Jahrhunderte weiter zu reichen. 1933 meinte er:

„Ich beginne bei der Jugend. Wir Älteren sind verbraucht. Wir sind bis ins Mark verfault. Wir sind feig und sentimental. Wir tragen die Last der erniedrigenden Vergangenheit. In unserem Blut sind Leibeigenschaft und Unterwürfigkeit. Doch die großartigen Jungen! Gibt es etwas Besseres auf der Welt? Schaut auf diese jungen Männer und Knaben! Welch Material! Mit ihnen kann ich eine neue Welt erschaffen. Aus ihnen wird der schöpferische Mensch entstehen, der Gott-Mensch … Sagt ein Gegner:

***Links:** Hitler schreitet 1938 gemeinsam mit Baldur von Schirach, dem damaligen Führer der Hitlerjugend, die Reihen der Marine-Hitlerjugend ab.*

'Ich stehe nicht auf eurer Seite', so antworte ich ruhig: 'Dein Kind gehört schon zu uns … Was bist du schon? Du wirst vergehen. Doch deine Nachkommen stehen jetzt in einem neuen Lager. Schon bald werden sie nichts anderes mehr kennen als diese neue Gemeinschaft.'"

Nazifizierung

Die Nazifizierung der Jungen begann sehr früh, mit sechs Jahren, doch wurden sie genau ausgesondert. Vor allem wurde ihre rassische, nämlich „arische" Reinheit geprüft. Die Arier, ein ominöses Volk, angeblich aus dem prähistorischen Indien und Iran, galten okkultistischen Philosophen wie dem Österreicher Guido von List als alleinige Begründer von Kultur und Zivilisation. Die nordischen oder germanischen Völker (blond oder dunkelblond mit blauen oder hellbraunen Augen und der passenden Kopfform) sollten die edelsten aller Arier sein. Rekruten sollten daher möglichst diese Eigenschaften aufweisen.

War die arische Abstammung erwiesen, so wurden die neuen Mitglieder zum Jungvolk zugelassen. Die zwölf Jahre beim Jungvolk und bei der Hitlerjugend gewöhnten sie an spartanische Lebensweise, körperliche Arbeit, Sport, ideologische Schulung und kritiklose Zustimmung zu den Naziwerten. Obwohl diese Erziehung kompromisslos war, war Gewalt keineswegs das wichtigste Mittel bei der Formung der Jugend nach diesen Idealen. Die Nazis wussten, was die Jungen ansprach – vor allem ihr Geltungsdrang, der von der älteren Generation oft unterdrückt wurde. Sie appellierten an die Vorliebe für Machtdemonstrationen – vor allem Sport- und Militärarparaden –, an die natürliche Faszination von Waffen und Uniformen, von Männerbünden und männlicher Aggressivität, um Jungen in die Hitlerjugend zu locken. Einmal geködert, waren sie dem Einfluss der Nazis ausgesetzt, ihrem Nationalismus, Militarismus, Rassismus, Antisemitismus, der Vorstellung von höher- und minderwertigen Rassen, der Wertlosigkeit Homosexueller, geistig Behinderter und eines jeden, der nicht dem Muster arischer Perfektion entsprach.

Andere Jugendorganisationen

Jugendorganisationen waren in Deutschland nichts Neues. 1920 gab es über 2000 Gruppen und Organisationen. Am populärsten war der 1901 gegründete *Wandervogel*. Dessen Interessen waren die Liebe zur Natur, Wandern, Schifahren, Zelten usw. Seine Werte wurden später von der Hitlerjugend übernommen, da sie gesund und geeignet für die Errichtung der neuen Naziordnung waren.

Rechts: Adolf Hitler erhält Blumen von einem Knaben, in dessen Hose eine Hakenkreuzfahne steckt. Im Hintergrund warten drei Mädchen und dahinter zwei Hitlerjungen. In seinem Buch* Im Dritten Reich *bestätigte Albert Speer, dass Hitler mit einzelnen Kindern nicht umgehen konnte.

Was sind Arier??? 0 !

Viele Jugendgruppen standen der nach dem Ersten Weltkrieg in Deutschland etablierten Weimarer Regierung kritisch gegenüber. Hitler hatte seine eigenen Gründe, die Weimarer Minister als feige Verräter zu verteufeln, die den Vertrag von Versailles akzeptiert hatten, der seiner Ansicht nach Deutschland zu einem Geschöpf der siegreichen Alliierten machte. So hatten idealistische Jugendliche und Nazis ein gemeinsames Feindbild. Es schien logisch, dass tausende junge Deutsche nur darauf warteten beizutreten, als Hitler am 27. Juli 1926 offiziell der Einrichtung der Hitlerjugend zustimmte. So verhielt es sich zumindest in der Theorie.

Tatsächlich aber musste die Hitlerjugend erst rivalisierende Bewegungen, religiöse, politische und soziale, überwinden. Dies verlangsamte die Anwerbung. Das Problem wurde erst gelöst, als Hitler 1933 die Macht ergriff und alle Jugendbewegungen außer denen der Nazis und den katholischen verboten wurden.

Als 1936 auch die katholischen Vereinigungen verboten wurden, arbeiteten sie heimlich weiter und verbanden sich mit anderen Gruppen, die im Untergrund arbeiteten. Manche davon, wie die berühmte *Weiße Rose*, eine Studentenbewegung an der Universität München, agitierten aktiv gegen das Naziregime. Sie wurden brutal unterdrückt mit langer Haft und Konzentrationslager. Ihre geistigen Köpfe wurden hingerichtet.

Vergehen der Hitlerjugend

Die Hitlerjugend selbst hatte alles andere als eine weiße Weste, trotz des strahlenden Bildes, das die Nazipropaganda und die dramatischen Vorführungen von Jugendsolidarität bei den Nürnberger Parteitagen und anderen Gelegenheiten erzeugten. Bei Jungvolk und Hitlerjugend gab es alle möglichen Vergehen. Man missachtete Regeln, verstieß gegen die Disziplin und Moralvorschriften (vor allem jene gegen Homosexualität). Die Bewegung bekam einen offiziell nie zugegebenen Ruf der Brutalität, Dekadenz und des schlechten Einflusses.

Für eine ganze Generation junger Deutscher bedeutete die Naziherrschaft eine entsetzliche

Oben: Ein von den Amerikanern am 23. März 1945 in Frankenthal in Rheinland-Pfalz gefangen genommenes Mitglied des Volkssturms wird nach Waffen durchsucht.

Katastrophe, ganz gleich, ob sie sich ihr widersetzten oder sich ihr in die Arme warfen. Tausende der 1943 gebildeten *Hitlerjugend*-Division starben an der Front. Weitere Tausende starben im *Volkssturm*, der 1944 aufgestellten Volksmiliz. Weitere starben bei Guerillaangriffen auf die 1945 unerbittlich in Deutschland vordringenden alliierten Truppen.

Als Nazideutschland am 7. Mai 1945 endlich kapitulierte, gingen 19 Jahre Hitlerjugend zu Ende. Der Widerstand all jener, die sich in Bewegungen wie der *Weißen Rose* widersetzt hatten, hatte sie Jahre ihres Lebens gekostet, und die alptraumhaften Erlebnisse bei den Verhören durch die Nazis hatten bei ihnen tiefe Narben hinterlassen. Andere, die in der Hitlerjugend zu musterhaften Nazis herangebildet worden waren, merkten, dass sie an Träume von einer Größe geglaubt hatten, die nie wahr geworden war, und dass sich ihre ruhmreiche Zukunft nun in den Staub einer totalen Niederlage verwandelt hatte.

KAPITEL 1

DIE ANFÄNGE

Am 19. März 1922 druckte der *Völkische Beobachter*, die Zeitung der *Nationalsozialistischen Deutschen Arbeiterpartei* (NSDAP, kurz Nazipartei genannt) eine Einladung an die deutsche Jugend:

„Wir fordern die nationalsozialistische Jugend und alle anderen jungen Deutschen, gleichgültig welcher Klasse und Beschäftigung, zwischen 14 und 18, deren Herzen von den Leiden und Härten, die das Vaterland erduldet, bewegt werden und die später in die Reihen der Kämpfer gegen den jüdischen Feind, den alleinigen Verursacher unserer gegenwärtigen Schande und Not, eintreten wollen, auf, dem Jugendbund der NSDAP beizutreten ...“

Es gebe keine Mitgliedsgebühr, verlangt würde vom potentiellen Anwärter nur „Liebe zu Heimat und Volk, Freude am offenen, ehrlichen Kampf und an gesunder körperlicher Betätigung, Ehrfurcht vor ethischen und geistigen Werten und die Ablehnung der vom Judentum stammenden Werte ...“

In einer gewalttätigen Sprache, die schon bald bei Erklärungen der Nazis üblich werden sollte, skizzierte diese Aussage die Wesenszüge des Nationalsozialismus. Ihn prägte der Zorn über die Niederlage Deutschlands, des einst so mächtigen, ruhmreichen Kaiserreichs. Nach dem Ersten Weltkrieg lag es in Trümmern. Es war durch Kriegsschuld und Reparationszahlungen schwer belastet, seine Kolonien waren eingezogen und seine Streitkräfte machtlos. Daneben hatte Deutschland 13 Prozent seines

Links: Fahnenträger der Hitlerjugend ziehen zu Ehren Admiral Adolf von Trothas bei einer Feier zum Gedenken an die Schlacht von Jütland 1916 an einer begeisterten Menge vorbei.

Gebietes in Europa an die neuen Nachbarstaaten Polen und Tschechoslowakei verloren. Dazu kam ein urtümlicher Hass auf die Juden, die sich nach Ansicht der Nazis mit dem anderen großen Feind, den Kommunisten, verbündet hatten, um zu Kriegsende den „großen Verrat" in Gestalt des Versailler Vertrags zu begehen. Diesen Vertrag, den das dritte Feindbild der Nazis, die Weimarer Regierung, 1919 unterzeichnet hatte, so schwor Adolf Hitler, werde er persönlich beseitigen.

Hitlers Aufstieg

Nach dem Ersten Weltkrieg trat Hitler einem Propagandakorps aus Heeresveteranen bei. Er sollte bei politischen Versammlungen spionieren und liberale, sozialistische und andere linke Organisationen auskundschaften, die das Militär und die rechten Gruppen so sehr verabscheuten. Eine der von Hitler 1919 besichtigten Organisationen war die scheinbar harmlose Deutsche Arbeiterpartei, die wegen des zweiten Worts in ihrem Namen unter Verdacht geriet. Als er sie überprüfte, erkannte Hitler eine ausgezeichnete Möglichkeit. Schrittweise infiltrierte er die Partei, übernahm sie, taufte sie in *Nationalsozialistische Deutsche Arbeiterpartei* (NSDAP) um und verwandelte sie in eine Organisation mit einem extrem ehrgeizigen Programm. Deutschland sollte in seiner früheren Größe wiederhergestellt und die „Novemberverbrecher", die mit ihrer Unterschrift unter dem Versailler Vertrag das Vaterland so heruntergebracht hatten, sollten bestraft werden.

Die deutsche Jugend spielte in Hitlers großem Plan eine wichtige Rolle. Sie sollte die Nazispeerspitze in eine glorreiche Zukunft führen, die das „arische Jahrtausend" bringen würde. Ursprünglich kam die Idee, die Jugend zu beteiligen, von Gustav Adolf Lenk, einem jungen Mann, der vom Klavierepolieren lebte. Als er bei einer Freilichtversammlung in München eine Rede Hitlers hörte, wurde er zum begeisterten Anhänger des Nationalsozialismus. Ende 1921 wollte er der Partei beitreten, erfuhr aber, dass er mit seinen 17 Jahren zu jung sei. So erkundigte er sich, ob er in die Jugendsektion der Partei eintreten könne. Eine solche gebe es nicht, erfuhr er, doch schlug man ihm vor, er solle eine gründen.

Es gab zunächst einigen Widerstand in der Partei. Nazis wie Adolf Drexler, eines der Gründungsmitglieder, meinten, die Partei sei so neu, dass sich sich erst festigen sollte, ehe sie sich erweiterte. Doch Hitler machte Gebrauch von seiner Führungsautorität und stimmte Lenks Idee zu. Er überredete Drexler und informierte in einem Rundschreiben alle Parteimitglieder davon, dass eine Jugendsektion aufgebaut werden solle, und ließ die im *Völkischen Beobachter* abgedruckte Einladung folgen.

Sogleich zeigte sich ein Problem: Es gab bereits zahlreiche etablierte Rivalen, weshalb die anfängliche Reaktion auf den Jugendbund der NSDAP recht dürftig war. Am 13. Mai 1922 mietete die Nazipartei den Bürgerbräukeller in München für eine öffentliche Versammlung, auf der der Jugendbund verkündet werden sollte. Viele kamen, um Reden von Hitler, dem Führer der Sturmabteilung (SA), Johann Ulrich Lintzch, und von Gustav Lenk zu hören. Doch waren unter ihnen nur 17 Jugendliche.

Der Deutsche Jugendbund

Lenk wurde formell zum Führer des Jugendbunds ernannt und begann sogleich mit dem Organisieren. Bald darauf gab er bekannt, der Jugendbund sollte aus zwei Abteilungen bestehen, den Vorläufern des späteren Jungvolks und der Hitlerjugend. Die jüngere Abteilung, der *Jungsturm Adolf Hitler*, umfasste die 14- bis 16-Jährigen, die ältere die 16- bis 18-Jährigen. Obwohl erst achtzehn Jahre alt, nicht besonders charismatisch und im Vergleich zu Hitler kein großer Redner, war Lenk doch dynamisch, innovativ und voll Energie. Das war auch nötig, bedenkt man die gewaltige Konkurrenz durch seine Rivalen, die oft um etliche Jahre älter waren. 1913 waren die deutschen Jugendbewegungen so weit entwickelt, dass an den Feiern zum fünfundzwanzigsten Jahrestag der Thronbesteigung Kaiser Wilhelms II. 13 Verbände teilnahmen, darunter der 1896 gegründete *Wandervogel* und die Pfadfinder von 1908. Der Freie Deutsche Jugendtag am 12. Oktober 1913 sah eine Parade aufrechter junger Männer, die alle Alkohol und Tabak ablehnten und sich wie der Jugendbund der Nazis gesunden Zurück-zur-Natur-Aktivitäten im Freien verschrieben hatten.

Starke Konkurrenz

Die Nazis hatten also wenig Neues zu bieten und versuchten auch nicht, Interessen, die schon von spezialisierteren Organisationen abgedeckt wurden, zu befriedigen. So deckten etwa die 1883 gegründete Evangelische Jugendbewegung und die Katholische Jugendbewegung von 1909 die spirituelle Seite der Jugend ab. Die Germania-Vereinigung konzentrierte sich auf Abstinenz, und die 1903 gegründete sozialistische Arbeiterbewegung stand natürlich politisch in Gegensatz zu den extrem rechten Nazis.

Doch Lenk machte weiter, und allmählich entstanden Einheiten des Jugendbunds in Nürnberg, Zeitz, Dresden, Hanau und Dortmund. Außerhalb Deutschlands pflanzte Lenk die Fahne des Jugendbunds bei den Sudetendeutschen in der Tschechoslowakei und auch in Österreich, wo er Kontakte zur Wiener Nazipartei hatte. Am 23. Januar 1923 trat der *Jungsturm Adolf Hitler* beim ersten Naziparteitag auf, einem Vorläufer der späteren Nürnberger Parteitage. Die Knaben erhielten feierlich besondere Wimpel mit dem Hakenkreuz auf weißem Hintergrund überreicht, ein frühes Beispiel für den dramatischen Pomp, der bei den Naziinszenierungen so wichtig war.

Trotz der öffentlichen Show, dem Entstehen neuer Einheiten und der Beförderung Lenks vom eher „regionalen" zum „nationalen" Führer war der Jugendbund immer noch eine rela-

Unten: Hitlers Putsch am 9. November 1923 scheiterte. Das Bild zeigt Stoßtruppen, darunter auch Jungen, auf einem Lastwagen in den Straßen von München.

tiv kleine Organisation. Das zeigte sich im Mai 1923, als Lenk die Zeit für die Herausgabe eines speziellen Jugendmagazins, des *Nationalen Jungsturms*, reif schien. Es gab nur wenige Abonnenten, das Magazin wurde wieder eingestellt. In *Nationalsozialistische Jugend* umbenannt wurde es schließlich zur Beilage des *Völkischen Beobachters*.

Für Lenk war das ein peinlicher persönlicher Rückschlag. Trotzdem hatte er Grenzen geöffnet, denen die Nazipartei als Ganzes immer noch unterlag. 1920 und 1921 hatte es Versuche gegeben, die Partei in München, ihr Zentrum in Deutschland, mit ähnlich gesinnten Gruppen in Hannover, der Tschechoslowakei und Oberschlesien in Polen zu verschmelzen. Das scheiterte, weil diese Hitlers alleinigen Führungsanspruch nicht akzeptierten. Zwei Jahre später, 1923, war die Lage nicht anders, doch mit 55.000 Mitgliedern hatte die Nazipartei alle anderen Organisationen in München hinter sich gelassen. Die bayerische Hauptstadt war ein Schmelztiegel, in dem die politische Opposition zur Weimarer Regierung brodelte. Unter den rechten Gruppierungen konnte die Nazipartei am meisten Vorteil aus dem Hass gegen die Weimarer Minister und ihre Unterwerfung unter den Versailler Vertrag ziehen. Unruhe auf der politischen linken und rechten Seite hatte eine Stimmung des Chaos geschaffen, die von Truppen gerade noch unter

Unten: Das Vorkriegsdeutschland bot viele Möglichkeiten organisierter Jugendaktivität. Der* Wandervogel*, gegründet 1896, war auf dem Land aktiv.

Kontrolle gehalten werden konnte. Das heikle Gleichgewicht in Deutschland wurde noch durch die Finanzkrise im Juni 1923 gefährdet, als die Deutsche Mark unter der Last der Reparationszahlungen zusammenbrach und die Inflation in der Wirtschaft zu wuchern begann.

Die französische Besetzung des Ruhrgebiets im Januar 1923 und die darauf folgende Beschlagnahme von Kohle, Holz und anderen wichtigen Materialen als Reparationszahlungen hatte Streiks, Straßendemonstrationen und Sabotageakte zur Folge, eine ideale Szene für den ersten öffentlichen Auftritt der Nazipartei. Am 27. Januar überschwemmten Fahnen, Banner, Wimpel und das „arische" Hakenkreuz-Emblem (seit 1920 das Symbol der Nazipartei) die Straßen Münchens, als Hitler unter lautstarkem Applaus gegen den Vertrag von Versailles und die Weimarer Regierung mitsamt all ihren Aktionen wütete.

Der Münchener Putsch

Die Reaktionen überzeugten ihn, dass die Zeit reif für einen Putsch sei. Durch einen solchen wollte er die Macht ergreifen. Den Anfang sollte die Festnahme der Führer der bayerischen Regierung machen. Am 9. November 1923, dem vierten Jahrestag der Ausrufung der Weimarer Republik, marschierte Hitler mit 3000 Nazis zum Bürgerbräukeller und drang in eine Versammlung unter Leitung des bayerischen Generalstaatskommissars Gustav von Kahr ein. Hitler sprang auf einen Stuhl und zog eine Pistole. Er feuerte einen Schuss in die Decke ab und verkündete: „Die nationale Revolution hat begonnen!"

Doch es gab keine Revolution. Die bayerische Polizei schritt ein und Hitler musste fliehen um dem Gefängnis zu entgehen. Die Behörden fassten ihn zwei Tage später. Nach einem fünf Wochen dauernden Prozess wurden Hitler und andere führende Nazis am 1. April 1924 zu Haftstrafen verurteilt. Hitler erhielt fünf Jahre, wurde aber schon nach acht Monaten bedingt entlassen.

Sowohl die Nazipartei als auch der Jugendbund wurden aufgelöst und von der Weimarer Regierung verboten.

Oben: Selbstbewusst gekleidet, die Mütze in einem waghalsigen Winkel aufgesetzt, posiert dieses Mitglied des* Wandervogels *mit der Fahne seiner Organisation für die Kamera.

Wer aber dies für das politische Ende Adolf Hitlers gehalten hatte, hatte beim Prozess nicht genau zugehört. Hitler hatte die Anklagebank als Bühne verwendet, hatte mit seiner Nazibotschaft hausiert und versichert, Deutschland und die ganze Welt würden sich eines Tages zu seiner Denkweise bekehren. Sein Auftritt machte ihn in Deutschland bekannter, als er vor dem Putsch gewesen war, für den er stolz die alleinige Verantwortung übernahm.

Lenk macht weiter

Inzwischen versuchte Gustav Lenk zweimal, die Jugendbewegung unter harmlos klingenden Namen neu zu gründen: als *Patriotische Jugendvereinigung Großdeutschlands* und als *Großdeutsche Jugendbewegung*. Die bayerischen Behörden erkannten sie jedoch als Tarnung des Jugendbundes der Nazis, und Lenk kam zu Hitler und den anderen Führern in die

Oben: Knaben und Mädchen (und ihre Marschtrommeln) halten bei einer Wanderung auf dem Land Rast. Die beiden Mädchen vorn tragen kein geeignetes Schuhwerk.

Festung Landsberg. Hitler wurde am 1. Dezember 1924 entlassen, Lenk wenig später.

Hitler hatte Landsberg als gescheiterter Fanatiker betreten, einer von vielen Extremisten mit krausen Ideen. Als er herauskam, war er viel gefährlicher: Ihm war klar geworden, weshalb sein Putsch fehlgeschlagen war und wie er es nächstes Mal besser machen konnte. Staatsanwalt Stenglein hatte es ihm in seiner Abschlussrede im Prozess deutlich gesagt. Er hatte zum Gericht gemeint: „Es ist verständlich, dass die enthusiastische Jugend ungeduldig ist, doch muss sie von reifen Männern diszipliniert und in die richtige Richtung gelenkt werden. Die Ungeduld muss durch die Fähigkeit, ruhig und vertrauensvoll für die Zukunft zu arbeiten, ersetzt werden, während man verbissen wartet, bis die Stunde gekommen ist."

Mit diesem Leitbild im Kopf sah Hitler ein, dass man die Macht nicht direkt packen durfte, sondern sie in den Wahllokalen gewinnen musste. Die Nazipartei würde in Zukunft am demokratischen Prozess teilnehmen und ihn dann für ihre eigenen Ziele pervertieren.

Mein Kampf

Diese Ziele hatte er auf der Festung Landsberg entworfen. Dort hatte er mit Hilfe seines ergebenen Anhängers Rudolf Heß seine Autobiografie *Mein Kampf* verfasst, eine schwülstige Ansammlung von simplen Vorurteilen, Verschwörungstheorien, Rassenhass und perverMtiertem Darwinismus. Trotzdem wurde *Mein Kampf* nach seiner Veröffentlichung 1925 zum Bestseller und machte Hitler reich. Das Buch entwarf klar die Abfolge von Eroberung, Unterwerfung und Ausbeutung, die im Zweiten Weltkrieg stattfinden sollte.

Hitler war kaum aus der Haft, als er schon seine Absicht verkündete, die Nazipartei unter seiner Führung neu aufzubauen. Er lud alle Nationalisten ein, sich ihm anzuschließen. Der Jugendbund wurde wieder belebt, doch nicht mit Lenk an der Spitze. Der war in Ungnade gefallen, weil er unabhängige Tendenzen gezeigt hatte. Er meinte sogar, Hitler sei zur unumschränkten Führerschaft unfähig. Bald musste Lenk für seine Kühnheit bezahlen. Eine Kampagne verbreitete, er habe sich an der Kasse vergriffen. Die Gerüchte hatten Erfolg: Lenk wurde abgeschossen und verlor die Herrschaft über die Jugendbewegung.

Gruber übernimmt

Seine Stelle nahm einer seiner Gruppenführer ein, Kurt Gruber, ein Jusstudent, der der Nazipartei 1923 beigetreten war. Der erst 21-jährige Gruber passte zur Parole „Jugend führt Jugend“, die potentielle Mitglieder für die jetzt *Großdeutsche Jugendbewegung* genannte Organisation anziehen sollte. Gruber fiel Hitler erstmals am Nürnberger Parteitag von 1927 auf, als er auf einer Parade eine Gruppe von 300 Knaben anführte. Hitler war auch von Grubers Organisationstalent und seinen neuen Ideen beeindruckt. Gruber konzentrierte sich auf die Masse der städtischen Jugend der Arbeiterklasse und verzehnfachte so zwischen 1927 und 1928 die Größe der Jugendbewegung. Zwischen 1928 und 1929 schaffte er einen weiteren Zuwachs von 30 Prozent. Er führte Uniformen nach dem Vorbild der *Sturm-*

Unten: Berliner Teilnehmer der Pfadfinder-Parade 1932. Ihre religiöse Ausrichtung erkennt man deutlich an den Kreuzen auf ihren Fahnen.

abteilungen (SA, auch *Braunhemden* genannt) ein. Die Mitglieder der Großdeutschen Jugendbewegung trugen die gleichen braunen Hemden und kurze schwarze Hosen, dazu eine Armbinde mit dem Hakenkreuz mit einem horizontalen weißen Streifen. Dies unterschied sie von der SA, deren Armbinde als Hintergrund des Hakenkreuzes einen weißen Kreis hatte. Gruber führte auch Abteilungen in die Hitlerjugend ein und ahmte so die Organisation der Partei nach. Unter den 14 Sektionen der Hitlerjugend gab es solche für Sport, Presse, Propaganda, Erziehung und Kultur.

Dies alles war Teil der Naziinfrastruktur, die Hitler installieren wollte, sobald er die Macht ergriffen hatte. Allerdings schien diese zur Zeit weit entfernt, und Hitler war klug genug zu erkennen, dass er Geduld haben musste. Die Stimmung in Deutschland war viel stabiler als in den wilden Tagen des Jahres 1923 und daher für eine gewaltsame Revolution viel weniger geeignet. Dies war vor allem das Werk des

Links: Auf dem Nürnberger Parteitag 1929, zu einer Zeit, als die Nazipartei rasch anzuwachsen begann, hält Hitler die „Blutfahne", die angeblich mit dem Blut der beim gescheiterten Münchener Putsch getöteten Nazis befleckt war. Symbolisch berührte die Blutfahne bei diesem und späteren Parteitagen zeremoniell die anderen Fahnen. Die Hitlerjugendfahnen bildeten keine Ausnahme, und die Mitglieder der Organsisation wurden angehalten, den frühen Märtyrern der Partei ihre Verehrung zu erweisen.

Außenministers der Weimarer Republik, Gustav Stresemann, der Deutschland wieder zu internationalem Ansehen führen und eine Versöhnung mit Frankreich einleiten wollte. Die Währungskrise und die folgende Inflation wurden durch die 200-Millionen-Dollar-Anleihe der USA, dem Dawes-Plan von 1924, unter Kontrolle gebracht. In London, wo gegen Ende 1924 ein Handelsabkommen zwischen Britannien und Deutschland geschlossen wurde, traf man eine realistischere Übereinkunft über die Reparationszahlungen.

Versailles wird bestätigt

Am 16. Oktober 1925 wurde in Locarno in der Schweiz ein Vertrag unterzeichnet, der die 1919 in Versailles getroffenen Vereinbarungen bekräftigte. Die Grenzen Deutschlands zu Frankreich und Belgien wurden bestätigt und Abkommen zur gegenseitigen Garantie und Streitbeilegung mit Belgien, Polen und der Tschechoslowakei getroffen. Gleichzeitig wurde die Unverletzbarkeit des entmilitarisierten Rheinlands garantiert. Dies führte 1930 zum Abzug der britischen und französischen Truppen, fünf Jahre vor der in Versailles gesetzten Frist. Die erste Folge von Locarno zeigte sich ein Jahr später: Deutschland wurde am 8. September 1926 Mitglied des Völkerbundes, ein Zeichen dafür, dass es sein Ansehen wiedergewonnen hatte.

All das bedeutete für die im Augenblick in Warteposition befindliche Nazipartei einen Verlust an Einfluss. Hitler nützte allerdings die Ruhe nach dem Sturm vorteilhaft, indem er vor allem die Partei wieder aufbaute und seine unbestrittene Führung festigte. Am 27. Februar 1925 ließ er ausnahmsweise die Maske fallen und das Feuer seines Fanatismus aufblitzen. Bei seiner Rückkehr zu der Münchener Bierhalle, wo zwei Jahre zuvor sein Putsch begonnen hatte, sprach er zwei Stunden lang vor etwa 4000 Zuhörern. Er goss all seinen Hass über Juden, Kommunisten und die Weimarer Regierung aus. Die bayerischen Behörden reagierten prompt und erteilten ihm öffentliches Redeverbot. Es wurde erst nach zwei Jahren wieder aufgehoben, doch die Nazipartei selbst war nicht länger verboten, und der *Völkische Beobachter* durfte wieder erscheinen. Auch Preußen verbot Hitler öffentliche Reden und nahm ihm so die stärkste politische Waffe, die seinen bisherigen Erfolg bedingt hatte.

Nun, da Hitler zum Schweigen gebracht war, nahm man an, er könne keinen Schaden mehr anrichten – eine schwere Fehleinschätzung. Er arbeitete jetzt im Hintergrund und traf seine Vorbereitungen. Er war aus dem Blickfeld der Öffentlichkeit geraten, doch nicht tatenlos. Pausenlos arbeitete er an der Anwerbung von immer mehr Mitgliedern der Nazipartei, und obwohl der Fortschritt nur allmählich eintrat, stieg die Zahl von 27.000 1925 auf 49.000 1926 und 178.000 1929. 1930 gab es bereits 210.000 Mitglieder.

In demselben Zeitraum erhielt die Großdeutsche Jugendbewegung wieder ihren Platz im Schema der Nazis. Als einige ihrer Mitglieder am 3. und 4. Juli 1926 an einer zweitägigen Versammlung in Weimar teilnahmen, stand ein großer Sprung in ihrem Rang bevor. Absurderweise war Weimar zu dieser Zeit einer der wenigen Orte, wo Hitler Reden halten durfte.

Kurt Grubers großer Augenblick kam am Sonntag, dem 4. Juli. An diesem Tag versammelten sich Jugendführer und Parteifunktionäre und änderten den Namen der Bewegung offiziell in *Hitlerjugend, Bund deutscher Arbeiterjugend*. Diese wurde Teil der SA. Gruber wurde zum ersten Reichsführer und Jugendberater der Naziparteileitung ernannt. Drei Wochen darauf erkannte Hitler die Hitlerjugend offiziell an, deren Symbol die magische nordische Rune von Sonne und Sieg sein sollte.

Die Schaustellerei bei diesen Auftritten war ein wirksamer Teil der marktschreierischen, doch wohl durchdachten Propagandamaschinerie der Nazis. Das öffentliche Gesicht der Partei und der Hitlerjugend wurde bewusst eingesetzt, um die Deutschen durch die Begeisterung und Energie der Nazis zu beeindrucken. Musik und Rhythmus gehörten stets zu dieser Darbietung von Stärke und Entschlossenheit.

Der erste große öffentliche Auftritt der Hitlerjugend fand am 19. und 20. August 1927 statt, als am Nürnberger Parteitag 300 Jugend-

Oben: Der „Adolf-Hitler-Marsch", bei dem Hitlerjungen weite Strecken zu Versammlungen marschierten. Diese hier gehen 1935 von Berlin zum Parteitag in Nürnberg.

liche unter der stolzen Führung Grubers mit 30.000 Braunhemden paradierten. Es war der zweite Parteitag einer Serie, die später typisch für den aggressiven Hurrapatriotismus der Nazis wurde. Da gab es feurige, fast hysterische Ansprachen von Hitler, Goebbels und anderen Naziführern, alle vor dem Hintergrund theatralischen Pomps und Symbolismus. Der erste Parteitag fand 1923 statt und war wie der von 1927 ein relativ kleines Ereignis. Den ersten Parteitag großen Stils gab es 1929 in Nürnberg, als Hitler unter dem Jubel einer großen Menge die Parade von 2000 Hitlerjungen abnahm. 400 der Knaben waren zu Fuß von Berlin nach Nürnberg gekommen und begründeten so die Tradition des „Adolf-Hitler-Marsches", der dann jugendliche Härte und Hingabe an die Partei beweisen sollte.

Donnernde, imposante Wagner-Ouvertüren wurden gespielt und kriegerische Lieder gesungen. Es gab einen Fackelzug, Feuerwerk und Freudenfeuer. Die Gebäude der Umgebung waren voll Hakenkreuzfahnen und Naziabzeichen. All dies sollte die Emotionen anstacheln und die Kraft und Macht der Nazipartei und ihres unbestrittenen Führers zeigen.

1927 und 1929 hielt man viel davon für heiße Luft. Die Nazis waren bei weitem nicht so mächtig, wie sie das Schauspiel der Parteitage hinstellte. 1924 etwa nahmen sie an zwei

Rechts: Marschieren für den Nationalsozialismus. Hitlerjungen auf dem Weg zu einem Wochenendlager, wo sie hartes Training und Schulung mit Waffen erwartet.

Wahlen zum Reichstag, dem deutschen Parlament, teil, erreichten aber bei der ersten nur 32 und bei der zweiten 14 Sitze. 1928 war das Ergebnis noch schlechter: 12 Sitze. Trotzdem wurden hinter der Bühne Vorbereitungen getroffen, die dieses bescheidene Szenario eines Tages ändern sollten. Man warb erfolgreich um Unterstützung bei den Reichen und Mächtigen, den Großindustriellen und bei den Unzufriedenen, etwa ehemaligen Heeresoffizieren und Studenten. Am 28. September 1928 erzielte Hitler einen persönlichen Erfolg: Preußen folgte dem Vorbild Bayerns von 1927 und hob sein Redeverbot auf.

Die Hitlerjugend wird größer

Inzwischen entwickelte sich die Hitlerjugend weiter und dehnte ihren Bereich aus. Kontakte mit jungen Deutschen im Sudetenland der Tschechoslowakei und in Polen wurden geknüpft, die durch den Vertrag von Versailles vom Vaterland abgespalten worden waren. In Deutschland erweiterte die Hitlerjugend ihre Fanggründe, indem sie eine besondere Organisation für Knaben zwischen 4 und 10 schuf. Diese mussten Tests in Sport, den Härten des Zeltens im Freien, Rassenbewusstsein und Kenntnis der von den Nazis umgeschriebenen Geschichte bestehen. Die nächste Stufe, das *Jungvolk*, diente zur Förderung der Erziehung von 10- bis 14-jährigen Knaben im Sinne der Nazis, ehe sie in die eigentliche Hitlerjugend aufstiegen.

Am 18. November 1928 führte der emsige Gruber den ersten *Reichsappell* ein, eine Jugendversion des Parteitags. Die Hitlerjungen mussten sich jedes Jahr an tagelangen öffentlichen Versammlungen beteiligen, um Anweisungen zu erhalten und die neuesten Bekanntmachungen der Nazis zu hören. Doch der Reichsappell war mehr als eine große, öffentliche Show. Die Nazis glaubten, die Juden hätten ein Monopol auf die Zeitungen, und der

Links: Ein Hitlerjunge posiert stolz in voller Uniform für ein Foto. Vor und während des Kriegs schien die Hitlerjugend für Jugendliche eine unwiderstehliche Verlockung zu sein.

Oben: Als am 27. März Bücher jüdischer und liberaler Autoren verbrannt wurden, waren die von den Hitlerjungen getragen Naziuniformen weithin sichtbar.

Reichsappell war ein Weg, den Jugendlichen die „richtige", die Nazibotschaft zukommen zu lassen. Andere Methoden waren die Gründung eines speziellen Hitlerjugend-Nachrichtendienstes und die Herausgabe von Jugendzeitungen. So sollte gesichert werden, dass die „jungen, sozialrevolutionär denkenden Deutschen", wie Gruber es nannte, nur die erwünschten „Informationen" aufnahmen.

Baldur von Schirach

Es war unvermeidlich, dass Grubers Erfolge und die Gunst Hitlers, die er genoss, Neid und Konkurrenz anderer Nazis hervorriefen, die die Hitlerjugend als nützliche Plattform für den eigenen Aufstieg ansahen. Grubers Pechsträhne setzte 1928 ein, als der ehrgeizige Baldur von Schirach zum Führer des Nationalsozialistischen Studentenbundes ernannt wurde. Gruber entdeckte bald, dass von Schirach, der der Partei 1925 beigetreten war, schwer beizukommen war. Dieser hatte als Sohn eines preußischen Exheeresoffiziers und Theaterdirektors und einer amerikanischen Mutter, deren Vorfahren bis zu zwei Unterzeichnern der amerikanischen Unabhängigkeitserklärung zurückreichten, alle Vorteile einer privilegierten Erziehung.

Oben: Teilnehmer einer Hitlerjugendversammlung am 1. Mai 1933 beim Nazigruß. Die Treffen wurden mit wachsender Mitgliederzahl immer größer und spektakulärer.

Von Schirach verband gutes Aussehen mit erstklassiger Erziehung und vertrat die „korrekten" Naziansichten, darunter den Antisemitismus und kurioserweise auch den Hass gegen seine eigene Aristokratenklasse. Ein anderer Vorteil war seine Silberzunge, deren Schmeicheleien für den Führer unwiderstehlich waren. Von Schirach war nicht der einzige prominente Nazi, der das als nützlich erkannte, doch war er darin besser als alle anderen. Er war der ultimative Fan: Er fantasierte über Hitler, schrieb romantische Gedichte über ihn und beschrieb ihn als „das Genie, das die Sterne berührt". Er erklärte: „Treue ist alles, und alles ist die Liebe zu Adolf Hitler." Es überrascht kaum, dass man ihn verdächtigte, homosexuell zu sein.

Hitler wurde zwangsläufig auf diesen viel versprechenden jungen Mann aufmerksam. Dessen angesehene Familie bot ihm ihre Unterstützung an. Die von Schirachs wurden Hitlers Vertraute und luden ihn häufig in ihr luxuriöses Heim ein. Dankbar förderte und ermutigte der Führer ihren Sohn und veranlasste ihn zum Studium an der Münchener Universität, wo von Schirach deutsche Volkskunde und Kunstgeschichte studierte. Danach trat er der SA bei, wo er die Methoden des brutalen Rowdytums lernte, mit denen die Braunhemden die Gegner der Nazis behandelten.

Kampf um die Herrschaft

Gruber kämpfte ein Rückzugsgefecht, um von Schirach abzuwehren, indem er an die ungeteilte Loyalität der Hitlerjugend appellierte und zwei neue Zeitungen, *Die Junge Front* und die *Hitlerjugend Zeitung*, gründete. Zu seinem Pech waren beide kein Erfolg. Trotzdem konnte er sich für den Moment die Oberhand bewahren und wurde im April 1929 durch die Erklärung gestützt, dass die Hitlerjugend die einzige offizielle Jugendbewegung der Nazipartei sei. Die Statistik schien ermutigend, obwohl sie zu dieser Zeit nur 0,3 Prozent der 4,3 Millionen deutschen Jugendlichen repräsentierte. 1926, als die Hitlerjugend vom Führer die offizielle Zustimmung erhielt, hatte sie 80 Ortsgruppen mit 700 Mitgliedern umfasst. 1929 war sie auf 13.000 Mitglieder in 450 Ortsgruppen gestiegen.

Die große Depression

Zu dieser Zeit sollte die Hitlerjugend wie die Nazipartei selbst mit dem Hauptereignis von 1929 einen beispiellosen Aufschwung an Popularität erleben. Am 29. Oktober brach die Börse der New Yorker Wall Street zusammen. Als Folge davon überzog ein Pesthauch von Preissturz, Wirtschaftsdepression, Bankrott, Armut und Hoffnungslosigkeit die Welt. In Deutschland bedeutete dies das jähe Ende der zerbrechlichen Stabilität, die die Weimarer Regierung in den vergangenen vier Jahren geschaffen hatte. Für die Nazis war es *die* Gelegenheit. Eine schockierte, verzweifelte Wählerschaft, beraubt ihrer Ersparnisse, Investitionen, Arbeitsplätze und manchmal selbst ihrer Wohnungen, eine instabile Regierung, weit verbreiteter wirtschaftlicher Ruin, eine fast wertlose Währung – das war die Art von Katastrophe, die die Verängstigten und Verarmten nach einer starken Hand rufen ließ. Und da gab es die Nazipartei mit ihrem allmächtigen Führer, ihren paramilitärischen Kadern, ihrem aggressiven Nationalismus und ihrer ergebenen Jugend, die zu einfachen, drastischen Lösungen bereit war, an die die Demokratie mit ihrem freien, kompromissbereitem Wesen nicht einmal denken konnte.

Trotzdem war die Demokratie noch stark genug den Nazis die Zähne zu zeigen. Eine Kundgebung der Hitlerjugend am 20. März 1930 in Berlin führte zu einer raschen Polizeiaktion. Unter dem Titel „Vom Widerstand zum Angriff" standen aufwieglerische Reden von Goebbels, dem Gauleiter von Berlin, und Kurt Gruber auf dem Programm. Als Folge davon verboten die Behörden Propagandamärsche und bedrohten den Eintritt in die Hitlerjugend mit Geldstrafen oder der Entlassung aus der Schule. Als Reaktion gaben sich die Hitlerjungen unschuldige Namen wie „Freunde der Natur". Dies konnte niemanden täuschen, und es scheint, dass die Hitlerjugend durch das Verbot noch attraktiver wurde.

Es kam zu komplizierten Generationskonflikten. Viele Eltern, die ihre Kindern nicht in der Hitlerjugend haben wollten, nutzten das

Unten: Ein Autogramm für einen begeisterten Fan des Führers. Die Hitlerjugend wurde ermuntert, Adolf Hitler zu vergöttern, obwohl er dem „arischen Ideal" nicht gerade entsprach.

Verbot der Organsiation zur Stärkung ihrer Ansichten. Nicht immer waren sie dabei erfolgreich. Die große Jugendorganisation der katholischen Kirche hielt ihre jungen Mitglieder aktiv vom Beitritt ab. Um sie in ihrem Schoß zu behalten, führte sie Aktivitäten ein, die sie früher peinlich vermieden hatte, etwa Gewehrschießen. Doch die Übertritte nahmen weiter zu, und neue Bewerber, die von den Märschen und Versammlungen, die zu ihrer Anfeuerung und Begeisterung veranstaltet wurden, fasziniert waren, traten scharenweise in die Reihen der Hitlerjugend ein.

***Unten: Hitlerjugendmarsch durch Nürnberg, 1933, gegrüßt von Baldur von Schirach. Ebenfalls zu sehen ist Streicher, der Gründer der antisemitischen Zeitung* Der Stürmer.**

Im Westen nichts Neues

Der größte Coup, der der Hitlerjugend zu dieser Zeit gelang, war die Unterbrechung und schließliche Absetzung des Antikriegsfilms *Im Westen nichts Neues*. Er basierte auf dem 1929 veröffentlichten Roman des deutschen Autors Erich Maria Remarque, den seine Erlebnisse im Ersten Weltkrieg zum Pazifisten gemacht hatten. Sein Werk erzählt die Abenteuer eines jungen Mannes, der voll Patriotismus und Erregung der Armee beitritt und seine Illusionen verliert, als er die Schrecken der modernen, mechanisierten Kriegsführung kennen lernt. Das Buch wurde ein internationaler Bestseller, was den Abscheu vor dem Krieg als weltweit verbreitetes Gefühl nach 1918 spiegelt, und 1930 in Hollywood verfilmt. Der Film erhielt 1931 den Oscar für den besten Film.

Doch in Österreich und Deutschland traf er auf eine heftige Gegnerschaft. Am 18. August 1929 wurde Remarques Roman in Österreich verboten, und als der Film in Wien gezeigt wurde, störte die Hitlerjugend die Aufführung durch eine Demonstration im Kino. Dasselbe geschah in etlichen deutschen Kinos, wo die Hitlerjugend für so viele Schwierigkeiten sorgte, dass die Vorführungen abgesetzt und der Film schließlich zurückgezogen wurde.

Wahlerfolg

Inzwischen wollte Hitler weiterhin die Macht in Deutschland mit demokratischen Mitteln ergreifen. Die Hitlerjugend beteiligte sich aktiv am Wahlkampf der Nazis für die Wahlen, die für 14. September 1930 angesetzt waren. Die Kirche, die Familien und alle anderen Gegner der Nazis und der Hitlerjugend erlebten an diesem Tag einen schweren Rückschlag: Die Partei erhielt 6.409.000 Stimmen, fast achtmal so viele wie 1928. Das brachte den Nazis 107 Sitze im Reichstag und machte sie zur zweitgrößten Partei im Parlament.

Zu dieser Zeit wurde Kurt Grubers Stellung als Führer der Hitlerjugend rasant geschwächt. 1931 gab es zwei Rivalen, die ihn absetzen wollten: Baldur von Schirach und Ernst Röhm, den Hitler aus Bolivien zurückgerufen hatte, um die SA neu zu organisieren und ihre rebellischen Elemente loszuwerden. Röhm, ein homosexueller Abenteurer, war viel roher als der zivilisierte von Schirach. Er und Hitler kannten einander schon seit langem. Tatsächlich war es Röhm (damals Hauptmann des Heeres), der 1919 den ehemaligen Obergefreiten Hitler zur Überprüfung der Deutschen Arbeiterpartei angeworben hatte.

Die SA stammte aus verschiedenen Einheiten der aufgelösten Deutschen Reichswehr, die Röhm in der Zwischenkriegszeit in unterschiedlichen Formen zusammengehalten hatte. 1921 stellte er sie Hitler zur Verfügung. Zwei Jahre darauf nahm Röhm an Hitlers gescheitertem Putsch teil. Er war kurz in Haft und wurde unehrenhaft aus der Reichswehr ausgeschlossen. Danach ging er nach Bolivien, wo er als Militärberater tätig war.

Hitler war klar, dass Röhms radikale Ideen die Landbesitzer und Industriellen, die er emsig für die Nazipartei einzunehmen versuchte, alarmierten. Doch im Augenblick war Röhms Taktik der rohen Gewalt nützlich: Er sollte die SA säubern und unter Kontrolle bringen. Als das erledigt war, erklärte sich Hitler zum Führer der SA mit Röhm als seinem Stabschef. Röhms Rückkehr bedeutete einen Konflikt mit Kurt Gruber, da die Hitlerjugend noch immer eine Abteilung der SA war. Gruber bekam das zu spüren, als Hitler ihn auf Verlangen Röhms zu dessen Untergebenen machte.

Nun, da Gruber angeschlagen war, wollte ihm von Schirach einen weiteren Schlag versetzen. Die Publikationen der Hitlerjugend hatten wegen der lokalen Verbote der Organisation Probleme mit dem Verkauf und der Verbreitung. Auch die Geldbeschaffung stockte. Von Schirach behauptete, er könne diesen Trend umkehren und die Hitlerjugend neu beleben. Auch warf er Gruber mangelndes Organisationstalent vor. Früher wäre dies offenkundig unwahr gewesen. Doch Gruber hatte nachgelassen. Die Hitlerjugend war nachlässig geworden. Berichte von Bezirksleitern trafen verspätet ein und waren schlampig abgefasst. Es gab Verzögerungen bei der Weitergabe von Spenden an das Nazihauptquartier. Von Schirach war bei seinem Feldzug gegen Gruber nicht allein. Ernst Röhm setzte nach und kritisierte Gruber wegen der niedrigen Mitgliederzahlen der Hitlerjugend.

Grubers Sturz

Kurt Gruber war verzweifelt. Er versprach Hitler das Unmögliche: eine Verdoppelung der Mitgliederzahl der Hitlerjugend innerhalb eines Jahres. Es nützte alles nichts. Im Oktober 1931 gab die Parteizentrale in München bekannt, dass Grubers Rücktritt angenommen worden sei – den Gruber gar nicht angeboten hatte. Trotzdem stand Gruber, von seinen Rivalen ausmanövriert und verleumdet und von seinen Untergebenen fallen gelassen, am schmählichen Ende seiner dreijährigen Amtszeit, und noch vor Ende Oktober hatte von Schirach die Hitlerjugend an sich gerissen.

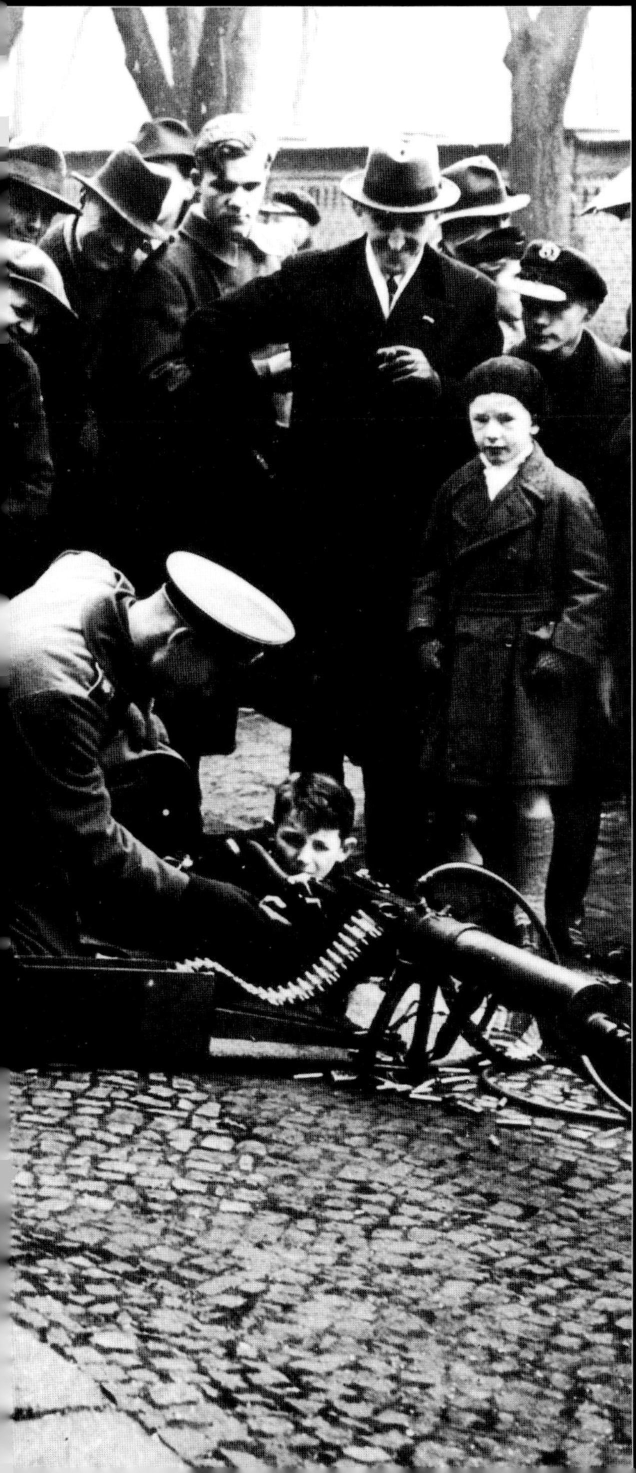

KAPITEL 2

WERBUNG DER JUGEND

Auf den ersten Blick war Baldur von Schirach mit seinem knabenhaften Aussehen, seiner molligen Figur und seinen verweichlichten Manieren der schlechtest Geeignete für die Führung der Rowdys der Hitlerjugend. Viele von ihnen kamen aus der Arbeiterklasse. Von Schirach dagegen war ein Aristokrat, der in einer kultivierten Atmosphäre aufgewachsen war, in der Wert auf Musik, Literatur, Theater und Dichtung gelegt wurde. Diese kulturellen Interessen widersprachen der Einstellung der Nazis, die Muskeln über Hirn stellte.

Geistig und körperlich war Baldur von Schirach daher eine ungewöhnliche Gestalt in der Truppe der Nazis. Doch hinter seinem kultivierten Äußeren und seinen höflichen Manieren verbarg sich ein starker Wille, großes Organisationstalent und das Geschick, junge Männer und Knaben für die Ideale von Kameradschaft, Patriotismus und Ehre zu begeistern. Wo ein älterer Führer vielleicht auf jugendlichen Widerstand getroffen wäre, war von Schirach eher wie ein bewunderter älterer Bruder, dem seine Geschwister gerne nacheiferten.

Von Schirach war erst 22, als er 1929 Führer des Nationalsozialistischen Deutschen Studentenbundes wurde. Hitlers Auftrag an ihn war, für die Nazis die Kontrolle über das gesamte Universitätssystem zu erlangen. Als wäre diese Aufgabe noch nicht groß genug, wurde für ihn

Links: Deutsche Knaben lernen das Feuern mit einem Maschinengewhr. Der Umgang mit Waffen war für die Hitlerjugendorganisation ein gutes Mittel, Jungen anzuziehen.

auf Anweisung Hitlers vom 30. Oktober 1931 eine spezielle Stellung geschaffen: Von Schirach war nun Reichsjugendführer, sodass er mit 24, gemeinsam mit seiner Leitung der Hitlerjugend, mehr Macht und Spielraum besaß, als Gruber je gehabt hatte. Nun zeigte er die übliche Nazihärte und benützte die brutalen Einschüchterungsmethoden, die er bei der SA gelernt hatte, um jeden Jugendleiter zu vertreiben, dessen Hingabe an den Führer er für zu gering hielt.

Seine nächste Aufgabe war die Mobilisierung der Jugend als Unterstützung für Hitler und die Nazis in den Wahlkämpfen des Jahres 1932. Sechs Jahre Schulung hatten die Hitlerjugend zu einem Bund gemacht, der im Gehorchen von Befehlen erfahren, von Hass auf die Juden und andere „Parias“ durchdrungen und willens war, im Umgang mit den Feinden des Führers Gewalt anzuwenden. Die Bewegung war wie eine Armee mit Abzeichen wie Fahnen, Uniformen und mit Regimentern („Bannen“) ausgestattet. Es gab eine Hierarchie von Rängen. Ein Knabe, der als bescheidener Pimpf begann, konnte im Jungvolk zum Führer einer Jungenschaft, eines Jungzugs, Fähnleins, Jungstammes und schließlich zum Jungbannführer eines Jungbannes aufsteigen. Die Ränge

Rechts: Hitlerjugendführer Baldur von Schirach tauscht in den Tagen, als die Hitlerjugend am Naziparteitag am 12. September 1936 zur Inspektion aufmarschiert war, Grüße mit dem Führer. Von Schirach verehrte Hitler als Helden und schrieb bewundernde Gedichte zu seiner Ehre. Er blieb bis 1943 Führer der Hitlerjugend und überlebte, anders als sein geliebter Führer, den Krieg.

Oben: Ein „Propagandawagen" voll Hitlerjungen fährt am 19 August 1934 durch Berlin. Auf der Fahne steht: „Führer befiehl, wir folgen! Alle sagen Ja!"

in der Hitlerjugend (HJ) waren: Führer von Kameradschaft, Schar, Gefolgschaft, Stamm und Bann und darüber von Gebiet und „Obergebiet". Den obersten Rang hatte die Reichsjugendführung.

Das Leben in der Jugend

Das Streben nach höheren Rängen und mehr Macht wurde in der Hitlerjugend ausdrücklich gefördert. Ihre ganze Struktur beruhte auf aggressivem Wettstreit zwischen Einzelnen oder Gruppen und erzeugte zugleich Zusammenhalt durch Kameradschaft wie im militärischen Leben. Siege und Erfolge waren das Einzige, das zählte. Der anstrengende, doch wirkungsvolle Drill auf dem Exerzierplatz diente dazu, den jungen Geistern Disziplin einzutrichtern. Der ganze militärische Rahmen – Militärmusik, Trommeln, Fahnen, Banner und Märsche – wurde zur Erzeugung einer Massenmentalität verwendet, die vor Patriotismus glühte.

Als man die Hitlerjugend 1932 bei den Wahlkämpfen auf die Straße losließ, zeigte sich sogleich die Wirksamkeit der Schulung. Politisch war dies ein äußerst ereignisreiches Jahr. Am 13. März fand die Präsidentschaftswahl statt, am 31. Juli die Reichstagswahl. Trotz seines Alters von 84 Jahren erklärte Reichspräsident von Hindenburg am 15. Februar, er werde sich der Wiederwahl stellen. Eine Woche darauf gab auch Hitler seine Kandidatur bekannt.

Die folgenden Wahlkämpfe waren von schwerer Gewalt geprägt. Dies konnte kaum anders sein, denn die beiden Hauptrivalen bei der Reichstagswahl waren so gegensätzliche und verfeindete Gruppen wie die Kommunisten und Nazis. Straßenkrawalle waren bereits ein Kennzeichen der SA-Aktivitäten, und die Kommunisten hatten ihre Antwort auf die Braunhemden – die Rotfront – und auch ein Gegenstück zur Hitlerjugend. Schon vor den Wahlen hatte die Hitlerjugend, die ja praktisch eine Jugend-SA war, den jungen Kommunisten heftige Kämpfe mit Fäusten, Messern und Prügeln geliefert. Und bald schon kamen bei diesen Konfrontationen auch Schusswaffen zum Einsatz.

Dabei gab es natürlich Tote. Zwischen 1931 und 1933 wurden bei Straßenkämpfen 23 Hitlerjungen getötet. 1932 erhielt die Bewegung eine Ikone, die es mit Horst Wessel, dem jungen SA-Führer, der 1930 bei einem Straßenkampf in Berlin getötet wurde, aufnehmen konnte. Es war der 12-jährige Herbert Norkus, den Sohn eines Taxifahrers aus dem Berliner Bezirk Beuselkietz. Norkus war unter einer Gruppe von Hitlerjungen, geführt von Baldur von Schirach, die Plakate für eine vier Tage später stattfindende antikommunistische Naziveranstaltung anklebte. Plötzlich erschien eine Gruppe junger Kommunisten und griff sie an.

Von Schirach und die meisten Hitlerjungen konnten in die umliegenden Straßen entkommen, doch Norkus wurde umzingelt. Messer wurden gezogen und Norkus bekam zwei Stiche ab. Blutüberströmt konnte er noch ein nahe gelegenes Haus erreichen und hämmerte um Hilfe ans Tor, doch als der Besitzer sah, was da vor sich ging, schloss er es rasch wieder und Norkus war hilflos. Mit dem Rücken zur Wand erhielt er noch fünf Messerstiche und brach zusammen. Als er aufzustehen versuchte, hinterließ er am Mauerwerk eine Reihe blutiger Handabdrücke. Immer noch lebend wurde er die Straße entlanggeschleift und schließlich in der nahen Zwinglistraße liegen gelassen, wo er starb. Später stellte man schwere Verwundungen fest. Norkus hatte zwei Stiche in die Brust und drei in den Rücken erhalten, seine Oberlippe war abgeschnitten und sein Gesicht verstümmelt.

Oben: Jürghen Ohlsen als Held im populären Film* Hitlerjunge Quex, *der Geschichte des 12-jährigen, 1932 von Kommunisten in Berlin getöteten Hitlerjungen Herbert Norkus.

Hitlerjunge Quex

1933 drehte die Ufa, Deutschlands herausragende Filmproduktionsgesellschaft, den Film *Hitlerjunge Quex* (für Quecksilber), der die Geschichte von Norkus' kurzem Leben und gewaltsamem Ende erzählte. Es war der erste unter der Schirmherrschaft von Baldur von Schirach und der Naziregierung gedrehte Film. Später diente das Kino regelmäßig als Mittel zur Erziehung der Jugend nach den Idealen des Nationalsozialismus. In *Hitlerjunge Quex* spielten etliche Berliner Hitlerjungen als Statisten mit.

Wie der namengebende Roman von Karl Alois Schenzinger, auf dem er aufbaute, idealisierte der Film den toten Knaben und wob um ihn die Geschichte eines Märtyrers für die Sache der Nazis. Die Schlussbilder förderten geschickt die Nazipropagandabotschaft: In der schmutzigen realen Szene des blutigen, auf einer Berliner Straße sterbenden Norkus löste sich die Leiche des Knaben in einer wehenden Fahne auf, die als „Leinwand" für Szenen von Naziaktivitäten diente.

Schenzingers Roman wurde im Dezember 1932 vor seiner Veröffentlichung im *Völkischen Beobachter* in Fortsetzungen abgedruckt. Danach wurde er für alle deutschen Jugendlichen zur Pflichtlektüre. Die Nazipropaganda ging noch weiter. Norkus' Tod war Thema von ge-

fühlvollen öffentlichen Ansprachen und Gedenkveranstaltungen mit Märschen und Demonstrationen, und er erhielt seinen eigenen „Tag des Heiligen", den 24. Januar, der als Trauertag für all jene diente, die als Hitlerjungen in Nazidiensten gestorben waren.

Die Weimarer Behörden sahen den Norkus-Vorfall und die Gewalt auf den Straßen während der Wahlen mit etwas anderen Augen. Die Beunruhigung nahm nach dem ersten Ergebnis der Präsidentenwahl am 13. März 1932 noch zu. Es drohte noch schlimmer zu werden, denn Reichsmarschall Paul von Hindenburg hatte nicht die erforderliche Mehrheit erreicht und ein zweiter Wahlgang war nötig. Als Datum wurde der 10. April festgesetzt. Im selben Monat verbot die Weimarer Regierung die SA und die Hitlerjugend. Dies erwies sich als Rohrkrepierer, denn eine Welle neuer Rekruten trat der Hitlerjugend bei. Das Verbot wirkte nur kurze Zeit und hatte keine Auswirkungen auf Hitlers rastlosen Wahlkampf. In ganz Deutschland verteilte die Hitlerjugend Millionen Flugblätter und Broschüren sowie Sonderausgaben des

***Oben:* Mitglieder des Jungvolks als aufmerksame Zuhörer auf einer Versammlung 1933. Sie tragen Fahnen, die im Symbolismus der Nazis eine wichtige Rolle spielten.**

Völkischen Beobachters und warb in Märschen und Paraden für die Nazisache.

Am 10. April konnte von Hindenburg die Präsidentenwahl wieder gewinnen, doch mit einer geringeren Mehrheit (53 Prozent), als man es von einem so glanzvollen Helden erwarten durfte. Hitler, der fast 37 Prozent der Stimmen erhalten hatte, dreimal so viele wie der kommunistische Kandidat, erklärte das Ergebnis zum Sieg für den Nationalsozialismus. Doch ein weitaus realerer Sieg sollte am 31. Juli folgen, als die Nazis ihre Sitze im Reichstag auf 230 verdoppeln konnten und zur größten Einzelpartei wurden.

Massenversammlung

Zwei Monate darauf, am 2. Oktober, feierte Baldur von Schirach diesen Erfolg mit der größten Aufführung der Hitlerjugend und anderer Jugendorganisationen, die Deutschland je gesehen hatte. Er forderte die gesamte Mitgliederschaft unter seinem Kommando auf, nach Potsdam zum Reichsjugendtag der NSDAP zu kommen. Etwa 100.000 Jugendliche reisten nach Potsdam, viele davon zu Fuß. Hitler war sichtlich bewegt, als sie von elf Uhr morgens bis sechs Uhr abends in einem ununterbrochenen Strom an ihm vorbeizogen.

Obwohl der Erfolg bei den Wahlen vom 31. Juli den Nazis nicht die absolute Mehrheit gebracht hatte, war Hitler nun der Macht, nach der er sich so lange gesehnt hatte, sehr nahe. In den folgenden Monaten gab es etliche Versuche, eine Regierung zu bilden, die die Nazis ausschloss, doch angesichts von deren großer Fraktion im Reichstag scheiterten sie alle. Schließlich schlug Franz von Papen Ende 1932 Hitler als Kanzler vor. Er selbst wollte Vizekanzler werden. Von Papen glaubte, er könne Hitler kontrollieren und so die wahre Macht in Deutschland ausüben. Wie falsch er damit lag, wurde sehr bald klar. Widerwillig ließ Präsident von Hindenburg am 30. Januar 1933 Hitler in den Präsidentenpalast in Berlin kommen. Dort bot der alte Soldat zu Mittag dem Mann, den er verachtete und fürchtete, das zweithöchste Amt im Staat an. Hitler nahm an.

Feiern

In dieser Nacht explodierte Berlin in einer lärmenden Feier. Die Hitlerjugend war in großer Zahl auf den Straßen Berlins und nahm an der Seite der SA und anderer Naziorganisationen an Triumphfackelzügen und Paraden teil. Obwohl Hitler noch nicht die totale Macht in Deutschland besaß – dazu musste er warten, bis Hindenburg 1934 starb –, konnten von Schirachs Wünsche in Bezug auf die Hitlerjugend nun vorangetrieben werden. Sein Ziel war kein geringeres, als die gesamte deutsche Jugend unter seine eigene Schirmherrschaft zu bringen und sie alle in hingebungsvolle Nazis zu verwandeln.

Sein erster Schachzug bestand darin, die Konkurrenz loszuwerden. 1933 gab es immer noch etwa 400 Jugendgruppen neben denen der Nazis. Von Schirach begann im Herzen dieser Opposition, dem Reichskomitee der Deutschen Jugendvereine. Diese Vereine vertraten etwa sechs Millionen Jugendliche und stellten ihnen ein weites Feld von Ausbildungs- und Betätigungsmöglichkeiten und Einrichtungen zur Verfügung. Die unabhängige Leitung dieser respektablen Organisation wurde am 3. April 1933 in wenigen Minuten ausgeschaltet, als von Schirach 50 Mitgliedern der Hitlerjugend befahl, ihr Berliner Hauptquartier zu besetzen und ihre Büros, ihren Stab und ihren Besitz zu übernehmen. Sodann wurde den Angestellten mitgeteilt, ihre Organisation stehe nun unter Nazileitung. Nicht für lange. In weniger als drei Monaten waren ihre Arbeitsplätze weg, da von Schirach und die Nazipartei mit Terror und Einschüchterung die anderen Jugendgruppen in Deutschland schluckten oder zerschlugen.

Von Schirach wird befördert

Von Schirach saß nun auf höherem Ross als je zuvor. Am 17. Juni 1933 ernannte Hitler ihn zum nur ihm selbst verantwortlichen Jugendführer des Deutschen Reiches. Diese Beförderung brachte alle Jugendgruppen und ihre Aktivitäten unter von Schirachs Kontrolle. Einer seiner ersten Akte war die Auflösung des „erloschenen" Reichskomitees der deutschen Jugendvereinigungen. Andere Gruppen wurden nicht weniger grob behandelt. Jüdische und kommunistische Gruppen wurden bald aufgelöst und das Hauptquartier der Sozialistischen Arbeiterjugend gestürmt.

Die 1906 gegründete Sozialistische Jugend war ein besonderes Ziel, da sie bereits hoch politisiert war und in Europa Verbindungen nach Dänemark, Holland und Schweden hatte. Die Bewegung hatte sich in der Wirtschaftskrise von 1930 und danach den einfachen Deutschen empfohlen, indem sie einen speziellen Notdienst für Arbeitslose einrichtete. So war die Sozialistische Jugend ein starker Rivale der

Rechts: Mitglieder der Hitlerjugend in Habtachtstellung. Sie tragen die für ihre Organisation typischen Abzeichen – die „S"-Rune und am Gürtel einen Dolch.

Nazis und der Hitlerjugend und musste deshalb ausgelöscht werden. Ihre Führer konnten absehen, dass ihnen bald dasselbe Schicksal bevorstand wie anderen Bewegungen. Große Sektionen lösten sich daher freiwillig auf, ehe es die Nazis an ihrer Stelle taten. In der Folge nahmen Mitglieder der ehemaligen Sozialistischen Jugend am Widerstand gegen das Dritte Reich teil.

Viele christliche Organisationen gingen den anderen Weg. Sie wurden unter Druck gesetzt, der Nazijugendbewegung beizutreten, und die meisten protestantischen Gruppen gaben rasch nach. Das war ein Hauptcoup der Nazis: Die protestantische Kirche, vor allem Lutheraner und Reformierte, umfasste 68 Prozent der deutschen Bevölkerung und 99 Prozent aller Protestanten in Deutschland. Unterdessen

Oben: Eine Gruppe von Mädchen salutiert Hitler, während einige darauf warten, ihre Blumen zu überreichen. Mädchen sollten gute Hausfrauen mit großen Familien werden.

wurde Hitlers Freund, der Pfarrer Ludwig Müller, als erster Reichsbischof eingesetzt, um die protestantische Kirche zu nazifizieren.

Die katholische Kirche in Deutschland erwies sich als zäherer Gegner. Die deutschen Katholiken hatten die gewaltige Macht einer internationalen Organisation und mit Eugenio Pacelli – Papst Pius XII. – eine der einflussreichsten Gestalten der Welt hinter sich. Dazu kam, dass fromme Katholiken bereits seit längerem höhere Ränge in der Nazipartei und der Hitlerjugend innehatten. Sie besuchten regelmäßig die Messe, und manche Hitlerjungen waren Chorknaben und trugen ihre Robe über der Uniform. In einem am 20. Juli 1933 ratifizierten Konkordat mit dem Vatikan erkannte die Naziregierung die Bedeutung des Katholizismus in Deutschland an – zumindest auf dem Papier. In dem Vertrag garantierte die Regierung freien katholischen Gottesdienst in Deutschland und das Recht der Kirche, ihre Angelegenheiten selbst zu regeln.

Unterdrückung der Katholiken

Schon zehn Tage später brachen die Nazis ihr Wort. Am 30. Juli wurden erste Schritte zur Demontage des Katholischen Jugendbundes unternommen. Doch dies war erst der Anfang einer Verfolgung von Katholiken, bei der Priester, Nonnen und andere Funktionäre verhetzt oder fälschlich Verbrechen beschuldigt wurden. Kirchenzeitungen und andere Publikationen wurden abgeschafft, und die Geheimpolizei, die Gestapo, griff im so genannten Interesse des Staates die Beichte an. Am 19. November 1935 besetzte die Gestapo das Zentralbüro der Katholischen Jugend in Düsseldorf und schloss es nach einer Durchsuchung. Kurz darauf wurde das katholische Jugendmagazin *Michael*, das mit einer Auflage von 300.000 Stück erschien, eingestellt. Obwohl die Katholische Jugend noch drei Jahre überlebte, war diese Zeit von regelmäßigen Straßenkämpfen mit der Hitlerjugend geprägt, besonders in katholischen Gebieten wie dem Rheinland.

Inzwischen zerfielen andere Jugendgruppen unter dem starken Druck der Nazis. Sechs Monate nach Hitlers Machtergreifung waren 20 Jugendvereinigungen, die die Mehrheit der deutschen religiösen und politischen Jugendorganisationen repräsentierten, entweder verboten oder durch Terror zur Unterwerfung gezwungen worden. Und Hitlerjugend, Jungvolk und Bund Deutscher Mädel erlebten einen raketenhaften Aufstieg, sobald die Nazis an der Macht waren. Andere Jugendbewegungen wurden freiwillig oder unter Zwang geschluckt. Die Gesamtzahl der Mitglieder stieg von 107.956 im Jahr 1932 auf 2.292.041 im Jahr 1933 und erreichte am Vorabend des Zweiten Weltkriegs 1939 den Rekordstand von 7.287.470.

Neustrukturierung der HJ

Nachdem das Kampffeld geklärt war, begann von Schirach die Hitlerjugend umzustrukturieren. Er verschob die Altersgruppen leicht, sodass Knaben im Alter zwischen 10 und 14 im Jungvolk waren. Mit 14 kamen die Kinder zur Hitlerjugend, wo sie blieben, bis sie 18 Jahre alt waren. Das Ziel des Bundes Deutscher Mädel (BDM) war es, die weibliche Jugend auf ein traditionelles Leben als Hausfrau und Mutter vorzubereiten. Doch wurden auch die

Rechts: Nachdem sie den traditionellen christlichen Einfluss im Dritten Reich verdrängt hatten, versuchten die Nazis, einen neoheidnischen Ersatz einzuführen, die Deutsche Glaubensbewegung. Hier besucht Ludwig Müller, der Vorsitzende der Glaubensbewegung und Hitlers persönliche Wahl als Reichsbischof, eine Naziversammlung.

Mädchen nicht sanft behandelt. Sie trugen besondere Uniformen mit Röcken und Blusen, mussten aber auch Wanderschuhe besitzen. Körperliche Ertüchtigung war wichtig, da dies angeblich ihre spätere Aussicht auf gesunde Schwangerschaften und gesunde Kinder steigerte, und sie wurden wie die Knaben einem Fitnesssystem mit langen Wanderungen auf dem Lande und Sportwettkämpfen unterworfen. Der Abhärtungsprozess für beide Ge-

schlechter ging so weit, dass die Kinder von Zeit zu Zeit wenig zu essen bekamen, um ihre Entschlossenheit zu festigen und Spannkraft aufzubauen. Bei beiden Geschlechtern wurde bei allen Aktivitäten – Sport, Geldsammeln, sauber geschriebene Berichte, makellose Hygiene – als Ansporn ein starkes Element des Wettbewerbs eingesetzt.

Nach den neuen Regeln von Schirachs wurden die Knaben mit sechs formlos in die Jugendbewegung eingeführt. Die Neigung kleinerer Jungen, die Nähe der etwas älteren zu suchen und sie zu bewundern und zu beneiden, wurde geschickt als Vorspiel zum formellen Eintritt ins Jungvolk ausgenützt. Dieses wurde keinesfalls verhätschelt oder zart behandelt. Beim Eintritt in die Organisation mussten sie einen erschreckenden Eid schwören, der ihnen ihre Verantwortung klarmachen sollte. Er wurde auf die so genannte Blutfahne abgelegt, eine Naziikone, die angeblich mit dem Blut der beim gescheiterten Putsch von 1923 Getöteten getränkt war. Auf den Nürnberger Parteitagen wurden alle neuen Fahnen in Kontakt mit dieser schrecklichen Reliquie gebracht. Der Eid lautete: „Vor dieser Blutfahne, die für unseren Führer steht, schwöre ich, all meine Kraft und Stärke dem Erretter unseres Landes, Adolf Hitler, zu weihen. Ich bin willens und bereit, mein Leben für ihn zu geben, so wahr mir Gott helfe.“

Das Jahr des Jungvolks

Von Schirach, der ständig nach Wegen suchte, seinem Helden Hitler zu gefallen, bestimmte 1936 zum Jahr des Jungvolks. In diesem Jahr wollte er Hitler ein Geburtstagsgeschenk machen, das in nicht weniger als allen Zehnjährigen in Deutschland bestand. Um dieses große Ziel zu erreichen, drängten die Nazilehrer in den Schulen ihre Zöglinge zum Eintritt ins Jungvolk, die Eltern wurde zu speziellen Versammlungen geladen, damit sie ihre Kinder

Links: Musik war ein wichtiger Teil der Hitlerjugendtreffen. Von vielen traditionellen deutschen Liedern änderten die Nazis die Texte zu Propagandazwecken.

Oben: Der Landarbeitsdienst sollte die städtische Jugend den „ungesunden“ Städten entziehen und sie zu den Freuden der Landarbeit „zurückbringen“.

beeinflussten, und die Hitlerjugend veranstaltete Märsche und Paraden, um die Botschaft zu verbreiten.

Am großen Tag, dem 20. April 1936, Hitlers 47. Geburtstag, fand die Vereidigungszeremonie im imposanten Schloss Marienburg statt. Das Schloss war einst Hauptquartier des Deutschen Ordens gewesen, einer religiösen Ritterorganisation, die im 12. Jahrhundert an den katholischen Kreuzzügen teilnahm. Die alten Mauern ragten nun im Halbdunkel empor, nur von flackerndem Fackellicht beleuchtet. Trommeln dröhnten und Fanfaren erklangen, als jeder der zehnjährigen Knaben vortrat und feierlich seinen Eid leistete. Die Zeremonie endete mit dem Absingen des *Fahnenlieds*, das von Schirach als Hymne der Hitlerjugend geschrieben hatte, und in dem es im Refrain unter anderem heißt:

„Unsre Fahne flattert uns voran,
Unsre Fahne ist die neue Zeit,
Und die Fahne führt uns in die Ewigkeit!
Ja, die Fahne ist mehr als der Tod!“

Zunächst übernahmen einige ältere Mitglieder der Hitlerjugend die Schulung des Jungvolks. Sie sollten die Zehnjährigen auf die Prüfungen vorbereiten, die sicherstellen sollten,

Oben:* *Diese jungen Männer, die Spaten wie Gewehre präsentieren, stehen für die Überzeugung, dass jede Handlung, sogar Graben, zum Ruhm des Dritten Reichs beiträgt.

dass auch tatsächlich nur die Besten unter ihnen in die eigentliche Hitlerjugend eintreten würden. Die Jungen mussten das *Horst-Wessel-Lied* vorsingen, das der gleichnamige, 1930 getötete SA-Mann geschrieben hatte. Es beruhte angeblich auf einer Hymne der Heilsarmee und stand nur hinter der Nationalhymne zurück. Schon seit langem war es das Marschlied der Nazis.

Dann mussten die Mitglieder des Jungvolks Fragen zur Rassen-, politischen und sonstigen Ideologie der Nazis und der Geschichte der Partei richtig beantworten. Auch die körperliche Fitness wurde geprüft. 60 Meter mussten in 12 Sekunden gelaufen, ein Ball geworfen und ein Weitsprung gemacht werden. Dazu kam noch eine Querfeldeinwanderung, die bis zu drei Tage dauern konnte. Zuletzt gab es eine Mutprobe: Sie mussten aus dem ersten oder zweiten Geschoss eines Gebäudes in ein großes Tuch Leinwand springen, das von älteren Hitlerjungen straff gehalten wurde. War auch dies bestanden, so durfte der Zehnjährige die Uniform tragen: ein braunes Hemd mit den Abzeichen des Jungvolks, einem ledernen Schulterstreifen und dem Hitlerjugenddolch, auf dem die Worte „Blut und Ehre“ standen. „Mit dieser ersten Prüfung“, teilte man dem neuen Rekruten mit, „erfüllst du erstmals deine Pflicht. Du tust es mit Freuden, denn Millionen deiner jungen Kameraden tun dasselbe. Du bist nun ein Soldat Adolf Hitlers!“

Die ins Jungvolk Eintretenden waren so jung, dass sie kaum noch begonnen hatten, selbstständig zu denken. Das machte es für von Schirach relativ einfach, sie nach dem angestrebten Nazimodell zu formen. Schwieriger aber war es bei den älteren Jungen, die aus von den Nazis geschluckten Bewegungen zur Hitlerjugend übergetreten waren und nicht den Vorteil einer Jungvolk-Lehrzeit hatten. Da die Zahl der Hitlerjungen rasch von 55.365 1932 auf 568.288 Ende 1933 anwuchs, waren viele von ihnen noch nicht mit dem Wertekodex der Nazis vertraut, und auch die strenge Disziplin und das fordernde System der Hitlerjugend waren ihnen neu. Zudem gab es nur wenige passend ausgebildete, geeignete junge Nazis, die sie wirkungsvoll anführen konnten.

Führerschulen

Von Schirach ging das Problem mit der Einrichtung von Reichsführerschulen an, die Crashkurse in Führerschaft, der Rassenideologie der Nazis und nazifizierter deutscher Geschichte veranstalteten. Auch die Ausbildung im Gewehrschießen und harte körperliche Aktivität gehörten zum kurzen dreiwöchigen Programm. Im Sommer 1934, nach weniger als einem Jahr, konnte von Schirach Hitler melden, dass dieses flexible System 12.000 neue Führer für die Hitlerjugend und die doppelte Anzahl für das Jungvolk geschaffen hatte.

1934 legte von Schirach die Prinzipien fest, nach denen wenig versprechendes Material rasch zu verantwortlichen Führern gemacht werden konnte. „Wer in der Hitlerjugend marschiert, ist nicht eine Nummer unter Millionen, sondern Soldat einer Idee“, sagte er. „Der Wert des einzelnen Mitglieds für das Ganze wird durch den Grad, in dem er von der Idee durchdrungen ist, bestimmt. Der beste Hitlerjunge ist, ungeachtet seines Rangs oder seiner Funktion, derjenige, der sich völlig der Weltanschauung des Nationalsozialismus unterwirft.“

Schulung

Ein Hitlerjunge sollte nicht nur „Soldat einer Idee“ sein. Er war dazu bestimmt, einen wirklichen Krieg für das Dritte Reich zu führen. Die Betonung von anstrengender körperlicher Aktivität, Kameradschaft und blindem Glauben an den Führer sollte den Jungen für dieses Ziel

Oben: Mitglieder der Marine-Hitlerjugend auf dem 8. Naziparteitag, 8.–14. September 1936, neben einer Hakenkreuzfahne. Auf dem Podium spricht von Schirach zur Menge.

härten. Doch solange Friede herrschte, musste der Kampf um Wiederherstellung von Deutschlands Ruf und Ansehen anders ausgefochten werden. Die Hitlerjugend wurde auf Bauernhöfen und in Privathäusern eingesetzt, um Bäume und Blumen zu pflanzen, die Parks zu verschönern, Straßen auszubessern und in Jugendchören zu singen. Manche Jungen halfen bei der Verbesserung des Lebens der Landkinder, das in den 30er-Jahren im Vergleich zum Stadtleben relativ entbehrungsvoll war. Die Hitlerjugend sorgte für sie mit medizinischer und zahnärztlicher Versorgung, Hygieneeinrichtungen wie Duschen und mit Trainingsprogrammen zur Förderung von Gesundheit und körperlicher Fitness. Man forderte von der Hitlerjugend nicht nur gelegentliche Ausflüge zum Wandern, Sport oder Hilfe für die Benachteiligten. Einer der mächtigsten Nazislogans, „Blut und Boden“, war ein Banner, unter dem die Hitlerjugend eine Bewegung weg von den Städten mit ihren künstlichen Versuchungen zurück zum Landleben führen sollte, wo der „edle Bauer“ den Boden im Einklang mit der Natur bearbeitete. Dort bewahrten die Bauern, unberührt von der Vermischung in den Großstädten, wo sich die Juden scharten, die rassisch reinen Sitten arischer Überlegenheit.

Das Ideal „Zurück aufs Land“ gab es schon vor Hitlers Aufstieg zur Macht. Es stammte von der rechten Artamanen-Bewegung, gegründet 1924 von Albert Wojirsch, einem Maschinenschlosser, der drei Jahre später der Nazipartei beitrat. Mitglieder der Artamanen waren auch Richard Walther Darré, ein Diplomlandwirt, und sein Freund Heinrich Himmler, der 1929 Chef der SS wurde. Im April 1933 wurde Darré, der das SS-Rasse- und Siedlungs-Hauptamt (bis 1938) leitete, von Hitler zum Reichsbauern-

Unten: Der Nürnberger Parteitag von 1936, im Vordergrund von Schirach beim Inspizieren der Reihen der Hitlerjugend. Die Versammlung erregte weltweit Aufmerksamkeit.

führer und Reichsminister für Ernährung und Landwirtschaft ernannt. 18 Monate später überredete Arthur Axmann, der Leiter des Sozialamts der Reichsjugendführung, von Schirach, die Artamanen-Bewegung als Landdienst in der Hitlerjugend zuzulassen. Zu Beginn war der Landdienst der Hitlerjugend ziemlich klein (1934 nur 400), doch wuchs er bald, und 1936 waren mehr als 6600 Jungen beteiligt.

Obwohl er gegen den vorherrschenden demografischen Trend ging, erschien der Landdienst vielen Hitlerjungen attraktiv. Er schloss Landarbeit vom Frühjahr bis zur Erntezeit ein. Im Winter zerstreuten sich die Hitlerjungen. Manche gingen auf Führungsschulen oder landwirtschaftliche Institute, andere blieben auf den Bauernhöfen. Wieder andere schlossen sich zu Reisegruppen zusammen, gingen von Dorf zu Dorf, veranstalteten Theateraufführungen und verbreiteten die Botschaft von „Blut und Boden" in den ländlichen Gemeinden, die ansonsten weitgehend vom Hauptstrom der Naziideologie abgeschnitten waren.

In den Städten berichteten sie auf Versammlungen über ihre Erfahrungen im Bauernwesen und propagierten das Ideal der „edlen" Landarbeit. Langfristig sollte sich die Hitlerjugend des Landdienstes auf dem Land niederlassen und dort Höfe und Familien gründen. Ein anderes Ziel war, die arbeitslose Stadtjugend umzusiedeln. Anfang 1935 waren etwa 200.000 junge Menschen aus der Untätigkeit in den Städten zu zeitweiliger Arbeit auf Bauernhöfen herangezogen worden. Dort würden ihnen nach Albert Wojitsch „strenge Disziplin, einfache Lebensweise, harte Arbeit und tägliche Pflichten" ein Ziel im Einklang mit den Naziprinzipien geben und die zersetzende Wirkung städtischer Untätigkeit beseitigen.

Propaganda

Der lächelnde, gesunde Junge, der fröhlich auf den Feldern arbeitete, stellte eines der eindrucksvollsten Fotomotive der Nazipropaganda dar. Das Gesamtbild war eine riesige Körperschaft von Jungen, vereint durch Disziplin und den Drang nach Vortrefflichkeit, stolz auf ihr nationales Erbe, die sorgfältig alle Aufgaben, die sie erhielten, erledigten und vor allem der Autorität gehorchten. Die Außenwelt war beeindruckt. Was nicht so offensichtlich war, war der Motor von Rassismus und Unterdrückung, der dahinter stand. In einer Zeit, als es noch keine weltweiten Medien oder Echtzeitkommunikation gab, hatte die Nazipropagandamaschinerie ein relativ freies Feld für ihre Botschaft. Sie erzeugte im Ausland eine völlige politische Blindheit über die Realität in Nazideutschland. Viele Ausländer, die später, zu spät, merkten, dass sie es hätten besser wissen sollen – etwa der britische Premierminister während des Ersten Weltkriegs, David Lloyd George –, kehrten von Besuchen in Deutschland voll des Lobes und der Begeisterung für die Verwandlung, die die Nazis dort geschaffen hatten, zurück.

Versteckter Terror

Die Verwandlung gab es tatsächlich, doch die Besucher sahen nur, was die Nazipartei wollte: eine knospende Wirtschaft anstelle von Armut und Verzweiflung, Vollbeschäftigung, eine mächtige neue Industrie, die aus den Trümmern des Krieges auferstanden war, ein verbesserter Gesundheitsstandard und großartige Freizeitanlagen. Unter der sorgfältig aufgesetzten Patina des Erfolges wurden die hässlichen Aspekte eines Staates, der mit Terror, Verfolgung und Unterdrückung regierte, sorgfältig vor dem Ausland verborgen.

Ein solcher, dem ausländischen Auge verheimlichter Aspekt war der Hitlerjugend-Streifendienst, der wie eine Jugend-Gestapo agierte. Er sorgte bei den Hitlerjugendtreffen für Ordnung, oft indem er Störenfriede in der schon bekannten Art der Braunhemden zusammenschlug. Sie spionierten fragwürdige Loyalität aus und meldeten jeden, der – auch bloß im Scherz – gegen Hitler oder die Nazipartei redete. Gelegentlich waren Mitglieder des Streifendiensts im Stande, ihre eigenen Eltern zu denunzieren. Der Vater von Walter Hess, einem Hitlerjungen in Wittich, kam ins Konzentrationslager Dachau (wo er auch starb), nachdem sein Sohn verraten hatte, dass er Hitler als „Verrückten" bezeichnet hatte. Der junge Hess

***Oben:** Eine sorgfältige und beeindruckende Zeremonie spielte beim Eintritt ins Jungvolk wie bei jeder öffentlichen Schaustellung der Nazipartei eine große Rolle. Hier stehen 10-Jährige beim Appell vor der Zeremonie.*

hingegen wurde für seinen Dienst für das Reich befördert.

Führer von Nicht-Nazi-Jugendgruppen, die im Untergrund arbeiteten, wurden auf Initiative von Unterwanderern des Streifendienstes eingesperrt. Der Dienst war auch an der Säuberungsaktion vom 30. Juni 1934, der „Nacht der langen Messer", beteiligt, als Ernst Röhm und über 1000 Braunhemden der SA auf Befehl Hitlers ermordet wurden. In dieser Nacht beglich Hitler alte Rechnungen mit „Verrätern" wie dem 75-jährigen Gustav von Kahr, der 1923 den Naziputsch niedergeschlagen hatte, und dem Führer der Katholischen Jugend, Adalbert Probst, sowie mit anderen Jugendführern, die Rivalen für die Hitlerjugend darstellten.

Die Formel für diese Entwicklungen und die Verwandlung der Jugend in eine wirksame, gehorsame und bei Bedarf gnadenlose Kampfmaschine wurde am 1. Dezember 1936 im „Gesetz über die Hitlerjugend" ausgegeben, das sagte:

„Die Zukunft des deutschen Volks hängt von seiner Jugend ab. Die Jugend muss daher auf ihre zukünftigen Pflichten vorbereitet werden. Die Reichsregierung hat daher folgendes Gesetz beschlossen ... Die gesamte deutsche Jugend im Reich ist in der Hitlerjugend organisiert. Die deutsche Jugend ist in der Hitlerjugend, außerhalb des Elternhauses und der Schule, körperlich, geistig und moralisch im Geiste des Nationalsozialismus für den Dienst am Volk und der Gemeinschaft zu erziehen."

Dasselbe Gesetz hob das Konkordat von 1933 mit dem Vatikan auf. Dies machte der Katholischen Jugend, die es trotz intensiver Belästigung durch die Nazis drei Jahre lang geschafft hatte weiterzumachen, ein Ende.

Ihre Auflösung verschaffte der Hitlerjugend ein Monopol über die Jugendorganisationen, wie es seit langem geplant war. So kam es 1936 zu einem starken Anstieg der Mitgliederzahl auf 5.437.601. Ein weiterer Grund dafür war der Druck auf die Eltern, die von Geldstrafen, Haftstrafen oder dem Verlust ihrer Kinder bedroht wurden, falls sie sie von den Versammlungen der Hitlerjugend fern zu halten suchten. Sie wurden als „politsch unzuverlässig" klassifiziert. Den Eltern drohten auch Strafen, wenn sie jüdische Freunde hatten oder wenn sie zu den Zeugen Jehovas gehörten. Die Führer der Hitlerjugend verteilten sogar spezielle Fragebögen an die Oberschüler, die sie anwiesen, auf Übertretungen nicht nur der Eltern, sondern auch der Lehrer und Dienstherren zu achten.

Manchmal erzielten die Knaben selbst durch emotionale Erpressung das gewünschte Resultat. Es war bekannt, dass Pimpfen im Jungvolk, deren Eltern nicht ausreichend nazifiziert waren, die Beförderung in die Hitlerjugend verweigert wurde. Das hieß, dass diese Jungen keine Zukunft im Nazistaat hatten. Diese Aussicht war so beängstigend, dass es Knaben gab, die deshalb versuchten, sich selbst zu töten. Viele angstvolle Eltern verbargen daraufhin ihre Anti-Nazi-Gefühle oder nahmen sogar an Naziaktivitäten teil, um Loyalität zu zeigen und den Söhnen den Aufstieg zu sichern.

Gefürchteter Einfluss

Trotzdem dauerte der Widerstand der Eltern an. Er war verständlich. Die Hitlerjugend war der Einfluss, den die Eltern am meisten fürchteten, da er ihnen die Kinder entfremdete und deren Köpfe mit Ideen füllte, die sie selbst verabscheuten. Da wanderten einige Eltern lieber aus und brachten ihre Familien in ein sozial und politisch gesünderes Klima im Ausland. Dies war auch eine Versicherung für sie selbst: Das Schicksal des Vaters von Walter Hess war eine schreckliche Warnung für alle.

Unten: Bei den Treffen, am Lagerfeuer und auf den Versammlungen des Jungvolks und der Hitlerjugend wurden regelmäßig patriotische Lieder und Hymnen gesungen.

KAPITEL 3

LEBEN IN DER HITLER-JUGEND

Das Leben in der Hitlerjugend war eine sorgfältig geplante Kombination von Spannung, Disziplin, Zwang und Indoktrination, wobei besonders das Ideal körperlicher Vollkommenheit zum größeren Ruhm des Vaterlands betont wurde. Bei allen Aktivitäten war das gesamte System der Hitlerjugend von militärischen Werten durchsetzt. Dies ging über das Tragen von Uniformen, die Ränge und den Drill bei Paraden hinaus. Sogar der Unterricht in der Überlegenheit der arischen Herrenrasse hatte einen militärischen Aspekt, denn er erzeugte „Feinde“ (Juden, Zigeuner, Kommunisten), gegen die man Krieg führen musste.

Von allen Aktivitäten war der sportliche Wettstreit die bei weitem wichtigste. Er diente nicht nur der Leibesübung, Gesundheit oder Bewegung an der frischen Luft. Beim Sport wurde in Nazideutschland eine kriegsartige Umgebung geschaffen, um den Patriotismus zu fördern und den Knaben Gelegenheit zu geben, einer körperlichen Wildheit zu frönen, die sonst nur auf dem Schlachtfeld akzeptabel war. Diese Kanalisierung der natürlichen jungenhaften Aggression, zu der Stoßen, Selbst-

***Links:** Die Betonung des Militärischen nahm in der Hitlerjugend nach 1939 zu. Hier üben 1940 Knaben das Feuern. Schon bald würden diese Jungen im echten Kampf schießen.*

darstellung, Faustkämpfe oder das Sichzusammenrotten gegen schwächere Gruppenmitglieder zählten, war Teil des Heranwachsens.

Dieser Einsatz des Sports war nicht auf Deutschland beschränkt. In England war der Wettstreit genauso rau. Doch dort wurde er zur Erziehung in Fairplay, Teamgeist, Großmut im Sieg und Würde bei der Niederlage benützt. Das Nazikonzept war anders. Hier diente der Sportler dem Streben nach Vortrefflichkeit und förderte Mut und Verwegenheit, um die Tugenden der Herrenrasse zu veranschaulichen.

Die Wichtigkeit des Sports

In seinen Reden kam Adolf Hitler oft auf eine Jugend zu sprechen, die „schnell wie die Windhunde, zäh wie Leder und hart wie Kruppstahl" sein müsse. Er erklärte:

„Die Jugend muss in allen Leibesübungen voll trainiert sein. Ich will eine athletische Jugend, das ist die Hauptsache. So werde ich tausende Jahre menschlicher Domestikation auslöschen. Dann werde ich vor mir das reine und natürliche Material haben. So kann ich eine neue Ordnung schaffen ... Die Erziehung in einem völkischen Staat darf nicht darauf abzielen, den Lernenden mit bloßem Wissen vollzustopfen, sondern muss Körper aufbauen, die gesund bis ins Mark sind ... Es wird keine intellektuelle Schulung geben. Wissen ist für meine jungen Männer verderblich. Eine wilde, aktive, dominante, brutale Jugend – das ist es, was ich anstrebe. Die Jugend muss gleichgültig gegen Schmerz sein. Es darf bei ihr keine Schwäche und Weichheit geben. Ich will in ihren Augen wieder den Stolz und die Unabhängigkeit des Raubtiers funkeln sehen."

In Deutschland waren deshalb körperliche Fitness, rassische und politische Vorherrschaft und der Sieg der Herrenrasse eng verknüpft.

Links: Die natürliche Liebe der Knaben zu Waffen wurde dazu ausgenutzt, Begeisterung für die Hitlerjugend zu wecken. Hier bedienen eifrige Jungen Maschinengewehre.

Oben: Auf dem Naziparteitag im September 1937 zeigt ein Hitlerjunge sein Geschick mit dem Gewehr. Wer eine Begabung fürs Scharfschießen hatte, wurde besonders gefördert.

Endziel war die Schaffung einer herrschenden Klasse von unfehlbarer Treue zum Staat gemeinsam mit Streitkräften, deren Verwegenheit, militärische Bereitschaft und Glaube an Deutschland so groß wie sonst nirgendwo in der Welt wäre. Die Nazis waren allerdings Realisten in Bezug auf die Zeit, die es brauchen würde, Hitlers Ideal zu verwirklichen. Einige Monate oder Jahre Sport- und Waffentraining oder Drill auf dem Paradeplatz machten für sie noch keinen Soldaten. Mindestens zehn Jahre Verpflichtung waren nötig, um Krieger zu bilden, für die der Umgang mit Waffen eine natürliche Funktion und die Hingabe an die Nazisache so automatisch wie das Atmen wäre.

Spezielle Schulen

Zusätzlich sollten die zukünftigen Führer des Nazistaates in drei nach 1933 eingerichteten Schulformen ausgebildet werden. Die Adolf-Hitler-Schulen hatten das Ziel, die Nazielite zu schulen, und die Nationalpolitischen Erziehungsanstalten („Napolas") sollten nach den Richtlinien der alten preußischen höheren Bildungsanstalten geführt werden, um Männer für höhere Regierungsfunktionen bereitzustellen. Hier würde den Anwärtern „ein soldatischer Geist, gekennzeichnet durch Tapferkeit, Pflichtgefühl und Einfachheit" eingeimpft werden. Die ersten Napolas wurden im April 1933 eingerichtet. 1938 gab es bereits 23, vier davon in Österreich und eines im Sudetenland. Der dritte Typ waren die Ordensburgen, die den künftigen Naziparteiführern den letzten Schliff geben sollten. In den Ordensburgen musste nach Robert Ley, dem Reichsorganisationsleiter, „große Aufmerksamkeit dem Reiten gewidmet werden, da dieses dem Junker das Gefühl vermittelt, ein Lebewesen vollkommen beherrschen zu können".

Ob es die kleine Elite oder die gewöhnlichen Massen der Hitlerjugend betraf: Von Schirach, der voll von Ideen und Gedanken zu ihrer Organisation war, wusste genau, wie man Hitlers Traum einer „athletischen Jugend" verwirklichen könne. Zur Schulung der Hitlerjugend gehörten lange Wanderungen durch das Land und fast alle Sportarten: Laufen, Springen, Boxen, Diskus- und Hammerwerfen, Schwimmen, Gymnastik und alle Arten von Ballspielen.

Zum militärischen Sport gehörte Scheibenschießen. Dafür bekam die Hitlerjugend kleinkalibrige Gewehre. Zunächst sollte es die Freude am Umgang mit Waffen und die Entwicklung eines scharfen Blicks und einer ruhigen Hand fördern, doch waren Zielübungen ein offensichtlicher Einstieg in ähnliche Fähigkeiten für den Krieg. Sogar das Jungvolk wurde in für Soldaten nützlichen Fähigkeiten geschult, etwa dem Signalisieren mit dem Semaphor, Reparieren von Fahrrädern, Verlegen von Telefonkabeln und dem Umgang mit Attrappen von Handgranaten, Luftgewehren und Kleinkalibergewehren. Diese Aktivitäten konnten bequem als Sport klassifiziert werden und verstießen so nicht gegen das Verbot des Versailler Vertrags von offen militärischen Vorbereitungen. Scheibenschießen war schließlich als olympische Sportart anerkannt.

Auch als das Verbot 1935 seine Bedeutung verlor und die deutsche Wiederbewaffnung und Kriegsvorbereitung kein Geheimnis mehr war, suchten die Nazis alles zu vertuschen, was direkt nach Krieg aussah. Dazu wurden bereits Segel-, Flieger- und Segelflugklubs benutzt, ebenso Orientierungsläufe, bei denen die Hitlerjungen lernten, Landkarten zu lesen, sich im Gelände zu orientieren, Entfernungen abzuschätzen und ein Gebiet auszukundschaften.

Rücksichtslosigkeit

Dabei, wie bei allen Jugendaktivitäten, stand der Wettkampf im Vordergrund. Es herrschte stets eine Stimmung von Aufregung und Herausforderung. Ein Weg dazu war das Tempo, in dem sich der Sport oft bis zur Erschöpfung abspielte, um Härte und Entschlossenheit zu erzeugen. Auf schwächere Knaben, die es in jeder Gruppe gab, wurde keine Rücksicht genommen. Etwa beim Versteckspiel „Trapper und Indianer" wurden sie absichtlich gequält.

Links: Hitlerjungen spielen an einem Strand der Ostsee. Sport, fast bis zur Erschöpfung betrieben, förderte nicht nur gesunde Körper, sondern auch Disziplin und Teamgeist.

Da gab es zwei Mannschaften, eine mit roten, die andere mit blauen Armbändern. Man musste das „feindliche" Team aufspüren, einfangen und besiegen, indem man ihnen die Armbänder abriss. Dabei gab es genug Gelegenheit zu Grobheiten, die die Scharführer aktiv förderten. Sie standen dabei, wenn manche Jungen geschlagen, zu Boden geworfen wurden, wenn ihre Hemden zerrissen wurden und sie blutige Nasen verpasst bekamen – alles um sie zu lehren, nächstes Mal aggressiver zu sein.

Unten: Den Mädchen vom Bund Deutscher Mädel blieb wie dieser jungen Fechterin harte körperliche Übung nicht erspart. Sport würde ihrer Zukunft gut tun, glaubten die Nazis.

Unter von Schirachs Leitung wurde der Sport systematisch organisiert und erhielt in ganz Deutschland höchste Publizität. Man gab Schulungsbücher aus, die genau beschrieben, welche Aktivitäten für jede Altersgruppe und beide Geschlechter geeignet waren. Neben anderen allgemeineren Zwecken in der Hitlerjugend dienten sie als Leitbücher für die Kontrolleure in den Führerschulen, die überall im Land eingerichtet wurden.

Wochenendlager

Die Wochenendlager, wo die Hitlerjungen ihre sportliche und andere Schulung erhielten, hatten einen besonderen Zweck. Hier hatte man die Jungen fern von störenden äußeren Einflüssen, etwa den elterlichen, unter Kontrolle. Auch konnte man hier die Klassenunterschiede glätten, da die Knaben dieselben Lebensbedingungen teilten, dasselbe schlechte Wetter ertrugen, in Zelten oder Hütten wohnten, in Schlafsälen schliefen, das Gleiche aßen, sich gleich anstrengten und eine Kameradschaft

Oben: Flieger-Enthusiasten bei der HJ gingen zur Flieger-Hitlerjugend. Die Ausbildung bestand zunächst im Bau und Fliegen von Modellseglern zum Erlernen der Flugprinzipien.

Oben: Nicht alles bei der Flieger-Hitlerjugend war Arbeit. Hier beobachten sie vor dem Krieg einen viermotorigen Transporter, die Junkers-38, beim Abheben von der Rollbahn.

entwickelten, die im Idealfall nichts mit unterschiedlichen Familienverhältnissen zu tun hatte. Zusätzlich gab es die Chance, „Sportabzeichen" zu erwerben, eine weitere Idee von Schirachs. Sie waren für alle Mitglieder der Hitlerjugend, des Jungvolks, des Bunds Deutscher Mädel und der Jungmädel erreichbar und wurden zu begehrten Trophäen. Der hohe Wert, den die Nazipropaganda dem Sport verlieh, sicherte den Trägern der Abzeichen den Ruhm nationaler junger Helden und Heldinnen.

Jährliches Paradestück

Der Reichssportwettkampf, 1935 formell eingeführt, in dem Jahr, das von Schirach „Jahr der Leibesertüchtigung" nannte, war das große jährliche Paradestück der Hitlerjugendaktivitäten. Angesporn durch die vielen zu gewinnenden Preise nahmen mehr und mehr junge Menschen daran teil, 1935 1,5 Millionen, 1939 bereits sieben Millionen. Im ersten Jahr des Wettkampfs gab es den zusätzlichen Anreiz, dass 1936 die Olympischen Spiele in Berlin abgehalten wurden. Die Erfolge bei den Spielen ermöglichten es der Nazipropaganda, das Ideal der körperlich vollkommenen Jugend zu verherrlichen. Die Deutschen errangen 16 Goldmedaillen in verschiedenen Disziplinen, davon vier im Turnen und sechs im Rudern.

Bei diesem Anlass bemühten sich die Nazis noch, ihre antijüdische Politik zu verbergen, und ausgewählte jüdische Athleten wurden zur Teilnahme an den Spielen zugelassen. Damit kontrastierte allerdings das systematische Erziehungsprogramm in den Klassenzimmern, das den „deutschen" Kindern das „jüdische Krebsgeschwür" in ihrer Mitte bewusst machen sollte. Der Schulunterricht füllte die Köpfe der Hitlerjungen mit Ideen arischer Überlegenheit, die genauso wirkungsvoll waren wie die auf dem Sportfeld eingeimpften. Die Stunden fanden unter einem finster blickenden Hitlerporträt statt, und die unterrichtete „Geschichte“ verherrlichte den Münchener Putsch von 1923 und den Kampf des Führers zur Befreiung Deutschlands vom Einfluss der Juden, Kapitalisten und Kommunisten.

Diese freche Propaganda war von Hitler selbst verbreitet worden, zusammen mit dem verschleierten Plänen der Nazis, die Juden auszurotten. „Es ist Aufgabe des rassischen Staates“, erklärte Hitler, „sicherzustellen, dass eine lang währende Geschichte geschrieben wird und dass in diesem Zusammenhang die Rassenfrage in eine beherrschende Stellung erhoben wird, damit eine Generation entsteht, die fähig ist, der entgültigen Entscheidung auf dieser Welt ins Auge zu sehen.“

Isolation der Juden

Die erste wichtige Lektion war, wie man einen Juden erkennt. Eine Zeit lang durften jüdische Kinder noch die Schule besuchen. Sie wurden, vor der Klasse stehend, als Musterexemplare benützt, an denen der Lehrer bestimmte Merkmale vorführte: Form der Nase, Form und Größe des Kopfes, Augenstellung, Hautfarbe usw. Besondere Aufmerksamkeit wurde auf niedrige Stirn, länglichen Schädel, schwächliche Körpergestalt und die Beschneidung jüdischer Knaben gerichtet. Als Kontrast wurden auch rein „nordische“ und germanische Typen analysiert. Ihre Eigenschaften machten sie, so wurde erklärt, zur auserwählten Rasse, die Macht, Wissen, Kultur und das Talent zum Organisieren haben sollte. Diese Ausführungen wurden durch Textbücher und durch an den Wänden hängende Fotografien von Juden, die wie Verbrecherfotos von vorne und im Profil aufgenommen waren, unterstützt. Es gab Vorführungen der jüdischen Körpersprache und der Art, wie sie mit den Händen gestikulierten.

So wurden die jungen Deutschen allmählich mit der Vorstellung einer Gefahr durch jüdische „Verseuchung“ infiltriert, wie sich in Hitlerjugendliedern zeigt, die Zeilen wie die folgenden enthielten: „Wenn Judenblut vom Messer spritzt, dann ist das doppelt gut.“ Schließlich wurde das nationale Erziehungswesen mit Grund- und Oberschule von der Hitlerjugend und ihren Lehrern und Ausbildern durchsetzt. Juden wurden von der Universität und anderen Lehrstellen verbannt, und 1936 wurden die römisch-katholischen und protestantischen Schulen geschlossen. Dies gab das Feld für die Ausbreitung des Gedankenguts der Nazis frei, zu dem nicht nur der Hass gegen die Juden, sondern auch gegen andere Gruppen gehörte.

Behindertenpolitik

Darunter waren auch die Behinderten. Dabei wurde ein Unterschied zwischen geistig und körperlich Behinderten gemacht. Letztere durften der Behinderten- und Gebrechlichen-Hitlerjugend beitreten, solange sie die Rassenprüfung bestanden. Sie nahmen natürlich nicht am Sport und der paramilitärischen Schulung teil, lernten aber nützliche Handwerke wie Zimmerhandwerk, leichte manuelle oder Büroarbeit. Sogar Blinde und Taube waren zur Hitlerjugend zugelassen, es sei denn, ihre Behinderung war erblich.

Mit den geistig Behinderten stand es anders. Die Nazis glaubten, um eine Herrenrasse zu schaffen, sei es nötig, die Schwachsinnigen, Geisteskranken, Epileptiker, Schizophrenen, Missgebildeten, erblich Blinden und Tauben und chronischen Alkoholiker auszumerzen. Sie wurden sterilisiert oder im Rahmen des Euthanasieprogramms ermordet.

Um die Hitlerjungen von der Notwendigkeit zu überzeugen, die Gesellschaft von solchen Unerwünschten zu säubern, wurden Gruppen in Hospitäler und Einrichtungen gebracht, wo sie sahen, welche Kosten Geisteskranke verursachten, und wieviel mehr es noch kosten würde, wenn man solchen Menschen erlaubte, ebenso „schadhafte“ Kinder hervorzubringen. „Ihr dürft nur Kinder mit reinen Deutschen haben, um keine verbrecherischen oder behinderten Menschen in die Welt zu setzen“, wurde in *Du und Dein Volk*, der Zeitung der Bewegung, mitgeteilt. „Das Sterilisationsgesetz erlaubt uns, menschliche Würde auszubilden und unsere Rasse vor Minderwertigkeit zu schützen.“

Rundschreiben und andere Druckwerke für die Hitlerjugend wurden von eigenen Fachleuten der Bewegung für Journalismus, Radio und Filmproduktion hergestellt. Obwohl die Betonung in der Hitlerjugend nicht auf Individualismus, sondern auf Gruppengeist lag, waren ihre Talente in Nazideutschland sehr nützlich, und viel versprechende Jugendliche erhielten die Gelegenheit, ihre Begabung zu entwickeln. Hitler hatte bereits bewiesen, wie wirkungsvoll öffentliche Reden sein konnten, und ein Großteil seines Erfolgs beim Aufstieg zur Macht wurde seinem genialen Talent als Redner zugeschrieben. Deshalb wurde die Schulung öffentlicher Redner entscheidend, um den Schwung zu erhalten und neue Zuhörer mit der Botschaft der Nazis zu begeistern.

Spezielle Abteilung

1936 gab es ein ausreichend großes Reservoir an Hitlerjungen mit dem erforderlichen Verständnis der Kultur der Bewegung und der Naziideologie, um eine besondere Abteilung für die Schulung öffentlicher Redner einzurichten. Diese war der Propaganda-Abteilung des Reichsjugendamts angegliedert und war das Ergebnis einer Übereinkunft mit der Reichspropagandaleitung (RPL).

Potentielle Kandidaten wurden nach ihrem Talent und der Zeitdauer, die sie in der Hitlerjugend oder der Nazipartei verbracht hatten, eingeschätzt. Befand man sie für tüchtig, so erhielten sie die Zulassung der RPL. Es gab drei Gruppen von Hitlerjugendrednern – die Reichs-, Gebiets- und Gruppensprecher, und die kleinste Sektion, den Rednerkreis. Man erwartete weder von der Rednerschule noch vom Rednerkreis, dass sie fertige Praktiker hohen Ranges hervorbrachten, doch sollten sie eine gute Basisschulung bieten, ein Forum, auf dem die Redner ihre Fähigkeiten entwickeln konnten, und allgemein Ermutigung und eine Unterstützung für die Praktikanten darstellen.

Unten: Alleinflug. Dieses Foto wurde von der Flieger-Hitlerjugend als Teil einer Werbekampagne benutzt, um durch den Nervenkitzel potentielle Rekruten zu beeindrucken.

Daneben waren Hausaufgaben zu erledigen. Potentielle Redner mussten Naziliteratur, die Zeitungen, Magazine und vielen zum Thema des Nationalsozialismus veröffentlichten Bücher lesen. Ein Rednerdienst wurde eingerichtet, um sie mit Information und Anleitung zu versorgen. Wortwahl, Wucht und Erfolg einer Rede hingen vom Sprecher ab, viel auch von seiner gepflegten Erscheinung in Uniform, seiner körperlichen Anziehungskraft, den Qualitäten seiner Stimme und von seiner Fähigkeit, die Zuhörer in Bann zu halten.

Das Rednerkorps

Redner aus der Hitlerjugend mit Naturtalent wurden bald bekannt, und die Besten von ihnen konnten in relativ kurzer Zeit dem Partei-Rednerkorps beitreten. Manche waren erfahrene Darsteller, die die Nazibotschaft schon verbreitet hatten, ehe Hitler an die Macht kam. Die Schulung war so erfolgreich, dass 1937 100 neue Redner in die Ränge der Nazipartei aufgenommen wurden. Bis dahin gab es insgesamt 550 Hitlerjugendredner, deren Leben darin bestand, von einer Kampagne zur nächsten zu ziehen, die Nazibotschaft auf Versammlungen und Treffen zu verbreiten und die fast mythische Rolle Adolf Hitlers bei der Errettung Deutschlands vor seinen Feinden herauszustreichen.

Der religiöse Nimbus, den Hitler so erlangte, besaß große Kraft in einem Land, wo das „Führerprinzip“ eine unfehlbare Anziehungskraft besaß. In der Hitlerjugend zeigte sich diese Einstellung zum Führer in besonderen „Gebeten“, von denen eines lautete:

„Adolf Hitler, du bist unser großer Führer. Dein Name lässt den Feind erzittern. Dein Drittes Reich kommt, dein Wille allein ist auf Erden Gesetz. Lass uns täglich deine Stimme hören und befiehl uns durch deine Führerschaft, denn wir wollen bis ans Ende gehorchen, auch bei unserem Leben. Wir preisen dich! Heil Hitler!“

Dies erhob den Nazismus in den Rang einer neuen Religion und seinen Führer zum Propheten. Die Naziverfolgung der römischen Katholiken und die Herrschaft, die die Partei über die protestantischen Kirchen ausübte, hatte jahrhundertealte Religionen in Deutschland der Basis beraubt. Die Nazis merkten aber, dass ein spirituelles Bedürfnis vorhanden war und dass sie, falls sie die Weihnachts- und Osterfeierlichkeiten verboten, dafür Ersatz anbieten mussten. Sie griffen daher an Stelle von Weihnachten auf eine vorchristliche, heidnische Praxis, auf das skandinavische Julfest der Wikinger, zurück. Ostern wurde durch Sommersonnwendfeiern ersetzt.

Die Feiern und Rituale der religiösen Tradition boten sich zur Neuinterpretation durch die Nazis an, vor allem wenn sie mit militärischen Schaustellungen verbunden wurden. Die Nürnberger Parteitage waren nur ein Beispiel dafür, wie leicht sich praktizierte Religion und

Oben: Eine Postkarte, die für die Freuden bei der Hitlerjugend wirbt. Übungen wie die hier gezeigte wurden zur Förderung von Konkurrenzgeist und Muskelstärke gepflegt.

Oben: Heinrich Himmler, Chef der SS, inspiziert die 12. SS-Panzerdivision **Hitlerjugend**, *eine Einheit, die 1943 vor allem aus früheren Mitgliedern der Hitlerjugend gebildet wurde.*

Nazisymbolik zusammenbringen ließen. 1938 wurde eine weitaus bescheidenere, doch nicht minder effektvolle Jugendfeier im Bezirk Segeberg in Holstein abgehalten.

Das Ereignis begann mit einer Fahnenparade, die von Musik begleitet in die Versammlungshalle einzog. Ein Adolf Hitler gewidmetes Gedicht wurde verlesen, das Lied „Heiliges Vaterland" gesungen, und nach einer Ansprache des Gauleiters der Nazipartei gab es wieder Musik und die Nationalhymne wurde gesungen. Am Schluss wurden die National- und die Parteifahne langsam aus der Halle getragen. Die Zeremonie sollte für die anwesenden Kinder den Tag kennzeichnen, an dem sie sich feierlich der Zukunft ihres Landes weihten. Sie erhielten zur Feier des Ereignisses extra für sie von einem Mitglied des Reichstags signierte Bücher. Insgesamt nahmen 55 Kinder in zwei Gruppen an der Jugendzeremonie teil, etwa 1300 Personen waren als Publikum dabei. Alle von ihnen, so wird berichtet, kamen aus eigenem Antrieb.

Die Zeremonie der Hitlerjugend

Das Ereignis der Zeremonie der Hitlerjugend war wesentlich größer und direkter. 1936 bildete sie einen Teil des Nürnberger Parteitages. Etwa 50.000 Mitglieder der Hitlerjugend marschierten in das für die Zeremonie bereitgestellte Stadion. Es gab Chöre und Instrumentalgruppen, und Mitglieder der Marine-Hitlerjugend flankierten das für den Führer vorbereitete Podium. Zu den Ehrengästen zählten Hitlers Herausgeber, der Verleger Max Amann, sein Privatsekretär Martin Bormann, der Herausgeber und Pamphletist Alfred Rosenberg, der Reichsleiter der deutschen Arbeitsfront Robert Ley sowie der Oberbefehlshaber der Luftwaffe, Hermann Göring, und Admiral Erich Raeder.

Hitler erschien unter Hochrufen und sprach kurz zur versammelten Hitlerjugend, dann verkündeten Trompeten von den umgebenden Türmen herunter den Beginn der Feier. Ein dem „Heiligen Deutschland" gewidmetes Freiheitslied wurde abgesungen, und dann wurden die Feldbanner der Hitlerjugend langsam in die Arena getragen. Diese Fahnen hatten eine besondere Bedeutung: Sie waren nach einer Weihe in Potsdam am Grabe Friedrich des Großen, des Preußenkönigs des 18. Jahrhunderts, auf dem traditionellen Adolf-Hitler-Marsch durch Deutschland getragen worden. Ein einzelner Hitlerjunge, der Erste, der das Stadion betrat, trug zum Gedenken an Herbert Norkus eine blutbefleckte Fahne.

Dann hielt von Schirach eine Rede an Hitler, die den Stolz der Hitlerjugend, Teil der nationalsozialistischen Bewegung zu sein, ausdrückte. „Die Jugend hat viele schöne Augenblicke", erklärte er. „Dieses Jahr ist das glücklichste von allen. Mein Führer – das Glück der Jugend liegt in deinem Namen. Er ist unsere Unsterblichkeit! Unser Führer – Sieg Heil!" Hitler antwortete: „Das sind erregende Tage. Wir sind den Kampf gewöhnt, und kein Angriff kann uns besiegen. Ja, meine Jugend wird immer an meiner Seite stehen. Ihr werdet unsere Fahne hoch erheben! Unsere Feinde mögen uns noch einmal angreifen, doch unsere Fahne wird immer den Tag gewinnen!"

Pompöse Schaustellung

Kriegerische Musik und Trommeln ertönten, dann inspizierte Hitler die Reihen der Hitlerjugend. Es folgte ein neuerliches Erheben der Fahnen, das Absingen patriotischer Lieder und ein Abschlussumzug durch das Stadion, wobei sich Hitler in seinem Auto erhob, damit ihn alle sehen und bejubeln konnten.

Die bei solchen Anlässen gezeigte Forschheit, Begeisterung und Hingabe enthüllte ein Elitedenken, das die Hitlerjugend zum natürli-

Unten: Ehemalige Hitlerjungen lernen bei der SS-Schulung Karten lesen und den Kompass benutzen. Schon ziemlich früh gehörte zur Schulung der Hitlerjugend die Orientierung.

chen Verbündeten der Schutzstaffel (SS), auch der Schwarze Orden genannt, machte. Diese war ursprünglich Hitlers Leibwache und wurde zur politischen Polizei Deutschlands. Nach den Plänen ihres Führers Heinrich Himmler sollte sie noch viel mehr werden. Er beabsichtigte, die SS zu einer eigenen Armee neben der Wehrmacht auszubauen. 1935 warf er bereits ein Auge auf die Hitlerjugend als Reservoir für die Anwerbung. Die SS war selbst eine jugendliche Organisation, doch die Hitlerjugend war noch jünger. Nach einer Anweisung von 1935 zu urteilen, scheint das SS-Personal eine hochmütige Haltung gegenüber den Jüngeren gehabt zu haben. Eine vom Chef des SS-Hauptamtes, August Heissmeyer, erteilte Anweisung verkündete: „Um gute Beziehungen zu den Abteilungen der Hitlerjugend zu erhalten, wünscht der Reichsführer SS [Himmler], dass mit allen höheren Führern der Hitlerjugend bei feierlichen Anlässen in passender kameradschaftlicher Weise umgegangen wird."

Obwohl sie sich zunächst nur auf Befehl für die Aktivitäten der Hitlerjugend interessierten, waren etliche SS-Führer bald begeistert und dachten, dass die Besten der Jugend nach dem Ende ihrer HJ-Zeit der SS beitreten würden. Bis dahin war die SS innerhalb der Nazistruktur nur eines von vielen der Jugend offen stehenden Zielen gewesen. Es entstand eine gewisse Rivalität, als die Reichsjugendführung Einwände gegen die Erwartung erhob, die SS habe ein Pfandrecht auf die Creme der Hitlerjugend, und bestimmte Sektionen der Nazipartei protestierten, als der formelle Parteibeitritt dadurch umgangen wurde, dass er bei Hitlerjungen, die zur SS gingen, automatisch wurde.

Engere Verbindung zur SS

Die Verbindung zwischen SS und Hitlerjugend wurde gestärkt, als Himmler am 15. Juni 1936 Chef der deutschen Polizei mit beispielloser landesweiter Macht wurde. Himmlers persönliches Interesse an der Hitlerjugend ging noch weiter. Die stärker werdende Beziehung zeigte sich 1936, als die SS und die Hitlerjugend die Zugspitze der Bayerischen Alpen erstiegen, um die Sommersonnenwende zu feiern. Von Schirach, dessen Sinn für Symbolik stets wach war, half das Ereignis zu organisieren. Eine weitere, ähnliche Gelegenheit war eine Versammlung von Hitlerjugendführern auf dem Brocken im Harz, um einer Rede Himmlers zu lauschen.

Unten: Sport war bei der Hitlerjugend und SS nie bloß ein Spiel. Diese Übung aus dem Jahr 1942 sollte die Rekruten stärken und auf die Härten des Kriegs vorbereiten.

Das Thema der Rede war passend: Sie erläuterte unter anderem seine Pläne zum Ausbau der SS und die Möglichkeiten, die die 18-Jährigen dort hätten, wenn ihre Tage bei der Hitlerjugend zu Ende gingen.

Himmler baut seine Macht aus

Darin lag mehr als nur ein Anflug des Aufbaus eines persönlichen Herrschaftsbereichs. Himmler brauchte pro Jahr 25.000 bis 30.000 neue Rekruten. Sie benötigten ein ärztliches Attest als Beweis ihrer körperlichen Tauglichkeit, eine wichtige Voraussetzung für die anstrengende körperliche Ausbildung, die sie erwartete. Andere verlangte Prüfungen waren streng. Eine Vorstrafe bedeutete sofortige Ablehnung, außer der Bewerber war vor 1933 für die Sache des Nationalsozialismus im Gefängnis gewesen. Es war kein Platz für Brillenträger und Leute mit schlechten Zähnen. Desgleichen waren die rassischen Anforderungen der SS extrem: Bewerber mussten, so teilte Himmler den Hitlerjugendführern mit, ihre arische Abstammung, die unverseucht von „minderwertigem", vor allem jüdischem Blut war, elf oder zwölf Generationen in die Vergangenheit bis ins Jahr 1650 zurück nachweisen.

Nach dem Eintritt in die SS-Verfügungstruppe (SSVT) mit 18 sammelte der frühere Hitlerjunge in anderen SS-Dienststellen Erfahrungen. Dazu gehörte mindestens ein Jahr Polizeiarbeit und danach eine Zeit bei der Allgemeinen SS, die als Kern der gesamten Polizeiorganisation betrachtet wurde. Dabei wurden die Bewerber in Führerschaft geschult, wobei besonderer Wert auf das gelegt wurde, was Himmler „den wichtigsten Gedanken bei der Führerschulung" nannte: wie man die Treue von Untergebenen gewann und bewahrte.

Schon zuvor hatte es einige Überschneidungen zwischen Hitlerjugend und SS gegeben. SS-Männer konnten in der Hitlerjugend Teilzeitführer werden; auch stellte die SS der Hitlerjugend Sporttrainer zur Verfügung. Nach dem Juni 1936 wurde auf Anweisung des Inspekteurs der SS-Verfügungstruppe, Paul Hausser, die allgemeine Schulung in der Hitlerjugend der in der Allgemeinen SS angeglichen.

Oben: Gymnastik und Leichtathletik sollten das Auge schulen, die Körperbeherrschung verbessern und die in der Hitlerjugend verlangte Furchtlosigkeit stärken.

Ehemalige Jugendführer, die in der SSVT und jene die in der Wehrmacht dienten, durften Hitlerjugendlager und -führungskurse besuchen. Die Reichsjugendführung unterstützte die Verbindung SS – Hitlerjugend, indem sie die Mindestkörpergröße für jene reduzierte, die noch nicht groß genug waren.

Die SS braucht Männer

Diese halbe Verschmelzung der beiden Organisationen diente einigen SS-Führern dazu, ihren eigenen Einfluss auf die Hitlerjugend zu verstärken. Doch der Hauptgrund dafür bestand im Bedarf an Männern, vor allem jungen. Die SSVT war 1936 relativ klein, sie zählte nur 9000 Mann, und obwohl sich nach einer von August Heissmayer geschickt gelenkten Rekrutie-

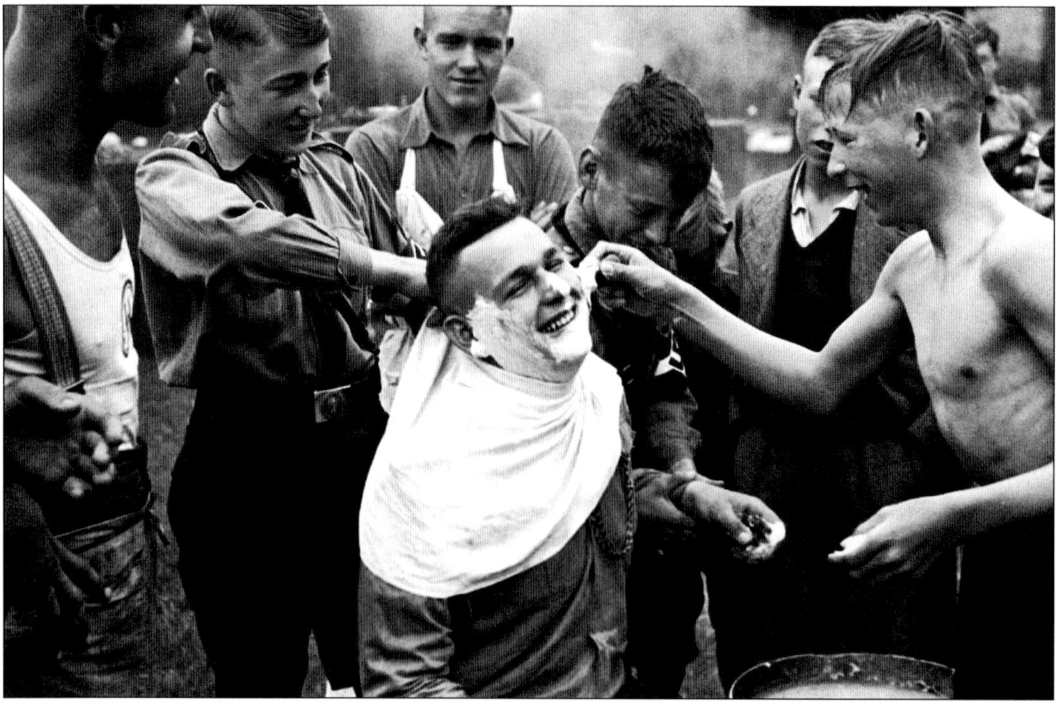

***Oben:* Pause für ein wenig Spaß. Auf dem im Mai 1938 aufgenommenen Foto lässt sich ein Hitlerjunge von seinen Kameraden einseifen und rasieren.**

rungskampagne 1400 Hitlerjungen freiwillig meldeten, erwiesen sich nur 800 davon als geeignet. Die Eignung hing weitgehend von dem Nachweis arischer Abstammung ab, und auch wo er erbracht werden konnte, dauerte dies offenbar längere Zeit. Auf Himmlers Rat hin begannen die Hitlerjungen schon ein Jahr, ehe sie die Zulassung zur SS beantragten, mit der Nachforschung. Hinter den Kulissen aber warb die SS 17-Jährige von der Hitlerjugend ab, sodass die verlangten Nachweise zwangsläufig zusammengestoppelt waren.

Qualifikation für die SS

Insgesamt stellte der Beitritt zur SS an die Bewerber Anforderungen auf höchstem Niveau, die nur die Crème de la crème erfüllen konnte. Man musste ethnisch, körperlich, rassisch, ideologisch und geistig vollkommen sein und sich zudem noch charaktermäßig fürs Soldatische eignen. Ein detaillierter Lebenslauf musste ebenso vorgelegt werden wie ein polizeiliches Führungszeugnis. Doch Himmlers ursprüngliche Forderung, der Ariernachweis müsse bis ins Jahr 1650 zurückreichen, wurde bald abgeändert, hauptsächlich wegen dem damit verbundenen gewaltigen Aufwand an genealogischer Nachforschung. Ein Jahr des Erkundens vor dem Eintritt in die SS reichte dafür nicht aus, auch wenn der Kandidat sich durch eine Masse an Kirchen-, Gemeinde- und Familienaufzeichnungen arbeitete. Wegen Himmlers dringendem Bedarf an mehr Männern wurde das Datum daher verlegt, zunächst auf 1800, dann auf 1885, eine Zeitspanne von nur zwei Generationen. Himmler muss gewusst haben, dass zwei „reine“ Generationen keinen wirklichen Beweis für die nichtjüdische Abstammung des Kandidaten bildeten. Trotz jahrelangem bösartigem Antisemitismus in Deutschland waren die Juden ziemlich gut in die allgemeine Bevölkerung assimiliert, sowohl gesellschaftlich als auch beruflich, und Eheschließungen mit Nichtjuden waren jahrelang ziemlich häufig gewesen.

Die Zeit wird knapp

1935 und 1936 geriet Nazideutschland in Zeitdruck bei der Vorbereitung der Hitlerjugend, der SS und seiner anderen Kräfte zur Errichtung des „Tausendjährigen Reichs". In diesen Jahren ging Hitler bewusst internationale Risiken ein und stellte den am Ende des Ersten Weltkriegs herbeigeführten Status quo in Frage. Die Nazis hatten ihre ersten drei Jahre an der Macht benützt, ihren Griff auf Deutschland zu festigen, das Land von Kommunisten, Sozialisten, Gewerkschaftlern und anderen politischen Gegnern zu säubern, die Finanzen aufzubauen und die Industrie (besonders die Rüstungsindustrie) anzukurbeln und ihren Anschlag auf die Juden und die gleichfalls „minderwertigen" Zigeuner vorzubereiten. Nun aber kamen sie aus ihrer Abschottung, die ihre wahren Absichten verborgen hatte.

Hitlers Ankündigung vom März 1935, dass sich das Dritte Reich wieder bewaffne, und sein folgender Bruch des Versailler Vertrags waren nur ein Vorspiel gewesen. Im September des Jahres unternahmen die Nazis erste gesetzliche Schritte gegen die Juden. Die Nürnberger Gesetze beraubten diese ihrer Bürgerrechte und isolierten sie aus dem politischen, beruflichen und sozialem Leben. Als Nächstes trat Deutschland im Oktober aus dem Völkerbund aus. Die internationale Reaktion darauf war kraftlos. Die Politiker in England und Frankreich beschwichtigten, und es gab keine Aktion des Völkerbunds.

Internationale Proteste

Im Januar 1936 wurde ein Protest des Völkerbunds gegen die Behandlung der Juden von Hitler schroff abgewiesen. Er fühlte sich nun kühn genug für ein provozierendes Statement in einem Interview mit der französischen Zeitung *France-Soir*. Er meinte, er wolle die verlorenen Kolonien Deutschlands in Afrika und im Pazifik wiederbekommen. Am 7. März 1936 besetzten deutsche Streitkräfte das entmilitarisierte Rheinland. Dies geschah, wie Hitler im Reichstag bekannt gab, auf seinen persönlichen Befehl. Das deutsche Oberkommando hatte es nicht gutgeheißen, und Kriegsminister General Werner von Blomberg hatte Anweisung, die Truppen nur zurückzuziehen, falls es Anzeichen für eine französische oder englische bewaffnete Vergeltung geben sollte.

Es gab keine Vergeltungsmaßnahmen. Stattdessen hielten die Engländer Frankreich zurück und setzten ihre Hoffnung in Hitlers Angebot eines Vertrags, der den Frieden für 25 Jahre sichern sollte. Drei Wochen danach erhielt Hitler bei einer Volksabstimmung in Deutschland 99 Prozent Zustimmung. Im April verloren jene, die sich der Stimme enthalten hatten, ihre Arbeitsplätze. Im September begann die Wehrmacht mit ihren größten Manövern seit 1914, und im November schloss Deutschland Verträge mit Italien und Japan, deren Aggressionen bereits internationale Besorgnis ausgelöst hatten.

Wachsende Besorgnis

In England sah man trotz der Beschwichtigungspolitik, dass Nazideutschland gefährlich war. Hitler war schlau genug nicht zu glauben, Frankreich und England würden seiner zielstrebigen Außenpolitik gleichgültig zusehen. Die Bedenken der Wehrmacht betrafen nicht nur feindliche Reaktionen im Rheinland. Sie fürchtete die Kraft der französischen Armee in einem künftigen Krieg und war wegen der gewaltigen Barriere der Maginot-Linie entmutigt, die zwischen 1929 und 1934 gebaut worden war und an der französisch-belgischen Grenze endete. Jenseits davon verlief das bewaldete Ardennen-Plateau, das an seiner höchsten Stelle 670 m hoch war. Man hielt es für unmöglich, dass eine Armee es überqueren könnte.

Es lag daher in Hitlers Auftreten und der herausfordernden Haltung, die Nazideutschland zu dieser Zeit der Welt zeigte, ein Großteil Bluff und Prahlerei. Die Unsicherheiten Mitte der 30er-Jahre verwandelten aber die Hitlerjungen von potentiellen Kriegern in junge Männer, die bald wirklichen Kampf kennen lernen würden. Ab 1937 wurde daher die paramilitärische Seite ihrer Schulung zu ihrer Hauptbeschäftigung.

Ost
Berlin

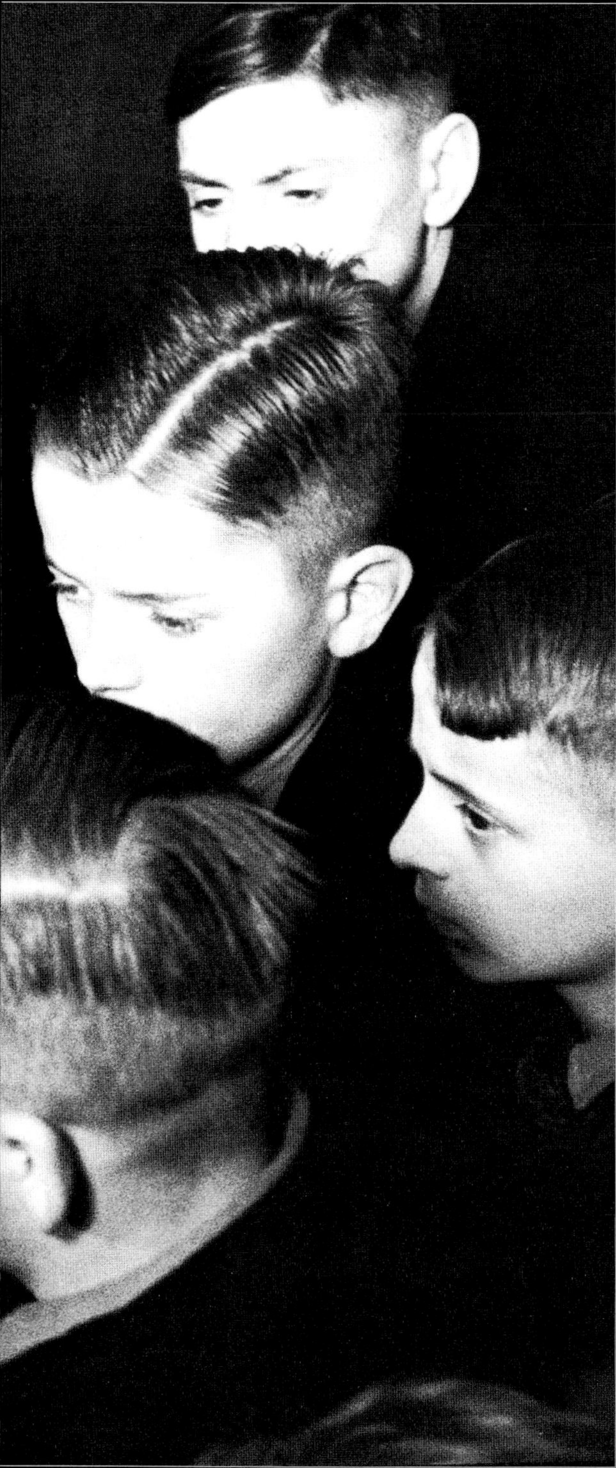

ERZIEHUNG IN NAZI-DEUTSCHLAND

Ehe Hitler begann, das deutsche Bildungssystem nach dem Modell des Nationalsozialismus zu pervertieren und dann seinen katastrophalen Verfall verursachte, war die Erziehung in Deutschland das *beau ideal* der zivilisierten Nationen. Vom Kindergarten bis zur Universität wurde Deutschland für seinen breiten Lehrplan, die Qualität seiner Lehrer, seine Betonung der Disziplin (nicht als Kontrollinstrument, sondern auch als Mittel zu ordnungsgemäßem Lernen) und seine Tradition der akademischen Freiheit bewundert.

Doch Hitlers Mangel an Bildung war die treibende Kraft, die zum Ruin eines der besten Bildungssysteme der Welt führte. Er scherte sich nicht um akademische Freiheit. Er hegte einen tiefen Hass gegen akademischen Erfolg, der nicht zu seiner eigenen Trägheit und Unfähigkeit passte. An der Höheren Realschule in Linz, die er 1904 und 1905 besuchte, erreichte er nicht einmal mittelmäßige Ergebnisse und verließ sie mit 16 ohne Abschluss. Sein später in Nazideutschland eingeführtes Bildungskonzept hatte seine Wurzeln in diesem Versagen. Er gab die Schuld an seinem Scheitern seinen

***Links:** Hitlerjungen hören fasziniert dem Vorlesen aus einem Buch zu. Ihre Lektüre wurde von Zensoren genau gesiebt, damit sie zu den Anschauungen der Nazis passte.*

Oben: Mitglieder des Jungvolks sehen zu, wie verbotene Bücher in Flammen aufgehen. Dies sollte die Politik der Nazis, missliebige Bücher zu verbieten, populär machen.

Lehrern, von denen bei den meisten, wie er schrieb, „geistig etwas nicht stimmte". Eine Ausnahme machte er bei Dr. Leopold Pötsch, der ihm seine eigene Vorliebe für den deutschen Nationalismus einimpfte. „Da saßen wir, oft von Begeisterung entflammt, manchmal zu Tränen bewegt", schrieb Hitler in *Mein Kampf* über die Stunden bei Pötsch. „Die nationale Inbrunst, die wir fühlten, wurde von ihm als Mittel für unsere Erziehung benützt ..."

Hitlers frühe Jahre

Nachdem ihn die Wiener Kunstakademie 1906 und nochmals 1907 abgelehnt hatte, trieb sich Hitler einige Jahre lang ziellos in Wien herum. Er nützte sein geringes künstlerisches Talent, um Skizzen und Postkarten zu verkaufen. Er war immer am Rand des Verhungerns, und viele der Eigenschaften, die er später als *Der Führer* zeigte, waren schon zu dieser Zeit sichtbar: Er war ein einsamer Einzelgänger, der körperliche Berührung hasste, zu einer engen Beziehung unfähig und in fast autistischer Weise von immer gleicher Routine besessen.

Links: Hitlerjungen aufgereiht, den rechten Arm zum Hitlergruß hochgereckt. Selbst in diesem Ferienzeltlager an der Ostsee durften sie ihre eigentliche Bestimmung nie vergessen.

Der Heeresdienst im Ersten Weltkrieg rettete ihn aus dieser Lebensweise, doch zuvor hatte er durch unersättliches Lesen in der Wiener Öffentlichen Bücherei jene Ideen aufgenommen, die sein Denken später im Dritten Reich leiteten: ein Eintopf aus alter Religion, Okkultismus, Astrologie, Eugenik, nationalistischer Politik und Hass auf Juden, Zigeuner, Sozialisten und Liberale.

Abwendung von der Vergangenheit

Die Betonung sportlicher Schulung, das auffälligste Kennzeichen von Hitlers Erziehungssystem, war nur ein Symptom der Bewegung weg von den intellektuellen Traditionen der Vergangenheit. Im Nazibildungssystem wurden die Unterrichtspläne radikal entsprechend den Lehren des Nationalsozialismus geändert und

Oben: Mitglieder des Jungvolks stehen bei einer Schulung Habtacht. Sogar den jüngsten deutschen Knaben und Mädchen wurden Formen militärischer Disziplin eingeimpft.

alle Fächer abgeändert, um die Weltsicht Adolf Hitlers zu spiegeln. Der Unterrichtsstoff sollte aufgesogen, nicht diskutiert werden, und die Nazifizierung der Jungen sollte gründlich genug sein, um ihnen die richtigen Anworten bei den Zulassungsprüfungen zum Jungvolk und zur Hitlerjugend zu liefern.

Ehe Hitler darangehen konnte, das Schulsystem zu nazifizieren, musste er jene ausschalten, die sich seinen Plänen widersetzt hätten. Als Erste mussten innerhalb von sechs Monaten nach der Machtergreifung der Nazis jüdische, sozialdemokratische und liberale Lehrer und Professoren gehen. Für die Universitäten bedeutete dies den Verlust einiger ihrer besten Geister, darunter etlicher Physiker der Universität Göttingen – alle Nobelpreisträger, die Deutschland zu dem in den Naturwissenschaften führenden Land gemacht hatten. Insgesamt verloren etwa 1200 Lehrer an den deutschen Universitäten ihre Stellen.

„Jüdische Physik“

Es gab einen weiteren schwerwiegenden Verlust für die deutsche Bildung und Wissenschaft: Werke, an denen Juden beteiligt waren, wurden abgelehnt, da für sie in einem Nazistaat kein Platz war. Die „jüdische Physik“ – Hitlers eigener Ausdruck dafür – wurde als Verschwörung des Weltjudentums zur Zerstörung der „deutschen Physik“ verdammt und Einsteins Relativitätstheorie als Produkt fremder Geister, die die Welt beherschen und die deutsche Rasse versklaven wollten, hingestellt. So versank in der Folge das frühere hohe Bildungsniveau im Sumpf der Mittelmäßigkeit.

Als die Schulen und Universitäten gesäubert waren, blieb ein Lehrkörper übrig, der schon lange nationalistisch gewesen war, bisher allerdings nicht im Sinne der Nazis. Dies erleichterte die Sache für Bernhard Rust, einen Lehrer für höhere Schulen, der 1934 zum Reichsminister für Wissenschaft, Erziehung und Volksbildung ernannt wurde. Er ging sofort daran, das System im Sinne der Nazis neu zu organisieren. Etwa 97 Prozent aller Schullehrer traten bereitwillig dem am 1. November 1935 gegründeten *Nationalsozialistischen Lehrerbund* bei, der sie alle unter strenge Parteikontrolle stellte. Bis 1936 wurde etwa ein Drittel der Lehrer Parteimitglieder, und bis 1938 hatten zwei Drittel aller Volksschullehrer Speziallager für verpflichtende Schulungskurse in Naziideologie, Naturwissenschaft, Geschichte, Mathematik und anderen Gegenständen besucht. Universitätsprofessoren und Lehrbeauftragte wurden ebenfalls indoktriniert. Man verlangte von ihnen einen sechswöchigen Schulungskurs, um sicherzustellen, dass ihr Unterricht der nationalsozialistischen Philosophie entsprach. Auch sie mussten ein militärisches und körperliches Training absolvieren.

Nazismus an den Universitäten

Etwa 90 Prozent der Universitätsprofessoren und Lektoren begrüßten den Nationalsozialis-

Rechts: Obwohl viele Hitlerjungen gut in Tätigkeiten zur Selbstversorgung unterrichtet wurden, wie diese Knaben beim Uniformnähen, sank das Bildungsniveau wegen des offenen Misstrauens gegen den Intellektualismus. Die Nazis zogen praktisches Geschick dem akademischen Denken vor, um die Entwicklung einer fähigen, doch unterwürfigen deutschen Arbeiterschaft zu fördern.

mus und erwiesen eifrig ihre Loyalität. Pascual Jordan, Professor für theoretische Physik an der Universität Rostock und Mitbegründer der Quantenmechanik, behauptete, das *Führerprinzip* sei in der Molekularstruktur der Materie präsent. Professor Johannes Stark, Nobelpreisträger und Leiter der Deutschen Forschungsgemeinschaft, war ein bösartiger Kritiker Albert Einsteins und der Relativitätstheorie. Stark, der bereits 1924 seine Treue zu Hitler bekundet hatte, verleumdete alle jüdischen Physiker als egozentrische Lügner, die nur an persönlicher Bekanntheit und an Reichtum interessiert seien. Statt der „jüdischen Physik", die er verachtete, entwickelte er das Prinzip der „arischen Physik", in der die Forschung auf technische und industrielle Entwicklung und Kriegsproduktion abzielte. Obwohl ein brillanter Mann, ging er später mit seinem Hass auf die Juden und seiner arischen Physik so weit, dass er – selbst nach Meinung Rusts und der SS – die deutsche Naturwissenschaft in Verruf brachte. Natürlich beschuldigte er daraufhin die Juden, sie hätten wegen der Einstein-Kontroverse seine Karriere zerstört.

Unten: Aus Leni Riefenstahls Film* Triumph des Willens *über den Nürnberger Parteitag von 1934. Hitler schüttelt Müller, dem Führer der Deutschen Glaubensbewegung, die Hand.

Bücherverbrennung

Starks Verabscheuung der Juden fand bei den Studenten Preußens ihren Widerhall. 1931 bewiesen 60 Prozent von ihnen ihre nationalsozialistische Gesinnung, indem sie für die Universität eine Satzung forderten, die Juden ausschloss. Im selben Jahr gab es an der Berliner, Kölner, Hamburger, Münchener und Wiener Universität antisemitische Krawalle. Zwei Jahre später, am 10. Mai 1933, fand eine Verbrennung von Büchern statt, die die Nazipartei als „undeutsch" verdammt hatte. Die schwarze Liste verbotener Bücher war lang, und sie nährten in jener Nacht stundenlang die Feuer in Berlin und München. Tausende Schulkinder beobachteten den Brand in München, als die Bücher jüdischer und anderer Autoren

– wie die des Humanisten Thomas Mann, des Sozialisten Upton Sinclair, des Autors von *Im Westen nichts Neues*, Erich Maria Remarque, und anderer, die den Krieg ablehnten oder liberale Ideen verbreiteten – in die Freudenfeuer geworfen wurden. Auch die Hitlerjugend war dabei. Die Kamera fing sie ein, wie sie über die Asche sprang, als die letzten Flammen erloschen waren. Die so brutal geleerten Bücherregale wurden mit Ausgaben von *Mein Kampf* und Büchern, die den Krieg verherrlichten, aufgefüllt.

Die Hitlerjugend führte auch ihren eigenen Feldzug, um alle Lehrer, die zögerten, sich dem Nationalsozialismus anzuschließen, „zur Vernunft zu bringen". Horden der Jugend drangen in die Schulen ein, bahnten sich trotz der Bemühungen von Direktoren und Hausmeistern, die sie daran hindern wollten, ihren Weg, um auf die Dächer zu klettern, die schwarz-rot-goldenen Fahnen der Weimarer Republik herunterzureißen und durch die Hakenkreuzfahne zu ersetzen. Sie rissen die Bilder der Minister der Weimarer Regierung von den Wänden und verbrannten sie auf den Schulhöfen. Anderswo stürmten sie die Sitzungen der Lehrervereinigungen. In München zertrümmerten sie die Fensterscheiben einer Lateinlehrerin. Deren Missetat war offenbar, zu oft schlechte Noten gegeben zu haben. Die Polzei wurde gerufen, doch ihre Uniformen schützten die Hitlerjungen vor dem Arrest. Alles, was die Polizei tun konnte, war, ihre Namen aufzunehmen.

Zerstörungslust

Die Hitlerjugend hatte sich einen Ruf der Gewalttätigkeit erworben. Ende 1933 brachten die Berichte über Ungehorsam, körperliche Angriffe und Zerstörung von Schuleigentum sogar die Nazis in Verlegenheit. Zwar war es unerwünscht, den Eifer der Jugend bei der Ausübung ihres nationalsozialistischen Glaubens zu verringern, doch Ordnung musste sein. Daher erklärte Bernhard Rust, dass „die Autorität der Schule im rassischen Staat nicht verletzt werden darf … Es ist Aufgabe des Direktors sicherzustellen, dass die Schüler den Lehrern bedingungslos gehorchen und Gesetz und Ordnung über allem stehen." Für den Fall, dass die Hitlerjungen ihre Stellung zur Kontrolle der Lehrer zu benützen versuchten, wurden die Wünsche der Partei klar formuliert: „Höchste Aufgabe der Schulen ist die Erziehung der Jugend zum Dienst an Volk und Staat im Geist des Nationalsozialismus. Jede Kontrollfunktion wird ausschließlich vom unmittelbar vorgesetzten Verwaltungsorgan ausgeübt."

Jugend-Vertrauensmänner

Von Schirach aber gefiel es gar nicht, dass die Schulen auf diese Weise die Hitlerjugend steuern konnten und die Lehrer etwas bei der Lenkung der Jungen mitzureden hatten. Soweit es ihn betraf, waren Lehren (ihr Beruf) und Führen (sein Beruf) zwei völlig unterschiedliche Aufgaben. Als Kompromiss gab es Versuche der Zusammenarbeit, indem man Lehrer zu Vertretern der Hitlerjugend im Lehrkörper ernannte. Doch als sich zeigte, dass es nicht genug von diesen Hitlerjugendlehrern gab, wurde in den Bezirken ein *Vertrauensmann* geschaffen, der sich mit allen Lokalschulen auseinander setzte. Das brachte wieder halbwegs Ruhe in die Klassenzimmer.

In der Auseinandersetzung ging es nicht um verschiedene Ideologien, sondern um Macht und besonders um die Macht, die eine Gruppe von Jugendlichen beanspruchte, die schon durch die Bedeutung, die man ihr im Nazistaat gegeben hatte, aufgeblasen war. 1933 hatte Hitler auf einer Versammlung der SA und der Hitlerjugend gesagt: „Ihr müsst die Träger des politischen Willens des deutschen Volkes sein. Es darf kein anderes Ziel geben, als Deutschland groß, stark und frei zu machen." In der Praxis wurde dies durch die gewalttätigen Verhaltensweisen gefördert, die Idealismus bei Jugendlichen bewirken kann. Während an der Oberfläche die Ruhe nach den anfänglichen Ausbrüchen größtenteils aufrechterhalten wurde, blieb die Atmosphäre argwöhnisch, und viele Lehrer fürchteten, sie würden gemeldet, wenn ihre Schüler ihre Begeisterung für die Nazis für zu schwach hielten. Die Lehrer mussten den Schülern freigeben, damit sie ihre Hitlerjugendtreffen besuchen konnten,

Rechts: Begräbnis eines Hitlerjungen. Am 1. August 1933 starb der 17-jährige Rudolf Braunder bei einem Unfall bei einem Motorradrennen im Grunestadion in Berlin. Drei Tage später besuchten über 1000 Hitlerjungen die Trauerfeier und entboten den Hitlergruß, als Braunders Sarg zum Grab gebracht wurde. Begräbnisse waren eine perfekte Gelegenheit für den Nazipomp und zeigten die Vorteile, ein Mitglied der Hitlerjugend zu sein. Nach Ausbruch des Krieges sollten sich die Mitglieder der Hitlerjugend noch viel mehr an Begräbnisfeierlichkeiten gewöhnen.

und vieles von dem neuen Lehrplan ging ihnen gegen den professionellen Strich. Auch als echte Anhänger des Führers bewegten sich die Lehrer auf der gefährlichen Schneide des Nationalsozialismus, da sie Tag für Tag dessen intellektuell seichte Ideen lehren mussten.

Indoktrination

Die Indoktrination begann mit dem ersten Schultag der Kinder. Sie kamen gerade erst aus dem Kindergarten und erhielten sogleich Unterricht in Antisemitismus und Militarismus. Ihr erstes Buch, die *Nazifibel,* trug auf dem Umschlag die Karikatur eines Juden und die Worte: „Trau keinem Fuchs auf der grünen Heide, trau keinem Eid eines Juden!" Innen fanden sich Bilder von Soldaten beim Marschieren und Kampieren mit dem Text: „Wer ein Soldat sein will, muss eine Waffe haben, die er mit Macht und einer guten, harten Kugel laden muss. Kleiner Junge, wenn du ein Rekrut sein willst, achte gut auf dieses Lied!"

Neuer Geschichtsunterricht

Später konzentrierte sich der Geschichtsunterricht auf die Heldentaten Adolf Hitlers beim „glorreichen" Münchener Putsch von 1923 und die Kämpfe der Nazipartei. Horst Wessel wurde als Held dargestellt, der sich für die Sache des Nationalsozialismus opferte. Die Weimarer Republik wurde als ein Übel gezeichnet, geleitet von einer Bande von Liberalen, die den mächtigen Geist Deutschlands zunächst durch die Unterzeichnung des Versailler Vertrags und dann durch Freizügigkeit aller Art – sexuell, sozial und politisch – verraten hatte.

Hassenswert war Kurt Eisner, der Münchener Kommunist, der den Spartakistenaufstand von 1918 angeführt und in Bayern eine gescheiterte Räterepublik errichtet hatte. Er wurde im Februar 1919 ermordet. Hitler konnte einen Augenzeugenbericht vom Aufstieg und raschen Fall dieses Mannes liefern, da er während der Monate, in denen Eisner in der deutschen Geschichte eine Rolle spielte, in München gewesen war. Eisner war ein doppelter Feind: Er war nicht nur Kommunist, sondern auch Jude.

Geschichte, Hitlers Lieblingsfach, kam unter die besonders strenge Kontrolle Bernhard Rusts. Er wies die Lehrer an, Aufsätze mit Titeln wie „Adolf Hitler, der Retter des Vaterlands", „Die Erneuerung der deutschen Rassenseele" oder „Was befähigt Adolf Hitler zum deutschen Führer und Reichskanzler?" schreiben zu lassen. In dieser Hinsicht passte der Geschichtsunterricht in Nazideutschland zu dem des späten 19. Jahrhunderts, als man die Biografien politischer und militärischer Gestalten für den definitiven Leitfaden zum Thema hielt.

Die „jüdische Gefahr"

Ältere Schüler wurden gelehrt, dass der jüdische Drang zur Weltherrschaft eine ständige und aktuelle Bedrohung Deutschlands und des Weltfriedens sei. Die parlamentarischen Demokratien der Briten und ihrer überseeischen

Unten: Disziplin und Organisation der Hitlerjugend waren für Propagandaminister Goebbels ein ideales Anschauungsmaterial. Hier spricht er mit einem Jungvolk-Mitglied.

Dominions Australien, Neuseeland, Kanada und Südafrika und auch der USA war kurz davon entfernt, einer weiteren Weltverschwörung zum Opfer zu fallen, der der Bolschewiken. Hitler wurde als Befreier Deutschlands dargestellt. Der Erste Weltkrieg, zusammen mit der Dolchstoßlegende (das Vaterland habe den kämpfenden Soldaten einen Dolch in den Rücken gestoßen und so ihre Niederlage verursacht), wurde mit einer Reihe von Legenden von individuellem Heroismus illustriert, mit Opfern und Heldentaten von Soldaten, die Russen und andere Feinde getötet hatten.

Lebensraum

Geografie wurde auf ähnliche Art gelehrt, nicht um den politischen und physischen Aufbau der Erde zu unterrichten, sondern um Ideen von Lebensraum, Rassenwanderung und dem Bedarf an überseeischen Kolonien einzuimpfen. Das britische Empire war immer noch eine ausgedehnte Macht, ebenso das französische, portugiesische, holländische und in geringerem Ausmaß das spanische. Die Schüler konnten also sehen, dass Deutschland „übergangen" worden war. Auch lernten sie, wie England, Frankreich und Australien 1914 und 1915 die früheren deutschen Kolonien gestohlen hatten.

Mathematik wurde zur kaum maskierten Vorbereitung auf den Krieg. Die Berechnungen hatten mit dem Vergleich von Jägern und Bombern zu tun, mit der Flugbahn von Artilleriegranaten, der Feuerrate von Machinengewehren oder der Zeit, die ein Flugzeug mit einer bestimmten Geschwindigkeit brauchte, um Bomben abzuwerfen und zu seinem Stützpunkt zurückzukehren.

Die Biologie übernahm die Auffassungen der Nazis, farbige Rassen (zu denen die Juden gehörten) seien den weißen unterlegen und die nordisch-germanische Rasse allen anderen überlegen. Für diese Konzepte wurde ein neues Lehrbuch, *Neue Elemente der Rassen-*

Unten: Knaben und Mädchen von Hitlerjugend und Bund Deutscher Mädel posieren in einer neuen Bücherei in Berlin mit sorgfältig gehaltenen Büchern für ein Propagandafoto.

forschung von Hermann Gauch, veröffentlicht. Gauch erforschte jeden möglichen Aspekt der menschlichen Körpergestalt und des Verhaltens, darunter auch die Sprechweisen. Er schrieb darin sinngemäß:

„Allgemein gesprochen kann allein die nordische Rasse Töne von ungestörter Klarheit von sich geben, während bei den nicht-nordischen Menschen und Rassen die Aussprache unreiner, die individuellen Töne wirrer und eher wie die von Tieren sind, wie Bellen, Schnarchen, Schnüffeln und Quietschen. Dass Vögel besser als andere Tiere sprechen lernen können, erklärt sich daraus, dass ihre Münder nordische Struktur haben, dass heißt hoch, eng und mit kurzer Zunge sind. Die Form des nordischen Gaumens erlaubt eine bessere Beweglichkeit der Zunge. Deshalb klingt das nordische Sprechen und Singen voller."

Religionsunterricht

Traditionellen Religionsunterricht gab es im Dritten Reich kaum, besonders nach der Schließung der protestantischen Schulen 1934 und der katholischen 1936. Hitler, der römisch-katholisch war, billigte die katholischen Ideen keineswegs. Er kritisierte den jüdischen und orientalischen Ursprung des Christentums. Es widme Vergebung, Gnade, Liebe, rassischer Gleichheit und den Bedürfnissen der Verkrüppelten zu viel Aufmerksamkeit. Er zog den Schluss, dass das Christentum die Religion der Schwachen sei und heimtückische Ideen enthalte, die dem deutschen Geist fremd seien.

Doch die Nazis merkten, dass der Einfluss, den das Christentum in Deutschland ausübte, schwer zu brechen war. Man versuchte, sich der Religion zu bemächtigen, indem man sie nazifizierte. Im deutschen Christentum wurde Jesus als nordischer Märtyrer dargestellt, der von den Juden getötet worden war, doch in seinem Tod die Welt vor dem jüdischen Einfluss rettete. Hitler war der neue Messias, den Gott gesandt hatte, um Deutschland zu erretten. Dieses deutsche Christentum war nie akzeptiert und rief bei den Protestanten aktiven Widerstand hervor, die als Gegenpol die

Oben: Eine Jungvolkgruppe singt 1936 auf einem Ausflug Lieder zu Geigenbegleitung. Bei diesem speziellen Lager standen Handwerk und Musik im Vordergrund.

konfessionelle Kirche schufen, die die Weltanschauung der Nazis als völlig unchristlich zurückwies. Ergebnis von all dem war, dass die jungen Deutschen weitgehend ohne formellen christlichen Unterricht blieben und in der Hitlerjugend die Naziprinzipien und Führerverehrung zum Religionsersatz wurden.

Die Literatur wurde natürlich zensuriert. Trotzdem konnte sie nie völlig kontrolliert werden. Trotz ihrer despotischen Natur und des Bestrebens, möglichst in jede menschliche Aktivität ihre Ideen einfließen zu lassen, drängte sich die Naziregierung nicht allgemein ins Familienleben derer ein, die ihr loyal waren. Die Bücherverbrennung im März 1933 war so etwas wie eine Propagandashow, da es im Allgemeinen Exemplare der verbrannten Bücher in den Regalen zu Hause gab. Bücher wie *Im Westen nichts Neues* oder *Die Buddenbrooks* sowie andere Werke von Thomas Mann überdauerten, um von einer neuen Leserschaft verschlungen zu werden.

Zensur

Wo sie zensierten, waren die Organisationen der Nazis gewissenhaft und wirkungsvoll. Sie bewegten sich dabei auf ausgetretenen Pfaden. Revolutionen und Unruhen, die das 19. Jahrhundert geprägt hatten, als sich die Ideen der Französischen Revolution auf dem Kontinent

Oben: Aufgenommen im Pfingstlager im Mai 1938, zeigt dieses Foto, wie gemeinsames Singen und Sich-an-den-Händen-Halten das Gemeinschaftsgefühl förderte und erhielt.

ausbreiteten, riefen eine Reihe von Organisationen hervor, die die Druckwerke nach aufrührerischen, verräterischen oder sonstwie unakzeptablen Dingen durchforsteten. Kinderbücher waren dabei ebenso Objekt der Aufmerksamkeit wie Erwachsenenliteratur. 1890 wurden diese Aktivitäten in der Vereinten Deutschen Zensurkommission für Jugendliteratur zusammengefasst. Diese existierte 1933 noch und wurde von Bernhard Rust in sein Ministerium für Wissenschaft, Erziehung und Volksbildung eingegliedert.

Weitere Zensurstellen

Auch die Nazipartei hatte ihre eigene Zensurabteilung, so wie das Ministerium für Propaganda, die öffentlichen Leihbibliotheken und der Arbeitsdienst. Der Nationalsozialistische Lehrerbund richtete die Reichsstelle für Jugendschrifttum ein und ließ eine Flut von Pamphleten, Rundschreiben und anderen Veröffentlichungen los, die Richtlinien angaben, welche Bücher und Schriftsteller den jungen Lesern zugänglich gemacht werden sollten und welche nicht.

Auch die Hitlerjugend war auf diesem Feld aktiv. Schon 1933 erwarb die Reichsjugendführung (die von Schirach aus einer früheren Abteilung der Nazipartei erweitert hatte) eine wichtige Sammlung von Jugendliteratur, die bis ins 15. Jahrhundert zurückging. Sie ermöglichte von Schirach, die Reichsjugendbücherei einzurichten, Kontakte mit wichtigen Verlagen in Deutschland anzubahnen und eine Druckerei zu gründen, um die älteren Texte zu reproduzieren. Für die Weihnachtszeit wurde eine Bücher-Wanderausstellung angekündigt und eine Liste mit empfohlenen Büchern veröffentlicht. Die Reichsjugendbücherei produzierte Programmvorschauen zu Themen wie „Der Versailler Vertrag“ oder „Die jüdische Weltverschwörung“ sowie eine Liste in den Büchereien erhältlicher, empfohlener Bücher für jene, die sich näher informieren wollten. Diese und andere Publikationen wurden in den Hitlerjugendheimen und -lagern auf dem Lande und an anderen Versammlungsorten der Jugend reichlich verteilt. 1938 richtete die Hitlerjugend ihren eigenen Buchklub ein; sie hatte auch ihr eigenes Presse- und Propagandabüro in der Reichsjugendführung, wo Magazine und Zeitschriften für die junge Leserschaft hergestellt wurden. Viele Hitlerjungen fanden diese nicht aufregend genug und kauften lieber *Die Wehrmacht* oder *Der Adler*, beides Publikationen des Oberkommados der Wehrmacht, die mit lebendigen Bildern von Soldaten im Kampf, mit Diagrammen und Information über Waffen, Panzer, Artillerie, Flugzeuge und anderes Kriegsmaterial nur so gespickt waren.

Karl May

Nach 1935 war für die Zensuraufgaben der Reichsjugendführung ein Team von etwa hundert Hitlerjungen nötig, die im Lektorat arbeiteten, wo sie Bücher und anderes Material auf ideologische Sauberkeit hin überprüften. Die Romane von Karl May, die Hitler selbst gierig las, waren mit ihren unfehlbaren, tugendhaften Helden und ihren finsteren Schurken, die stets ihr wohlverdientes finsteres Ende fanden, äußerst annehmbar. Karl Mays Werke waren so beliebt, dass sie bei Hitlerjugend-Wettkämpfen als Preise dienten. Bücher, die den Ansprüchen nicht genügten, waren zum Beispiel Detektivgeschichten, die keine heroischen Gedanken enthielten, die als vitaler Bestandteil der Jugendliteratur galten. *Onkel Toms Hütte* der Sklavereigegnerin Harriet Beecher Stowe war natürlich verboten, doch bei Daniel Defoes *Robinson Crusoe* schieden sich die Geister. Crusoe selbst war offenbar ein arischer Held – tapfer und selbstgenügsam, doch wurde dies durch seine Freundschaft mit Freitag verdorben, einem rassisch Minderwertigen, dem es nicht zustand, Crusoes „Generalleutnant" zu werden und mit ihm zu gehen, als er von seiner Insel gerettet wurde.

Leichter tat sich die Reichsjugendführung beim Umgang mit Büchern über Mythen, Legenden und Märchen. Diese konnten leicht im Sinne der Naziwerte umgeschrieben werden. Zu jenen gehörten die Stärke, Treue und Furchtlosigkeit junger Knaben und ihre Bereitschaft, für die Pflicht ihr Leben zu riskieren, oder umgekehrt das finstere Aussehen und die böse Natur von Schurken, die als Fremde, das heißt: Juden dargestellt wurden. Es gab unter den Literaturprofessoren in Nazideutschland die Denkschule, dass das Märchen als Gattung von den arischen Rassen herrührte, da nur sie die Bildung, das Ehrgefühl, die Treue und das Konzept des Sieges des Guten über das Böse entwickelt hatten, die zu einer solchen Literatur führen konnte. Doch die Märchen brauchten eine arische Besetzung, und so erschienen etwa Aschenputtel und ihr Prinz als rassisch reines Paar, und für ihn war kein gläserner Schuh nötig, um sie zu finden: Seine arischen Instinkte, die ihre arische Aura wahrnahmen, führten ihn zu ihr.

Die großen germanischen Sagen und epischen Dichtungen waren die reinsten Geschenke für die Naziideologie. Die monumentalen Opern aus Wagners *Der Ring des Nibelungen*, die Hitler so heiß liebte, zeichnen in überwältigenden Wellen von Tönen und Melodien die Höhen des Heldentums und des Opfers. Das Streben der Hitlerjugend nach diesen Werten wurde aktiv gefördert. Das Führerprinzip war in diesem Zusammenhang gut aufgehoben. So stand etwa der edle Krieger Siegfried, der gegen die Mächte der Finsternis kämpfte, für den furchtlosen Führer, dem zuliebe seine Anhänger zuletzt ihr Leben opferten. Hagens Treulosigkeit gegenüber Siegfried diente als Metapher für den Verrat, den Deutschland durch die Juden und Kommunisten erlitt, die die Dolchstoßlegende für die Niederlage im Ersten Weltkrieg verantwortlich machte.

Nach Hermann Lorch, dem Autor der 1934 in Leipzig veröffentlichten *Germanischen Heldendichtung*, sollten die Epen und Sagen, sei es in literarischer, sei es in Opernform, als „nationales Erziehungsmaterial ersten Rangs angesehen werden, weil sie der Aufbewahrungsort des Heldentums der Vergangenheit sind". Er schloss: „Wehe dem unheroischen Volk, da es unweigerlich zur Sklaverei absinkt."

Oben: Nach dem Vertrag von Versailles von 1919 durfte Deutschland keine Luftwaffe besitzen. Dies verhinderte aber nicht, dass es Flugschulen gab.

Die germanischen Epen und die nordischen Wikingersagen mit ihren Geschichten von Heldentaten, ruhmreichen Opfern und den nordischen Göttern wurden in den Lagern der Hitlerjugend regelmäßig an den Lagerfeuern erzählt. Hitler selbst hatte der Jugend auf ihrer ersten Versammlung in Potsdam 1932 gesagt, dass das, was sie „an unseren Heldensagen und Epen bewundert, etwas ist, das ihr selbst zu werden wünscht, sodass euer Volk wieder in Heldenepen besungen werden wird". Es gab noch weitere Stränge in den Epen und Sagen, die für die Naziideologie nützlich waren. Ein Beispiel dafür war die Expansion der Wikinger von Skandinavien aus nach dem achten Jahrhundert, als sie auf der Suche nach neuen Ländern auf unbekannten Meeren segelten, sich auf gefährliche Wasserwege und hinaus auf den Atlantik wagten und seine Strömungen benützten, um als erstes Volk Europa zu umfahren. Sie gelangten dabei bis in den Mittelmeerraum und an die Küsten Nordafrikas. All dies diente der Hitlerjugend als verschlüsselte Botschaft: Ihre Bestimmung war, wie die Wikinger Überseegebiete zu kolonisieren, sie den „minderwertigen" farbigen Bewohnern zu entringen und den Ruhm des Nationalsozialismus weit entfernt von den Küsten Deutschlands zu pflanzen.

Die in den Klassenzimmern gelehrte nazifizierte Geschichte wurde durch außerschulische Lektüre unterstützt, wo die „heroischen Kämpfe" Hitlers auf eine Stufe mit den Taten Friedrichs des Großen von Preußen, Otto von Bismarcks und großer Künstler wie Goethe, Bach und Beethoven gestellt wurden. Als die nötigen Schurken dienten Gestalten wie Marx oder Walther Rathenau, der jüdische Industrielle und reaktionäre Politiker des Ersten Weltkriegs. Der Stoff aus der Vergangenheit, der in der historischen Jugendliteratur auftauchte, umfasste die Kreuzzüge nach dem 11. Jahrhundert, die Taten der Ritter des Deutschen Ordens oder den Schlesischen Krieg von 1744 bis 1745, ebenso die territoriale Ausdehnung Preußens durch Friedrich den Großen im Siebenjährigen Krieg von 1756 bis 1763.

Römische Geschichte

Um bei der Verherrlichung der deutschen Rasse noch weiter in die Vergangenheit zurückzugehen, förderte die Reichsjugendbücherei eine Ausgabe der *Germania* von Tacitus, 1906 übersetzt von Will Vesper. Obwohl er die Fähigkeiten der germanischen Krieger, die ins römische Heer aufgenommen wurden, anerkannte, waren die germanischen Stämme für Tacitus Barbaren, die verwahrlost in den Wäldern Germaniens lebten, wenig von der militärischen Disziplin der römischen Armee wussten und Angriffe von unterschiedlicher Gewalt, doch mit wenig Erfolg an den Grenzen des Römischen Reichs unternahmen. In Vespers Übersetzung, waren die Rollen umgekehrt. Die Römer wurden als degeneriert dargestellt. Ihre Lebensweise war ausschweifend geworden und hatte ihre kriegerische Entschlossenheit geschwächt und ihre Ehre besudelt. Die germanischen Stämme andererseits wurden als Modell der Vitalität dargestellt, dem Boden tief verbunden, rassisch rein, körperlich stark und gesund, dem Führerprinzip ergeben und im Krieg äußerst furchtlos.

Moderne Helden

Die Helden des Ersten und später des Zweiten Weltkriegs wurden so ziemlich auf die gleiche Weise verherrlicht. Es gab eine speziell als militärische Botschaft für die deutsche Jugend geschriebene Unzahl von Büchern über das Fliegeras, den brillanten „Roten Baron“ Manfred von Richthofen, und die unerschrockenen U-Boot-Kommandanten und ihre Mannschaften in den beiden Weltkriegen. Die Großtaten der Stuka-Piloten und die Feldzüge des Blitzkriegs, die 1940 über Westeuropa hinweggefegt waren, begeisterten verständlicherweise die jungen Leser. Exotischer, doch ebenso spannend war die Geschichte der *Emden*, eines Kreuzers, der 1915 in und um die chinesischen Gewässer operierte, Madras im britisch beherrschten Indien beschoss, 16 Handelsschiffe versenkte und zuletzt dem australischen Marinekreuzer HMAS *Sidney* vor der entlegenen Pazifikinsel Keeling unterlag. Diese Themen verbanden Abenteuer mit technischer Information, eine Mischung, die die Knaben ansprach. Wichtig war dabei Glaubwürdigkeit: Ein Buch erledigte sich selbst, wenn es offenkunfig übertriebene Heldentaten enthielt oder die deutschen Soldaten als Rowdys mit schlechtem Benehmen beschrieb. „Erstklassige Armeen unter großen Führern, die für ein Ideal kämpften“, schrieb General von Cochenhausen von der Wehrmacht, „haben immer geglaubt, dass die Ehre der Truppe nicht einfach in der Erfüllung ihrer soldatischen Pflichten besteht, sondern auch tadelloses Verhalten jedes einzelnen Mannes verlangt.“

Mangelnde Begeisterung

Man wandte viel Zeit, Energie und Papier auf, um sicherzustellen, dass die deutsche Jugend die richtigen Bücher las und vor dem Nationalsozialismus feindlich gesinnten Einflüssen geschützt wurde. Doch nicht alle diese Bemühungen hatten Erfolg. Der propagandistische Inhalt der Publikationen und empfohlenen Bücher scheint viele Leser abgestoßen zu haben. Das bewies nicht nur die Tatsache, dass sie die farbenreichen und aktionsgeladenen *Die Wehrmacht* und *Der Adler* vorzogen. Von der Reichsjugendführung publizierte Informationsbroschüren stapelten sich ungelesen in den Hitlerjugendheimen. Mit Ausnahme von Schentzingers *Hitlerjunge Quex* verstaubten viele Bücher über die Helden der Nazipartei und ihre früheren Kämpfe in den Regalen der Büchereien. Diese Abkehr von der Propagandaliteratur verstärkte sich noch, als der Zweite Weltkrieg voranschritt. Knaben und Mädchen griffen als Zuflucht immer mehr auf Märchen zurück, immer weniger auf Bücher über Krieg, Schlachten, Soldaten, Waffen und Heroen, die nunmehr keinen logischen Platz mehr unter den harten Tatsachen der realen Welt der Kriegszeit fanden.

Unten: Diese Hitlerjungen bauen nicht bloß zum Spaß Modellflugzeuge. Vor 1935 tarnte sich militärische und Flugschulung durch Aktivitäten wie diese.

KAPITEL 5

ABTRÜNNIGE UND WIDERSTAND

Nazideutschland schaffte es besser als irgendein anderer moderner Staat, die Gesellschaft und Politik gleichzuschalten und Bürger in eine fügsame Masse zu verwandeln, die auf Gehorsam gegenüber der herrschenden Diktatur programmiert war. Dennoch war dieses nie gründlich genug. Immer gab es Einzelgänger, die sich nicht anpassen wollten oder weniger als die geforderte Begeisterung zeigten, unverbesserliche junge Kriminelle und jene, die für den Widerstand Folter und den Tod riskierten.

Das strahlende Bild der Hitlerjugend mit ihrem totalen Glauben und ihrer unerschütterlichen Hingabe war bei weitem nicht so tadellos, wie die Nazipropaganda es erscheinen ließ. Unterdrückung von Vergehen und Widerspenstigkeit war ständig nötig. Zur Befassung damit wurde eine spezielle Abteilung im Hauptquartier des Reichssicherheits-Hauptamts in Berlin und 1940 ein Konzentrationslager für widerspenstige männliche Jugendliche in Moringen nahe bei Göttingen geschaffen.

In Moringen gab es für die Abtrünnigen alle Arten von Bestrafung: von Leibesübungen, die

Links: Kommunistische Demonstranten bei einer Wahlkampagne vor der Machtergreifung der Nazis. Die Kommunisten waren anfangs eine starke Konkurrenz für die Nazis.

Oben: Treffen internationaler Hitlerjungen 1935 außerhalb Berlins. Die Fahnen tragen den Namen des Landes, in dem diese Söhne Deutschlands leben.

eine Stunde oder länger dauerten, bis zum Entzug von Mahlzeiten, Schlägen mit Gerten aus Haselnussholz und Einzelhaft bis zu drei Wochen. Rückfällige wurden für gewöhnlich sterilisiert. Die Insassen wurden in Blocks gehalten, wo sie sechs Monate lang psychiatrisch untersucht wurden. Dann trennte man die zur Rehabilitation Zugelassenen von den anderen. All dies kam zu den von den Gerichten verhängten Haftstrafen hinzu.

Jugendliche Straffällige

Nach der Entlassung aus dem Gefängnis wurden die Straffälligen geradewegs nach Moringen gebracht, wo es anfangs 140 Insassen gab, 1942 bereits 620. Von diesen wurden nur 124 entlassen, und nur 10 von ihnen gingen zu ihren Eltern zurück. Vom Rest wurden 47 zur Wehrmacht eingezogen, 18 für geisteskrank oder schwachsinnig erklärt und in Irrenhäuser geschickt, und 25 kamen in ein Rehabilitationszentrum in Bayern. 14 sind vermutlich in Moringen gestorben, zumindest hat man nie wieder etwas von ihnen gehört. 1943 schuf ein neues Gesetz für die hartnäckigsten Straffälligen ein abgekürztes Verfahren. Nach der Verurteilung wurden sie vom Gericht sofort zu unbefristeter Haft in die Jugendlager gebracht.

Aufdeckung und Bestrafung oblagen nicht nur der Polizei oder den Gerichten. Der 1934 geschaffene Streifendienst wurde 1938 mit der Überwachung aller jungen Leute, nicht nur der Hitlerjugend, beauftragt. Seine Mitglieder hielten Ausschau nach Vergehen wie Trinken, Rauchen, Singen verbotener Lieder, nachlässigem Grüßen, Übertreten der Polizeistunde oder Unruhe in Billard- oder Tanzhallen. Dem Prinzip „Jugend führt Jugend“ wurde durch den 20-jährigen befehlshabenden Adjutanten Heinrich Lüer Rechnung getragen. Er berichtete an den 22-jährigen Heinz Hugo John, den Chef des Personalbüros. Wie Lüer und John

Rechts: Salutieren beim Hissen der Fahne in einem Ferienlager der Hitlerjugend im Juli 1938 an der Ostsee. Hakenkreuzfahnen sind dabei stark vertreten.

***Oben:* Obwohl die Hitlerjungen für den Krieg und die Deutschen Mädel für das Hauswesen dienen sollten, besuchten sie oft dieselben Lager. Dieses hier ist in Nassenheide, 1938.**

bald merkten, konnte das Unruhestiften schon in sehr jungem Alter beginnen. 1934 etwa schwänzten 34 Mitglieder des Jungvolks eine Naziparteiversammlung in Duisburg. Sie ließen ihre Uniformen zurück, stahlen sich aus der Stadt und machten sich in die Berge auf, wo sie die Nacht in einem geheimen Versteck verbrachten. Am nächsten Morgen kehrten sie nach Hause zurück, ehe der Streifendienst ihr Verschwinden bemerkt hatte.

Heimliche Ausflüge

Andere verbotene Exkursionen waren ehrgeiziger. Manche Gruppen gingen auf weite Wanderungen oder paddelten auf entlegenen Flüssen zu geheimen Lagern, wo sie der Streifendienst nicht finden konnte. Andere gingen in entlegenere Dörfer, um Volksfeste wie das Erdbeerfest im Taunus zu besuchen. Dort sangen sie von den Nazis verbotene Lieder, eine übliche Unterhaltung bei illegalen Jugendtreffen. Vom Tun dieser Gruppe bekam der Streifendienst Wind und lauerte ihnen auf ihrem Heimweg auf. Die Gestapo wurde eingeschaltet und nahm bei einem folgenden Überfall 150 Verdächtige fest, von denen 20 eines Vergehens beschuldigt wurden. Doch der Taunus war so weit ab vom Schuss, dass 1936 eine Gruppe von Abtrünnigen aus Frankfurt dort ein Versteck errichten konnte, wo Knaben auf der Flucht vor dem Streifendienst einen völlig sicheren Unterschlupf finden konnten.

Auch bei Nicht-Nazi-Gruppen, die nach 1934 von der Hitlerjugend geschluckt wurden, blieben manche Vereinigungen intakt und organisierten ihre eigenen Aktivitäten. Eine davon waren die *Christlichen Pfadfinder*, deren Loyalität zur Hitlerjugend nie überzeugend war. Ihre Mitglieder wurden verhört und erlebten Hausdurchsuchungen. Trotzdem schafften sie es, sich den Behörden zu entziehen und

1935 die Saar an der französischen Grenze zu besuchen. 1936 gingen sie nach Finnland. Eine weitere Gruppierung, die verbotene *Deutsche Jugend 1-11*, war noch ehrgeiziger. Sie fuhren bis nach Schweden, Kalabrien und Sizilien.

Katholischer Widerstand

Dieser jugendliche Tatendrang war mehr Provokation als ernste Bedrohung, solange er sich nicht ausbreitete und zur organisierten Bewegung wurde. Die Katholiken jedoch widersetzten sich allen Vereinnahmungsversuchen. Nazis gegen Katholiken bedeutete nicht nur einen Zusammenprall von Ideen, sondern einen Kampf zweier mächtiger gesellschaftlicher Kräfte. Die Katholiken hielten die internationalen Trümpfe und hatten ihre kulturellen Wurzeln in ihrer langen Geschichte. Katholische Priester taten das Ihre, die Eltern vor Heidentum und Unmoral (darunter homosexuelle Praktiken) zu warnen, denen ihre Kinder bei der Hitlerjugend ausgesetzt wären.

Raffinierter, doch ebenso zersetzend, waren die Methoden der *Bünde*, einer von den Nazis verbotenenen Jugendgruppe der Mittelklassen. Ihr Hauptziel war das Jungvolk, in das sie einsickerten, indem sie einfach Mitglieder wurden. Einmal dabei, verbreiteten die Bünde durch „korrupte" Hitlerjugendführer und „unzufriedene" Mitglieder der SA Unruhe. Diese Propaganda schien überzeugend zu sein, wie die Reichsjugendführung merkte, als sie die Organisation von den Eindringlingen zu säubern versuchte. Anstatt seine neuen Führer gehen zu lassen, leistete das Jungvolk heftigen Widerstand. 1934 gab es einen Straßenkampf, in dessen Verlauf es zur Zerstörung von Eigentum der Hitlerjugend und in einem Hauptquartier zu einem Fenstersturz von Möbeln und Pa-

Unten: Himmlers SS warb bei der Hitlerjugend regelmäßig um Rekruten, besonders im Zweiten Weltkrieg. Hier mustert Himmler am 1. Juni 1943 die Reihen, Artur Axmann links von ihm.

pieren kam. Mit so etwas konnte der Streifendienst nicht allein fertig werden, Polizei und SS-Einheiten wurden als Unterstützung hinzugezogen, um die Ordnung wiederherzustellen. Das gelang, doch erst nachdem etliche Polizeiwagen umgestürzt und demoliert und etwa 100 Jungvolk-Mitglieder unter Arrest gestellt worden waren. Sie wurden in Polizeikasernen gebracht und dort schwer geschlagen, damit sie ihre Lektion lernten. Dann verfolgte man die Unruhestifter der Bünde, und die Gruppen, die intakt ins Jungvolk gekommen waren, wurden aufgebrochen.

Schwierigkeiten der Ausweitung

Die Episode mit den Bünden beleuchtet die Schwierigkeiten, die durch den großen Zufluss nichtnazifizierter Jugendlicher in die Hitlerjugend entstanden. Dieser war ein direktes Resultat des Verbots der früheren Nicht-Nazi-Jugendbewegungen. Das führte umgekehrt zu einer erhöhten Aufmerksamsamkeit der Eltern auf die Gefahren, die es bei Hitlerjugend, SS und SA gab. Besonders fürchteten sie sexuelle Verhältnisse. Die deutsche Jugend wurde schließlich ermuntert, in Begriffen von arischer Reinheit bei der Wahl des Ehepartners zu denken, und dies führte dazu, dass Sex früher als sonst zum Thema wurde.

Die Bühne für manche frühreife Experimente zwischen Mädchen von den Deutschen Jungmädeln und Knaben vom Jungvolk war bereitet: Etliche Mädchen, die Wochenenden in ländlichen Lagern verbracht hatten, kehrten schwanger nach Hause zurück. Die Lage wurde nicht besser, als Redner aus dem Propagandaministerium die Lager besuchten und den Mädchen mitteilten, es sei ihre Pflicht, fruchtbar zu sein und sich zu vermehren, da dies die höchste Verpflichtung der deutschen Volksgemeinschaft sei.

Unten: Eine Gruppe der **Motor-Hitlerjugend** *genießt 1938 das Gemeinschaftssingen im Harz. Als Spezialsektion der Hitlerjugend dienten sie dem Heer als Botenfahrer.*

Obwohl es schwierig war, verworrene Sexualaktivitäten und Teenager-Schwangerschaften zu verheimlichen, taten die Nazifunktionäre alles, um die Aufmerksamkeit davon abzulenken. Noch mehr bemühten sie sich, das Überhandnehmen von Homosexualität unter den Teppich zu kehren. Nach Artikel 175 des Strafrechts war Homosexualität in Nazideutschland nicht nur an sich, sondern auch wegen ihrer Bedrohung der rassischen Reinheit und der Pflicht, Kinder fürs Vaterland zu zeugen, ein Verbrechen. Umso peinlicher war es, wenn Homosexualität innerhalb von Naziorganisationen auftrat. Immer wieder belästigten SS-Lehrer Hitlerjungen, und nach 1933 zeigten die Zahlen des staatlichen Amts für Statistik, dass die Homosexualität unter jungen Leuten zunahm. Im Laufe der Jahre wurde sie zur am zweithäufigsten verfolgten Aktivität nach der „Blutschande".

Homosexualität

In den höchsten Reihen der Nazipartei ließ Hitler Homosexuelle wie Ernst Röhm, Werner von Fritsch, bis 1938 Oberbefehlshaber des Heeres, oder den Wirtschaftsminister Walther Funk gewähren, solang sie ihm nützlich waren. Die anderen aber waren vogelfrei, und Himmler ging gnadenlos gegen sie vor. Einmal wegen homosexueller Betätigung verurteilt, kamen die Männer in Konzentrationslager, aus denen die meisten nie wieder auftauchten. Ab 1941 befahl Hitler für Homosexuelle in der SS die Todesstrafe, und 1942 wurde die Hinrichtung zur allgemein üblichen Bestrafung, wenn das Problem nicht durch Kastrieren gelöst werden konnte.

Streifendienst und Kriminalpolizei arbeiteten bei der Verhinderung eng zusammen, und 1940 wurden Richtlinien zur Entdeckung von homosexuellen Praktiken erstellt, darunter ein scharfes Vorgehen gegen „harte" pornografische Literatur. Trotzdem wurde ein Drittel der bis zum Sommer 1941 aus der Hitlerjugend ausgeschlossenen Knaben wegen sexueller Abweichungen hinausgeworfen. Etliche von ihnen wurden später kastriert oder hingerichtet oder beides. Die Zeugnisse in homosexuellen

Oben: Karl Fischer (1881–1941), Mitbegründer der Wandervögel, hier nach seiner Rückkehr aus der Gefangenschaft in China. Das Foto wurde 1921 aufgenommen.

Fällen vor Gericht enthüllten, wie einfach im Verlauf regelmäßiger Jugendaktivitäten Verbrechen begangen werden konnten. So wurde etwa ein Fluglehrer des Nationalsozialistischen Flieger-Korps des homosexuellen Verkehrs mit zehn Hitlerjugendschülern für schuldig befunden. Zwei Jugendführer hatten sich 20 Jungvolkmitglieder und Hitlerjungen als Beute geteilt, als sie kampieren waren.

Hitlerjungen im Visier

Im Kampf gegen die Homosexualität wurden Knaben und junge Männer in Hitlerjugenduniform auf dem Land zum besonderen Ziel von Ermittlungen, ebenso Hitlerjungen, deren Aufenthalt unbekannt war und deren Aktivitäten, während sie „fehlten", eventuell moralisch verdächtig oder verbrecherisch sein konnten. Herumtreiber dieser oder jeder anderen Art waren schon immer ein Schreckgespenst für

Oben: Trotz Verboten verschwanden Hitlerjungen in den Wäldern und zelteten unbeaufsichtigt. Dieses Foto zeigt eines dieser „verbotenen" Lager.

die Autoritäten, und ihr „freies Herumstreifen und müßiges Vagabundieren" war von der Reichsjugendleitung verurteilt worden. Man unternahm Schritte, um diese Vagabunden aufzuspüren, schickte sie nach Hause oder nahm sie, falls sie verbotener Sexualpraktiken verdächtigt wurden, in „Schutzhaft".

Nicht lange, und jeder Bezirk, jedes Gebiet Deutschlands war von Streifendienst-Einheiten durchsetzt, besonders die regelmäßig von Wanderern und Zeltern besuchten ländlichen Gegenden. Eine Streifendienst-Einheit bestand aus bis zu 70 Knaben, die man an ihrem blauschwarzen Streifen am linken Unterärmel, auf den in Gelb „HJ-Streifendienst" aufgestickt war, erkannte. Lokale Streifenführer waren ihre Leiter, und sie traten in Aktion, wenn irgendeine Unregelmäßigkeit in der Hitlerjugend, im Jungvolk, beim BDM oder den Jungmädeln aufgedeckt wurde. Dazu erhielten die Streifendienstführer auf Betreiben Lüers eine Polizeischulung, bei der auch der Gebrauch von Pistolen gelehrt wurde.

Konzertierte Aktion

Der erste gemeisame Feldzug unter Führung Lüers und Johns fand drei Tage lang zu Pfingsten im Mai 1935 statt. Straßen, Zeltplätze und Jugendherbergen wurden überwacht, eine Reihe von Boten auf Motor- oder Fahrrädern überbrachte Befehle, Berichte und telefonische Botschaften an die lokalen Hauptquartiere und das Führungsbüro in Berlin. So wurden umfassende Informationen über umherstreifende Gruppen auf dem Land erstellt: ihre Größe, ihr Alter, ihre Zielorte und woher sie kamen. Man machte Kontrollen, um sicherzustellen, dass die Jugendlichen die richtigen Ausweise dabeihatten, die Polizeistunden einhielten, die Vorschriften der Leitung bezüglich Zelten und Märschen einhielten und die Hitlerjugenduniform zu Recht trugen. Wer dies illegal tat, dem wurde der Pass entzogen und die Uniform konfisziert. Man hielt die Überwachung für so wichtig, dass Polizeichefs und hohe

Nazifunktionäre auf dem Laufenden gehalten wurden. Die Reichsjugendführung war mit den Ergebnissen zufrieden, ebenso Heinrich Lüer. 1936, als die Operation wiederholt wurde und man weniger Missetäter entlarvte, schien sich ihr Erfolg abgenützt zu haben.

All dies verhinderte nicht das Entstehen einer Subkultur jugendlichen Protests und Widerstands von Banden in praktisch jeder Großstadt Deutschlands. Sie trugen exotische Namen wie „Buschwölfe“, „Klub der Goldenen Horde“, „Shambeko-Bande“, „Schlangenklub“, „Die Blaue Ansteckung“, „Staubmäntel“ oder „Schreckliche Steine“. Jede hatte ihr eigenes Interessengebiet, doch alle teilten die Abneigung gegen die strengen Gesetze und Vorschriften. Sie hassten die Hitlerjugend, die in ihren Augen die Unterwerfung der Jungen unter die tyrannischen Älteren charakterisierte. Diese Gruppen verursachten eine Menge Unordnung. Die „Staubmäntel“ etwa trugen gestohlene Kleidung und eigneten sich das Kellergeschoss eines Wehrmachtsgenerals als Hauptquartier an. Hauptunruhestifter aber blieben wie immer die katholischen Vereinigungen. Es gab große Anstrengungen, deren Aktivitäten auf religiöse Dinge zu beschränken.

Untergrundvereinigungen

Unterdrückung trieb die katholische Jugend in den Untergrund. Ihre Vereinigungen überlebten im Geheimen und wurden Teil einer Bewegung jugendlichen Widerstands. Diese umfasste später weitere Gruppen mit ziemlich unterschiedlichen Auffassungen, wie sozialistische, kommunistische und eher anarchistische Jugendliche. Ihre gemeinsame Anti-Nazi-Einstellung schuf manch seltsame Genossenschaft. Im Rheinland und im Ruhrgebiet etwa verbanden sich 1934 die sozialistischen *Roten Falken* und die bürgerlichen *Bünde* mit den Katholiken zu einer neuen Bewegung namens „Nerother“ oder „Kittelsbach-Piraten“. Die Nerother traten in einigen Bezirken als direkte Rivalen der Hitlerjugend auf und unternahmen zahlreiche nicht genehmigte Exkursionen aufs Land. Es gab viele Razzien durch die Behörden. Bei einer wurden 2000 festgenommen. Unbeeindruckt machten die Nerother bis in die frühen Kriegsjahre weiter. 1940 beschuldigte man sie, von der Hitlerjugend Durchgebrannten Zuflucht zu bieten. Jugendführer wurden körperlich angegriffen, was wilde Straßenkrawalle provozierte. Auch Haft und Warnungen der Gestapo konnten das nicht stoppen.

Die *Edelweißpiraten*, benannt nach einer katholischen Widerstandsbewegung in Bayern, verbanden sich 1943 mit den Nerothern. Sie waren nicht offen politisch, hatten aber Kontakte mit Andersdenkenden, Deserteuren aus der Deutschen Wehrmacht und russischen Flüchtlingen aus den Kriegsgefangenenlagern der Nazis. Die Edelweißpiraten, scheinbar ein Klub, der Wandern und andere ländliche Beschäftigungen förderte, wurden von der Gestapo für gefährlich gehalten, die glaubte, dass fast 25 Prozent der Hitlerjugend in Krefeld entweder zum *Edelweiß* gehörten oder mit ihm sympathisierten. Die „Piraten“ provozierten. Sie kümmerten sich nicht um Ausweise, wenn sie im Land herumreisten. Sie trugen ihre eigene „Uniform“, karierte Hemden, kurze Hosen und Halstücher. Sie verfassten rohe Lieder und schamlose Reime über Adolf Hitler und die Nazis. In dieser Aufmachung luden sie förmlich zur Verhaftung ein, und 1944 wurden in Köln als Warnung an den Rest zwölf von ihnen öffentlich gehängt. Das Edelweiß drehte der Warnung eine Nase, und in der Folge gab es noch viel mehr Haftstrafen und Hinrichtungen.

Die Verschmelzung von Edelweißpiraten und Nerothern schuf eine große, lärmende Gruppe von Dissidenten, die mit Messern, Stöcken, Knüppeln und Schlagringen bewaffnete Banden bildeten, die in ihren eigenen Krieg zogen. Stark traten sie bei und nach Luftangriffen hervor. Da zierten sie zerstörte Gebäude und Schutthaufen mit Parolen wie „Nieder mit Hitler!“, „Das Oberkommando lügt!“ oder „Nieder mit der Nazibestie!“.

Die „Meute“

Eine weitere Gruppe, die sich *Die Meute* nannte, lebte ihrem Namen entsprechend. Ihr Widerstand war nicht politisch, obwohl etliche junge Sozialisten und Kommunisten zu ihr gehörten. Sie waren ständig in Auseinandersetzungen mit der Hitlerjugend verwickelt, und ihre Führer wurden verdächtigt, die anderen zum Verrat anzustiften. Zwei große Schauprozesse in Leipzig 1938 konnten die Unruhe kaum stoppen. Die Spannungen zwischen den Nazibehörden und der *Meute* waren 1943 noch groß genug, dass über 730 von ihnen zu Haftstrafen oder anderen Formen des Gewahrsams oder der Kontrolle wie „Wochenend-Arrest" verurteilt wurden. Auch die Mitglieder der *Schwarzen Bande*, die aus hauptsächlich linken Arbeiterjungen bestand, griffen die Hitlerjungen und den Streifendienst bei jeder Gelegenheit an, drangen in die Jugendlager ein, um Fahnen zu stehlen, und leisteten heftigen Widerstand, wenn sie dabei vom Streifendienst angegriffen oder von der Gestapo verhaftet wurden.

Die Swingjugend

Die Nazikultur abzulehnen oder eine andere vorzuziehen, kam in Nazideutschland fast einem gewalttätigen Widerstand gegen die Staatsgewalt gleich. So wurden die Nazibehörden auf die *Swingjugend* aufmerksam, die 1939 in Hamburg entstanden war. Drei Jahre darauf erließ Himmler detaillierte Anweisung, wie gegen die Jugendgruppen in Hamburg vorzugehen sei:

„Alle Rädelsführer, männlich wie weiblich, sowie abweichlerische Lehrer, die die Swingjugend unterstützen, sind in Konzentrationslager zu bringen. Dort sollen sie alle zunächst durchgeprügelt werden, sodann exerzieren und harte Arbeit leisten ... Sie sind zwei bis drei Jahre in den Konzentrationslagern festzuhalten. Es muss klar sein, dass sie niemals mehr studieren dürfen. Die Eltern sind zu verhören, um festzustellen, ob sie ihre Kinder unterstützt haben. Falls ja, so sind sie ebenfalls in Konzentrationslager zu bringen und ihr Eigentum ist einzuziehen."

Und er schloss: „Nur wenn wir dieses Problem hart anpacken, können wir diese gefährliche anglophile Tendenz an der Ausbreitung hindern ..." Diese Tendenz war eher eine gesellschaftliche als eine politische Abweichung. Die Swingjugend wollte ein leichtlebiges, hedonistisches Leben, in Bars, in Cafés und an den Seepromenaden herumhängen. Sie lehnte die harte Kost des Nazilebens beim Arbeitsdienst oder im Heer ab und zog England oder die USA als Vorbilder von Zivilisation und persönlicher Freiheit vor. Die Swingjungen, von denen die meisten aus Familien der Mittelklasse stammten, hatten ein gemeinsames Interesse an amerikanischer Lebensweise, Kleidung, Jazzmusik und Swingtanzen. Jazz

Rechts: Ein kommunistischer Redner auf einer Versammlung vor der Machtergreifung der Nazis 1933. Danach wurde jede Opposition (besonders die Kommunisten) in den Untergrund gedrängt und unterdrückt. Doch kleine Gruppen machten weiter, wenn auch nicht öffentlich.

und andere populäre westliche Musik war in Nazideutschland geächtet, und das lange Haar der Swingjungen diente als weiteres Zeichen ihrer „Dekadenz". Sie waren nicht nur durch ihr Aussehen, sondern auch durch ihre „Jam Sessions" und Swingfeste verdächtig.

Für die Behörden war es leicht, sie aufzuspüren: Anfang 1940 wurden im Verlauf einer „Session" 408 Swingjungen in einem Hamburger Hotel verhaftet. Alle waren sehr jung, nur zwei über 21. Manche ihrer Führer waren erst 14 Jahre alt. Doch der Fall war nicht ohne eine gewisse Peinlichkeit. Von 63 „Rädelsführern" der Swingjugend – wie sie nach ihrer Aushebung von der Polizei klassifiziert wurden – waren 15 Mitglieder der Hitlerjugend und des Bunds Deutscher Mädel, 21 waren aus der Jugend hinausgeworfen worden und 27 waren nie Mitglieder von Jugendorganisationen gewesen. Das war kein Einzelfall. Als im Mai 1940 in Dresden 1715 junge Leute wegen Störung der öffentlichen Ordnung ausgehoben wurden, erwiesen sich mehr als die Hälfte von ihnen als Mitglieder der Hitlerjugend.

Kriminelle Aktivitäten

Streifendienst und Sicherheitspolizei unterstrichen dieses abweichende Verhalten in ihren

Oben: Mitglieder der Wandervögel bei einem heimlichen Treffen in einem verlassenen Steinbruch. Die Nazis hatten die Jugendaktivitäten nie so im Griff, wie sie es wollten.

Berichten, die die Swingjugend als von kriminellen Elementen durchsetzt darstellten, die durch Einbrüche und Prostitution Geld machten. Auf den Swing-Sessions, so wurde berichtet, gab es scharfe Getränke und sexuelle Orgien, darunter Masturbation. Dies, so scheint es, war nicht nur eine Dramatisierung der Ereignisse durch die Behörden, um sich wichtig zu machen. 33 Prozent der befragten Swingjugendlichen hatten Familienprobleme – ein zerbrochenes Heim oder abwesende Soldatenväter –, und ihre Eltern konnten sie nur schwer oder gar nicht unter Kontrolle halten.

Der Streifendienst tat sich damit nicht leichter. 1944 zeigte die Widerspenstigkeit der Swingjugend ein ernsteres Gesicht, als eine ihrer Gruppen in Leipzig Pistolen zu tragen begann. Etwa um dieselbe Zeit führte der Widerstand in Danzig zum Mord, als zwei Streifendienstführer von einer Swingjugend-Bande bei einer Auseinandersetzung auf der Straße ergriffen, gefesselt und in einen nahe gelegenen Teich geworfen wurden, wo sie ertranken.

Oben: Mitglieder der Wandervögel machen gemeinsam Musik. Nichtgermanische Musik, besonders der von der Swingjugend so geliebte Jazz, wurde von den Nazis missbilligt.

Der Einfluss amerikanischer Musik auf die deutsche Jugend beschränkte sich nicht auf Jazz. Der Harlem Club in Frankfurt a. M., ebenfalls 1939 gegründet, widmete sich populären englischen und amerikanischen Liedern und schwarzer Musik – für die rassistischen Nazibehörden ein besonderer Schlag ins Gesicht. Doch als sich die Kräfte des Harlem Clubs mit der OK-Bande vereinigten, die von Mädchen des BDM während der Ernteverpflichtung gebildet worden war, wurde der so entstehende Verein für die Behörden noch viel beunruhigender. Er war, mit einem Wort, kriminell und orgiastisch. Geld wurde durch Unterschlagung und Diebstahl aufgetrieben. Es gab wilde Partys, bei denen ein 16-jähriges Mädchen Sex mit fünf Knaben hatte. Ein anderes, ebenso entjungfertes Mädchen war erst 13. Man entdeckte ein ganzes Spektrum von Vergehen gegen des Nationalsozialismus und den NS-Staat, darunter den Bruch der Polizeistunde, Rauchen, Trinken und das Sehen von Filmen mit Jugendverbot. Doch die Hitlerjugend hatte noch andere kriminelle Züge aufzuweisen: Es gab Mord und Totschlag, Raub und Erpressung, Brandstiftung, Unterschlagung und Diebstahl, welche fast 60 Prozent aller Jugenddelikte in der ersten Hälfte von 1940 ausmachten.

Ideologische Opposition

Eine ernste Liste, doch die Straftäter waren von anderer Art als jene, die den Staat aus weltanschaulichen Gründen herausforderten. Eine Religion, die leicht Märtyrer schafft, war eine Quelle dieser Form von Widerstand. Der Mormonenglaube Helmuth Günther Hübeners etwa, der 1938 dem Jungvolk beitrat und zur Hitlerjugend aufstieg, ließ ihn an der Nazipropaganda zweifeln und nach der Wahrheit suchen. Um Informationen zu bekommen, riskierte es Hübener, die verbotenen Radiosender Englands zu hören, und gemeinsam mit Karl-Heinz Snibbe, Ruddi Wobbe (auch Mormonen) und Gerhard Duwer bildete er eine Gruppe, die Flugblätter druckte und verbreitete, in denen die Nazis der Kriegslüge beschuldigt wurden. Im August 1942 wurde Hübener in Hamburg verhaftet und des verschwörerischen Hochverrats und der Unterstützung des Feindes angeklagt. Am 27. Oktober 1942 wurde der 17-jährige Hübener mit dem Fallbeil hingerichtet. Die anderen Mitglieder der Gruppe erhielten lange Haftstrafen. Jonathan Stark, ein Zeuge Jehovas, wurde 1943 wegen Verweigerung des Eids auf Adolf Hitler und des Wehrdiensts verhaftet. Die Zeugen Jehovas durften keinen Eid leisten. Sie waren ohnehin Pazifisten. Stark kam ins Konzentrationslager Sachsenhausen und wurde 1944 gehängt.

Verstreuter Widerstand

Der junge Widerstand gegen die Nazis hatte kein besonderes Zentrum, sondern war über Deutschland verstreut. Die *Helmut-Hübener-Gruppe* operierte in Hamburg, die *0-7-Gruppe* in München, die *Edelweißpiraten* in Köln und anderswo, *Die Meute* in Leipzig, die *Nerother* im Ruhrgebiet und die *Werner-Steinbrink-Bewegung* in Berlin. Zehn Mitglieder der Steinbrink-Gruppe wurden hingerichtet, nachdem sie 1942 gesprengt worden war. Auch außerhalb Deutschlands gab es Widerstand. Einige Jugendführer, die das Land verlassen hatten, setzten ihre Operationen vom Exil aus fort, stellten Anti-Nazi-Flugblätter, Pamphlete, verbotene Liederbücher, illegale Magazine und anderes Material her, das nach Deutschland geschmuggelt wurde und heimlich zirkulierte.

Ernüchterung und Widerstand gab es auch bei den deutschen Soldaten in Russland, wo an Zivilisten viele Gräueltaten begangen wurden, nachdem die Nazikräfte 1941 eingedrungen waren. Michael Kitzelmanns mörderische Erfahrungen an der russischen Front ernüchterten ihn und ließen ihn sich gegen die Nazisache wenden. Bis dahin war er ein pflichtbewusster Kompanieführer gewesen, er hatte das Eiserne Kreuz (Zweiter Klasse) erhalten. Doch was er bei fast zwei Jahren Dienst in Russland sah, ließ ihn das Naziregime kritisieren. 1942 wurde er wegen „Wehrkraftzersetzung" verhaftet. Er kam vors Kriegsggericht und wurde am 11. Juni 1942 von einem Erschießungskommando bei Orël in Südwestrussland hingerichtet. Er war 26 Jahre alt.

Die Weiße Rose

Die gleichen Gefühle, die Kitzelmann motiviert hatten, bewegten auch die bekannteste deutsche Jugendwiderstandsbewegung, die Münchener Studenten der *Weißen Rose*, deren Führer, der Katholik Hans Scholl, zur Hitlerjugend gehörte. Dieser wurde erstmals beim Besuch des Nürnberger Parteitags 1935 desillusioniert, als er Zeuge der Brutalität und des Philistertums der Nazipartei im Großen wie im Kleinen wurde. 1937 wurde er wegen „loser Reden" verhaftet und sieben Wochen in Ulm eingesperrt. Trotz der Warnung vor seiner Entlassung, weitere „Vergehen" würden ernste Folgen haben, trat Scholl nach seiner Rückkehr dem illegalen *Deutschen Jungvolk 1-11* bei, das auf Einbrüche in Hitlerjugendheime spezialisiert war, um Uniformen und Pässe zu stehlen. Das *Jungvolk 1-11* war liberal, nichtmilitaristisch und las eine große Zahl verbotener Bücher. Unter ihren Autoren waren George Bernard Shaw –

Unten:* Der Bismarckbund *der rechten Deutschen Nationalpartei führt seine neuen Uniformen vor. Der Bismarckbund war ein Vorläufer der Hitlerjugend.

dessen rotes Haar die Nazis glauben ließ, er sei jüdisch – und der Anti-Nazi-Schriftsteller Stefan Zweig.

Nach der Reichskristallnacht von 1938 und dem Ausbruch des Kriegs 1939 entschied Scholl, dass Reden nicht länger genügte. Er schrieb sich an der Münchener Universität ein, um Medizin zu studieren, und begann unter den Studenten Anti-Nazi-Flugblätter zu verbreiten. Nach der Naziinvasion 1940 in Westeuropa, bei der Scholl als Sanitäter in Frankreich diente, kehrte er nach München zurück und begann Kontakte aufzubauen. Zu diesen gehörten Christoph Probst und Alexander Schmorell sowie Professor Karl Muth, Herausgeber der verbotenen römisch-katholischen Zeitung *Hochland*, und der katholische Philosoph Theodor Häcker.

Unten: Hans Scholl, ehemaliger Hitlerjunge. Nach Kämpfen in Russland wurde er Teil der friedlichen Widerstandsgruppe Weiße Rose, wofür er 1943 hingerichtet wurde.

Sophie Scholl

1941 kam Scholls Schwester Sophie an die Münchener Universität, um Biologie und Philosophie zu studieren, und druckte mit ihrem Bruder, Probst und Schmorell heimlich Flugblätter mit dem Briefkopf „Weiße Rose“. Eines der ersten Flugblätter war übertitelt: „Schämt sich heute nicht jeder anständige Deutsche seiner Regierung?“ Der Text lautete: „Nichts ist einem kultivierten Volk unangemessener, als sich widerstandlos von einer Clique unverantwortlicher Banditen mit finsteren Zielen regieren zu lassen.“ Der Widerstand der Weißen Rose war gewaltlos und passiv. Sie strebte „die Erneuerung des moralisch verwundeten deutschen Geists“ an und wollte allumfassende christliche Liebe beweisen. Die Bewegung wurde unterstützt von Kurt Huber, Professor der Philosophie und Psychologie in München, der die Nazis allein schon wegen ihrer Politik der Gleichschaltung ablehnte. Huber gab sechs Weiße-Rose-Flugblätter heraus, die die Korruption und den Despotismus der Naziherrschaft aufzeigten, ihr repressives Wesen, ihre rassistische Politik, das Euthanasieprogramm und die von den Einsatzgruppen nach der Invasion in Russland 1941 begangenen Gräueltaten.

Als Augenzeugen der in Russland, wo sie 1942 dienten, begangenen Scheußlichkeiten waren Scholl und Schmorell über die Brutalität der Deutschen schockiert. Sie sahen, wie russische Gefangene misshandelt und Juden in Viehwaggons gepfercht wurden, um per Bahn in die Todeslager gebracht zu werden. Im November 1942 war Hans wieder an der Münchener Universiät. Sein Vater war wegen beleidigender Bemerkungen über Hitler in Haft. Die Flugblattkampagnen der Weißen Rose wurden wieder aufgenommen. In einem Flugblatt von Professor Kurt Huber hieß es 1943:

„Der Tag des Gerichts kommt, des Gerichts der deutschen Jugend mit der entsetzlichsten Tyrannei, die unser Volk je erduldete. Im Namen der deutschen Jugend fordern wir von

Adolf Hitler, uns die persönliche Freiheit zurückzugeben, den wertvollsten Besitz jedes Deutschen, um den er uns in der niedrigst möglichen Art betrogen hat."

Bis zu diesem Augenblick hatte die Weiße Rose mit einem Mindestmaß an Heimlichkeit agiert. Ihre Flugblätter wurden über die Post versandt, nachts durch Briefschlitze geworfen oder auf den Straßen verstreut. Manchmal gingen die Studenten Risiken ein und transportierten Koffer voller Flugblätter mit der Bahn in verschiedene Städte in Deutschland. Kam die Gestapo in den Zug, so verließen sie ihr Abteil und ließen die Koffer zurück oder versteckten sie in den Waschräumen. Doch Anfang 1943 waren Scholl und seine Schwester der Heimlichtuerei müde und beschlossen öffentlich aufzutreten. Am 18. Februar nahmen sie eine große Menge Flugblätter an die Münchener Universität mit. Darin hieß es: „Deutschlands Name wird für immer der Schande verfallen, wenn sich die deutsche Jugend nicht sofort erhebt, Vergeltung und Buße übt, ihre Peiniger zerschmettert und ein neues, geistiges Europa erbaut."

Die meisten Flugblätter wurden über Regale, Mauern und Fensterbretter verstreut. Den Rest leerten die Scholls von einem Balkon in den Innenhof. Unglücklicherweise beobachtete sie dabei der Hauswart Jakob Schmid. Die Gestapo wurde gerufen, und die Scholls wurden in Handschellen ins Schloss Wittelsbach, das Polizeihauptquartier, gebracht. Die Gestapo war nicht überrascht, sie zu sehen. Etliche Leute, die die Familie kannten, hatten von den Aktivitäten der Weißen Rose erfahren, und einige von ihnen hatten geredet.

Verhöre

Im Schloss Wittelsbach wurden Hans und Sophie in den nächsten drei Tagen insgesamt 17 Stunden lang streng verhört. Beide verrieten nichts über ihre Gefährten, doch die Gestapo spürte schon bald Christoph Probst und die anderen Studenten auf.

Am 22. Februar kamen die Geschwister Scholl und Probst vor dem Volksgerichtshof.

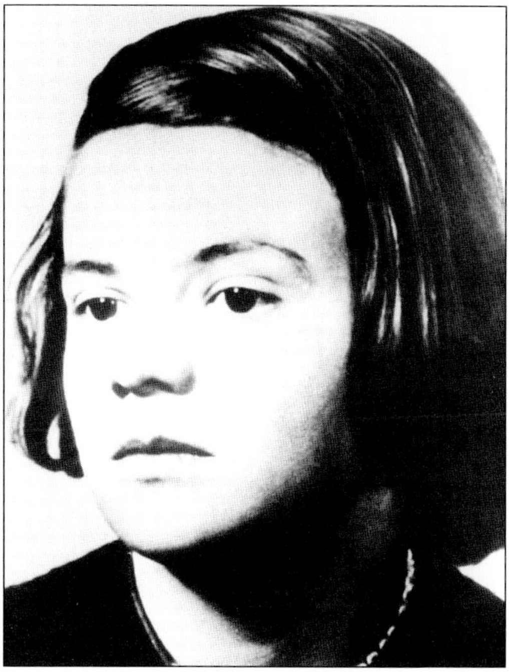

Oben: Sophie Scholl, die jüngere Schwester von Hans und Mitglied der Weißen Rose an der Universität München. Sie wurde gefasst und starb 1943 im Gefängnis Stadelheim.

Ihr Prozess wurde für so wichtig gehalten, dass der Präsident des Berliner Volksgerichtshofs, Roland Freisler, als Vorsitzender nach München kam. Die drei Angeklagten wurden für schuldig befunden und zum Tod verurteilt. Die Eltern der Scholls und zwei ihrer Schwestern sowie Schmorell, Professor Huber und Willi Graf, ein weiterer Unterstützer der Weißen Rose, wurden mit etwa 100 anderen Verdächtigen in Haft behalten.

Sofort nach dem Prozess wurden Hans, 24 Jahre alt, Sophie, 21 Jahre alt, und Probst im Hof des Gefängnisses Stadelheim geköpft. Zwei Tage darauf, am 24. Februar, wurden die Geschwister auf dem Friedhof Perlach im südlichen Teil Münchens begraben. Doch schon bald darauf begannen an den Wänden der Universität und an Mauern in München Graffiti zu erscheinen. Einer von ihnen lautete: „Ihr Geist lebt weiter!"

KAPITEL 6

KRIEGS-SCHULUNG

Die Hitlerjugend hatte stets kriegerischen Charakter gehabt. 1937 wurde eine paramilitärische Schulung eingeführt, die in Zusammenarbeit mit den drei Wehrmachtsteilen stattfinden sollte. Wie alle bisherigen Hitlerjugendaktivitäten schien die Schulung den jugendlichen Enthusiasmus anzusprechen, doch über ihren Zweck gab es keinen Zweifel.

Die Knaben durften dabei ihren Vorlieben folgen. Flugbegeisterte der Hitlerjugend bildeten die Flieger-Hitlerjugend, die die Flugplätze der Luftwaffe besuchen und als Passagiere in Jägern und Bombern mitfliegen durfte. Seglerklubs waren schon lang in Nazideutschland verbreitet, und 1934 durften die Knaben der Deutschen Luftsportvereinigung beitreten. Hitlerjungen bauten und flogen Modell-Segelflugzeuge. 1500 von ihnen nahmen 1936 an einem Wettkampf teil. Im 1937 gegründeten NS-Fliegerkorps gingen Jungen über 18 vom Modellbauen unter professioneller Anleitung zum Segelfliegen und Fliegen von Flugzeugen mit Kolbenmotor über. Bald darauf wurde die Flieger-Hitlerjugend gebildet. Ihre Mitgliederzahl erreichte 78.000. Hier erwarben die Rekruten ein Grundwissen in Theorie und Praxis des Fliegens. Zu Beginn bauten sie Segelflugzeugmodelle, dann legten sie eine Seglerprüfung ab, bei der sie unter anderem auf einem einfachen Flügelgleiter in die Luft geschossen wurden,

Links: August 1941. Hitlerjungen üben auf einem Sommerlager als Teil ihrer Einführung in den aktiven Militärdienst den Gebrauch von Kleinkalibergewehren.

mit ihm eine kurze Strecke fliegen und danach sicher wieder landen mussten.

Hitlerjungen mit einer Neigung zur Seefahrt traten der Marine-Hitlerjugend bei. Deren Mitgliederzahl erreichte schließlich insgesamt 62.000. Die Knaben erhielten die nötige Ausbildung für einen Segelschein. Sie lernten, wie man auf den Flüssen Deutschlands und Österreichs navigierte. 1940 demonstrierten sie ihre Geschicklichkeit, als sie im Konvoi von Passau nach Wien und weiter nach Budapest segelten.

Die Mitglieder der Marine-Hitlerjugend nahmen auch an Übungen auf Schulschiffen der Kriegsmarine, den Seglern *Gorch Fock* und *Horst Wessel*, teil und begleiteten die Kadetten der Marine sogar zu Marinemanövern in der Ostsee.

Unten: Das Bauen und Fliegen von Segelflugzeugmodellen betrieben die meisten Einheiten der Hitlerjugend. Mitglieder der Flieger-Hitlerjugend gingen später oft zur Luftwaffe.

Die Motor-Hitlerjugend

Die Motor-Hitlerjugend sprach Auto- und Motorrad-Enthusiasten an. Hier machten sie ihren Führerschein für den künftigen Dienst in den motorisierten Einheiten der Wehrmacht. 1933 hatte sie 3000 Mitglieder, 1938 bereits 102.000. Wegen Geldmangels besaß die Einheit zu dieser Zeit nur 300 Motorräder. Maschinen aus Privatbesitz bildeten den Rest ihrer Ausrüstung. Doch an Begeisterung herrschte kein Mangel. 1937 erwarb die Einheit 10.000 Führerscheine. 1938 waren es bereits 28.000. Die Ausbildung in der Motor-Hitlerjugend machte die Knaben auch mit den deutschen und den internationalen Verkehrsvorschriften bekannt und vermittelte ihnen ein gediegenes Wissen über Motoren.

***Oben:** Hitlerjungen mit ihren Motorrädern beim Reichs-Motortreffen am 17. Juni 1938 im Harz am Start eines Querfeldein-Motorradrennens.*

Auch kleinere Einheiten, etwa zur Schulung im Signalisieren, für Luftabwehr-Operationen, praktische Feldmedizin und den Dienst als Luftschutzwart standen den Hitlerjugendbewerbern offen, den Jungen von 16 bis 18 darüber hinaus der Umgang mit Waffen. Über 1,5 Millionen von ihnen wurden in die Hitlerjugend-Gewehrschule geschickt, wo sie an Feldübungen teilnahmen und Schießen lernten. Trotz der potenziellen Gefahren galt auch dabei „Jugend führt Jugend“. 17- und 18-

Jährige fungierten als Aufseher. Anfangs gab es dabei einen Konflikt mit dem Gesetz, das erst 18-Jährigen den Gebrauch von Feuerwaffen ohne Erwachsenenaufsicht gestattete. Doch Himmler umging das Problem, indem er die jugendlichen Aufseher als vom Gesetz geforderte „kompetente Erwachsene" einstufte.

Wie stets sorgte der Ansporn jährlicher Wettkämpfe für anhaltende Begeisterung und hob das Niveau. Sie fanden im Sommer statt: im Juni Lokalwettbewerbe, im Juli und August Bezirkstreffen und im September Wettkämpfe auf regionaler Ebene, wobei es Auftritte auf den Parteitagen im selben Monat gab.

Betonung des Militärischen

Die wachsende militärische Tendenz der Hitlerjugendausbildung, die seit der Wiedereinführung der allgemeinen Wehrpflicht 1936 deutlich wurde, verstärkte sich noch angesichts Hitlers Außenpolitik nach 1937. Diese war von Ambivalenz und äußerstem Risiko geprägt. In jenem Jahr garantierte Hitler die Neutralität Belgiens und der Niederlande, versprach die Nichteinmischung im Spanischen Bürgerkrieg und zeigte sich am 19. April 1937 zu Verhandlungen über eine Rüstungsbegrenzung bereit. Doch nur acht Tage später wurde die baskische Stadt Guernica von der Legion Condor der Luftwaffe bombardiert, die Deutschland zur Unterstützung der spanischen Nationalisten gegen die „kommunistischen" Republikaner abgestellt hatte. Die Deutschen leugneten jede Beteiligung, obwohl die Legion Condor die neuesten deutschen Flugzeuge einsetzte. Einige Wochen später, am 31. Mai, kündigten Nazideutschland und das faschistische Italien einen Vertrag zur Nichteinmischung im Spanischen Bürgerkrieg auf. Am 5. September sprach Hitler auf dem Naziparteitag in Nürnberg – nicht zum ersten Mal – von der Notwendigkeit, sich Kolonien als Lebensraum für den Überschuss der deutschen Bevölkerung zu sichern. Die anderen Mächte hatten das abgelehnt. „Ohne Kolonien", sagte Hitler, „ist Deutsch-

Unten: Obwohl erst Knaben, wurden die Mitglieder der Hitlerjugend erfahrene Schützen. Hier übt eine Gruppe mit verschiedenen Arten von Militär- und Jagdgewehren.

lands Raum zu klein, um unserem Volk Nahrung zu sichern. Die Haltung der anderen Mächte gegenüber unserer Forderung ist einfach unverständlich."

Oben: Hitlerjugendmitglieder beim Üben mit dem Mauser-98-Gewehr, einer Standardwaffe des deutschen Heers im Zweiten Weltkrieg. Gute Schützen erhielten Medaillen.

Fortwährende Aggression

Etwa drei Wochen darauf, am 28. September 1937, erschienen Hitler und Mussolini auf einer Flutlichtdemonstration in Berlin und beschworen ihre Friedensliebe. Niemand, so verkündeten sie, müsse aggressive Absichten der im vorigen November gebildeten Achse Rom/Berlin fürchten. Gegen Ende 1937 stieß Hitler bereits Drohungen wegen der „Misshandlung" der sudentendeutschen Minderheit in der Tschechoslowakei aus. Er stimmte aber zu, dass Edward Wood, 1st Earl of Halifax, der künftige britische Außenminister, zu Gesprächen nach Berlin kam. Lord Halifax blieb fünf Tage in Berlin und reiste nach „offenen und verständnisvollen" Diskussionen, wie er es nannte, wieder ab. Wie die Ereignisse von 1938 zeigen sollten, gab es bei seinen Gesprächen mit Hitler weder Offenheit noch Verständnis.

Während sich Hitler nach außen am Rande des Kriegs bewegte, wurde zu Hause die militärische Natur der Hitlerjugend immer offensichtlicher. Bei der Reichsjugendführung wurde „militärischer" Sport vom Erholungssport getrennt. Für ersten war das Amt für körperliche Ertüchtigung (AKE), für den zweiten das Amt für Leibesübungen zuständig. Dem AKE stand Helmut Stellrecht vor, ein Doktor der Ingenieurswissenschaften, dessen Schlagworte „Verteidigungsbereitschaft" und „Verteidigungsfähigkeit" waren. Er gab dem Programm durch Schießunterricht, Geländemanöver und Orientierungsläufe die geforderte militärische Färbung. Himmlers SS hatte schon 1936 Lehrer in Waffenkunde für die Hitlerjugend zur Verfügung gestellt, und weitere Lehrer kamen aus der in Thüringen errichteten Hitlerjugend-Schützenschule.

Links: Schulung in der Kriegskunst. Die militärische Schulung der Hitlerjugend nahm mit dem Nahen und Beginn des Kriegs an Realismus und Aggressivität zu. Die Knaben (bis zu einem gewissen Grad auch die Mädchen) fanden sich in Kampfrollen vom Infanteristen bis zur Fliegerabwehr-Mannschaft. Hier wird Vorwärtsrobben unter Feuer trainiert.

Auch der Einfluss des Heeres war in Gestalt Erwin Rommels anwesend, des späteren „Wüstenfuchses" im Zweiten Weltkrieg, der bei Treffen und in Lagern der Hitlerjugend Vorträge über das Soldatenwesen hielt. Rommel drängte von Schirach, die Hitlerjugend zu einer „Jugendarmee" zu machen, doch der hatte Bedenken, vielleicht aus Sorge, der Einfluss des charismatischen Rommel würde seinen eigenen verringern. Auch sorgte sich von Schirach, das Heer wolle die Hitlerjugend übernehmen, eine Sorge, die die SS teilte, die eifersüchtig über ihre Verbindungen zur Organisation wachte. Im Oktober 1937 lehnte von Schirach diese Möglichkeit daher durch die Übereinkunft mit dem Heereskommando ab, nach der die Schießlehrer des Heeres in der Schützenschule tätig sein sollten.

Schießplätze

Um die nötigen Schießplätze zu gewährleisten, überredete von Schirach den deutschen Gemeindebund, das NS-Motorkorps, die SA und die SS, Land, Baumaterial und Arbeitskräfte beizusteuern. Schon bald gab es in praktisch jeder Stadt und in jedem Landbezirk eigene Schießplätze, die die Hitlerjugend benutzte. Unweigerlich gab es dabei Unfälle, und Schießlehrer wurden herangezogen, um die Opferzahlen zu verringern. Daneben wurde auch eine Unfallversicherung verpflichtend. Trotz dieser Schwierigkeiten waren die Erfolgszahlen beeindruckend. 1938 trainierten 1,2 Millionen Hitlerjungen auf den Schießplätzen. Drei Viertel davon waren gut genug, um am jährlichen Schützenwettbewerb teilzunehmen. Als höchsten Rang der Schießkunst galt eine Trefferquote von 90 Prozent beim Schießen aus 50 Meter Entfernung. Die Hälfte der Schüsse musste aus der Bauchlage abgegeben werden. 1939 erreichten 51.500 Jungen das geforderte Niveau und errangen dadurch die Hitlerjugend-Scharfschützen-Medaille.

Weniger Erfolg zeigte die Ausbildung bei Geländemanövern, und bis 1939 konnte die Hitlerjugend nur 10.000 Aufsichtsführer hervorbringen. Wieder rief von Schirach das Heer zu Hilfe. Vierzehntägige Kurse in heeresartiger Schulung wurden eingerichtet. Doch der Aus-

Rechts: Die Schulung der Hitlerjugend ging übers Schießen hinaus. Man benutzte Sprengkörper, Raketenwerfer, Luftabwehrwaffen. Hier wirft ein Junge eine Stielhandgranate.

bruch des Krieges stellte so große Anforderungen an Personal, Ausrüstung und Anlagen, dass die Reichsjugendführung auf ihre eigenen Ressourcen zurückgreifen musste. Doch auch so waren die Führer in der Kriegsschulung, die etwa 100 Stunden Ausbildung erhielten, zu jung, um ihre Aufgabe zufrieden stellend zu erfüllen, und man musste andere Methoden finden. Diese bestanden in „Geländespielen" als wichtigste Neuerung bei den Regeln für die Schulung der Hitlerjungen ab Herbst 1940. Der Ausdruck „Spiele" war etwas irreführend, da Heereskommandeure einen großen Teil dazu beitrugen. Diese Geländeübungen wurden als wichtigster Bestandteil des körperlichen Trainings der Hitlerjungen betrachtet.

Wettbewerbsspiele

Die Spiele sollten die Knaben lehren, wie man Gelände ausnützt und sich damit vertraut macht. Sie erhielten zusätzliche Würze durch die Rivalität zwischen Gruppen, die ihre „Feinde" aufspüren und fangen mussten, wobei sie Trophäen wie Abzeichen, Armbinden oder Hüte eroberten. Für solche Übungen waren die deutschen Wälder ideal, sie ermöglichten den Knaben schlaue Tarnung und das Übertölpeln, Belauern und plötzliche Angreifen ihrer Rivalen. Die Bedeutung für den zukünftigen Dienst bei der Infanterie lag auf der Hand.

Die neuen Regeln von 1940 sahen auch eine Vorbereitung auf die Härten der Geländespiele und anderer Hitlerjugendaktivitäten vor. Jungvolk, Jungmädel und Hitlerjugend mit 14 und 15 Jahren mussten zwei Stunden wöchentlich Leibesübungen machen und am Sonntagmorgen vier weitere Stunden „Leistungssport". Bei älteren Jungen wurden es natürlich mehr Stunden. Die 16- bis 18-Jährigen hatten vier Stunden Schießtraining und Geländeschulung pro Woche und sechs Stunden „Leistungssport" im Monat. Dieser sollte eigentlich für alle Altersgruppen freiwillig sein, doch der

Unten: 1. Mai 1938, Berliner Olympiastadion. Hitler bei seiner Rede vor einer Massenversammlung der inzwischen fast 3 Millionen Mitglieder zählenden Hitlerjugend.

Gruppendruck der Kameraden war sehr stark, und so war daran nichts Freiwilliges. Schulzeit, Arbeitszeit und Ferien mussten für die paramilitärische Schulung geopfert werden, und Arbeitgeber und Schulen mussten die Knaben für die verlangte Zeit frei stellen.

Hohe Trainingsanforderungen

Das Innenministerium setzte Quoten fest, die die Hitlerjugend erfüllen sollte, doch diese Quoten waren schwer zu erreichen. Die 500.000 Knaben, die sich 1940 und 1941 einer Schulung unterzogen, lagen unter den festgesetzten Zahlen, da die 23.000 Lehrer in Kriegsschulung und die 34.000 Schießlehrer nicht ausreichten, um den Erfordernissen zu genügen. Auch die Nürnberger Parteitage, auf denen sich die Hitlerjugend präsentierte, verschlangen viel Zeit und Energie für die Proben mit all dem Aufwand an Anweisungen und Aufsicht, die erforderlich waren.

Die letzte dieser Versammlungen, die zwischen dem 5. und 12. September 1938 stattfand und auf der die Hitlerjugend ein gewaltiges Schauspiel bot, war die größte und marktschreierischste von allen. Nun sollten Hitlers aggressive Absichten und das rassistische Wesen des Dritten Reichs von der ganzen Welt erkannt werden. Auf der Versammlung beschrieb Hitler in seiner üblichen befehlenden Art die Bestimmung der Hitlerjugend. „Ihr, meine Jugend", sagte er, „seid die wertvollste Garantie unseres Volks für eine große Zukunft, und ihr seid dazu bestimmt, Führer einer ruhmreichen neuen Ordnung unter der Herrschaft des Nationalsozialsmus zu sein. Denkt immer an den Tag, an dem ihr die Welt regieren werdet!"

Der Anschluss

Ein Schritt Richtung Weltherrschaft war bereits am 14. März 1938 getan worden: Deutschland und Österreich wurden im Anschluss vereinigt. Der Anschluss, ein alter germanischer Traum, war im Vertrag von Versailles ausdrücklich untersagt worden, doch 99 Prozent der Wähler beider Länder stimmten ihm einen Monat später zu. Innerhalb von vier Tagen wurde Österreich von seinen Juden gesäubert. Berufssportler, Richter, Künstler und Ladeninhaber wurden entrechtet und erhielten denselben Status wie in Deutschland. Leiter jüdischer Gemeinden in Österreich kamen ins Konzentrationslager Dachau, ebenso der frühere österreichische Kanzler Kurt von Schuschnigg, der die Machtübernahme durch die Nazis zu verhindern versucht hatte.

Die Annexion des Sudetenlands der Tschechoslowakei wurde bereits durch Unruhen gegen die „repressive" tschechische Regierung vorbereitet, die der lokale Naziführer Konrad Henlein anstachelte. Dies provozierte eine kaum verhüllte Drohung Hitlers auf dem Nürnberger Parteitag von 1938:

> „Ich kann den Vertretern der Demokratien nur versichern, dass diese gequälten Geschöpfe [die Sudetendeutschen], falls sie nicht durch eigene Anstrengungen zu ihren Rechten kommen können, ihre Rechte und Beistand von uns verlangen werden … Ich sagte in meiner Rede am 22. Februar, dass Deutschland die weitere Misshandlung dieser dreieinhalb Millionen Deutschen nicht dulden wird. Die ausländischen Staatsmänner können davon überzeugt sein, dass dies keine bloße Redensart war."

Tatsächlich hatte Hitler, als er sprach, schon das Datum für den Überfall auf das Sudetenland für den 1. Oktober festgelegt, wie inzwischen gefundene deutsche Dokumente zeigten.

Nürnberger Parteitage

Die spektakulären Nürnberger Parteitage hatten stets die wahnwitzige Art des Gehorsams der Nazis, die absurde Verehrung Hitlers und die nackte Gewalt gezeigt, mit der die Nazis ihre Macht ausübten. Die Versammlung von 1938 übertraf alle früheren. Aus der ganzen Welt waren Reporter zur Beobachtung gekommen. Der Parteitag war dem Komplex Großdeutschland gewidmet – ein Titel, der bereits eine Warnung vor künftigen Aggressionen enthielt – und umfasste sieben Themen, darunter die Streitkäfte und die Hitlerjugend. Am fünften Tag, dem 10. September, marschierten etwa

***Oben:* Musiker der Hitlerjugend spielen am 12. März 1938 eine Fanfare. Paraden erhöhten die Publizität und das durch die steigende Mitgliederzahl nötige Spendenaufkommen.**

80.000 Mitglieder der Hitlerjugend ins Stadion und vollzogen militärische Manöver, die sie ein Jahr lang vorbereitet hatten. Am Schluss riefen sie in sorgfältiger Formation unter begeistertem Applaus der Menge den Namen „Adolf Hitler".

Am letzten Tag der Versammlung hielt Göring vor 700.000 Zuhörern eine Rede, die sich auf die nächsten beiden Themen auf der Liste der Nazipartei bezog. „Ein unbedeutender Teil Europas", sagte er und bezog sich dabei auf die Tschechoslowakei, „belästigt die menschliche Rasse … Diese armselige Pygmäenrasse unterdrückt ein zivilisiertes Volk, und hinter ihr steht Moskau und die ewige Larve des jüdischen Teufels." Nachdem England und Frankreich am 30. September in München zugestimmt hatten, dass Deutschland das Sudetenland erhalten sollte, fand die Invasion wie geplant am 1. Oktober statt. Der Rest der Tschechoslowakei fiel sechs Monate später, im März 1939, an die Nazis.

Die Reichskristallnacht

Am 7. November 1938 erschoss der junge polnische Jude Herschel Grünspan den Legationsrat der deutschen Botschaft in Paris, Ernst von Rath, als Rache für die schlechte Behandlung seiner Familie. In einem bisher sogar im antisemitischen Nazistaat unbekannten Ausmaß übten die Nazis am 9. November in einem langesweiten Pogrom, der Reichskristallnacht, Vergeltung. Der Name stammt von den in einem 15-stündigen systematischen Vandalismus zerschlagenen Fenstern. Über 100 Synagogen wurden angezündet, 76 völlig zerstört. Etwa 700 jüdische Läden wurden zertrümmert, das Plündern dauerte die ganze Nacht. Über 25.000 Juden kamen in Konzentrationslager. Viele Juden wurden getötet. Zur Bestürzung von Schirachs, der nichts dergleichen befohlen hatte, war auch eine Reihe Hitlerjungen beteiligt, und in Berlin schlugen junge Männer

Juden mit Leitungsrohren bewusstlos, während Frauen zusahen und applaudierten. Damit sie besser zusehen konnten, hielten sie ihre Kinder hoch. Von Schirach berief eine Notversammlung der Jugendführer ein und befahl, solche „kriminellen Aktionen" müssten aufhören. Doch da war es schon zu spät.

Von Schirachs Amtszeit ging zu Ende. 1940 trat er als Leiter der Hitlerjugend und als Jugendführer des Deutschen Reichs zurück. Nur die Kontrolle über die Jugenderziehung behielt er. Er wurde Gauleiter von Wien, wo er der Stadtverwaltung vorstand und die Deportation der Wiener Juden überwachte. Als Hitlerjugendführer wurde er durch Artur Axmann ersetzt, der 1928 mit 15 die erste Hitlerjugend-Gruppe in Westfalen gebildet hatte. Als junger Mann mit Unternehmungsgeist zeigte Axmann einen solchen Instinkt für Führertum und Organisation, dass er 1932 den Auftrag erhielt, die Jugendgruppen für die NSDAP neu zu organisieren, und 1933, erst 20 Jahre alt, zum Chef des Sozialamtes der Reichsjugendführung ernannt wurde.

1940 war Axmann bei der Invasion der Nazis in Westeuropa im Einsatz. Darauf kehrte er nach Deutschland zurück und übernahm am 8. August die Nachfolge von Schirachs. Bald darauf wurde er nach Russland an die Front geschickt, wo er 1941 schwer verwundet wurde und einen Arm verlor. Dies empfahl ihn, so seltsam es scheinen mag, Heinrich Himmler, der eine große Zuneigung zu Axmann als einem Helden fasste, der zum Wohl des Vaterlands ein großes Opfer gebracht hatte.

Himmlers Bestrebungen

Diese Freundschaft hatte für die Entwicklung der Hitlerjugend offenbare Vorteile, da eine Verbindung zur Jugendbewegung bei Himmlers Zielen für die SS immer noch einen wichtigen Platz einnahm. Axmanns Ernennung ging nicht reibungslos vor sich, ihr ging ein politischer Machtkampf voraus. Von Schirachs Vertreter Hartmann Lauterbacher wollte die höchste Stelle selbst. Trotz seiner Zuneigung zu Axmann scheint Himmler Lauterbacher als

Unten: Robert Ley (vorn links), der Nazi-Gewerkschaftler, mit von Schirach und dessen späterem Nachfolger, Artur Axmann, am 11. Februar 1937 im Berliner Sportpalast.

seinen Schützling betrachtet zu haben. Dies führte zu einiger Verlegenheit, als Axmann sich bei der SS als populärer erwies und die Hitlerjugendleitung erhielt. Lauterbacher trat der SS bei und bat dann Himmler, für ihn eine geeignetere Stellung zu finden. Er wurde Gebietsleiter in Hannover, und Axmann blieb in Himmlers Schuld, der seine Position sicherte. Axmann war klar, dass die Niederlage von Himmlers Schützling es erforderlich machte, Himmlers Ego zu schmeicheln. Er meinte daher zu diesem, dass „die Organisation, mit der die Hitlerjugend die glücklichste Beziehung habe", die SS sei. Als die peinliche Leitungsdiskussion vergessen war, schlossen beide einen Pakt zur gegenseitigen Unterstützung.

Artur Axmann

Anders als sein Vorgänger stammte Axmann aus der Arbeiterklasse. 1934 half ihm sein Verständnis für proletarische Bestrebungen, von Schirach zu überreden, die Artamanen-Befürworter von *Blut und Boden* als *Landdienst* in die Hitlerjugend aufzunehmen. Sechs Jahre später war er bei Aufbau und Verbesserung des Images des landwirtschaftlichen Dienstes behilflich, obwohl dieser für die künftigen Krieger der Hitlerjugend weniger Ruhm bot als der Militärdienst.

Der Zeitpunkt der Ernennung Axmanns war günstig, da die jüngsten Eroberungen die Erweiterung der Hitlerjugendaktivitäten über die Grenzen Deutschlands hinaus ermöglichten. Axmann wurde Leiter der Hitlerjugend, nicht lange, nachdem England und Frankreich endlich erkannt hatten, dass die einzige Antwort auf die Absichten der Nazis in Krieg bestand. Diese Absichten hatten zur totalen Besetzung der Tschechoslowakei geführt, zum Schlucken des Memellandes und schließlich am 1. September 1939 zur Annexion Danzigs und der Invasion in Polen. Die Einnahme Polens war Hitlers erster Schritt zur Schaffung seines viel gerühmten Lebensraums im Osten, und er plante zu diesem Zeitpunkt nicht, auch im Westen zu kämpfen. Er war schockiert und überrascht, als England und Frankreich am 3. September den Krieg erklärten. Doch als die Periode der Unsicherheiten des Sitzkriegs vorbei war, brachte der nächste Blitzkrieg den Streitkräften Nazideutschlands im April 1940 Eroberungen in Norwegen und Dänemark, dann im Mai und Juni in Belgien, Holland, Luxemburg und Frankreich. Nun gab es die „Festung Europa", die ausgedehnte neue Gebiete umfasste, wohin Axmann die jungen Enthusiasten des Landdienstes schicken konnte. Mit der Entwicklung der neu gewonnenen Gebiete zur größeren Ehre des Vaterlands und der Grundlagen des Nationalsozialismus hatte eine neue Ära der „Blut-und-Boden"-Bewegung eingesetzt.

1941 sandte der Landdienst, unterstützt durch finanzielle Hilfszusagen von Himmler und der SS, 16.595 Jugendliche in Lager auf dem Land in Deutschland und 3000 in die frisch eroberten Gebiete. Etwas über die Hälfte davon waren Mädchen. Es gab einigen Widerstand von Seiten der Eltern dagegen, dass Mädchen ihr Zuhause verlassen und auf dem Land leben sollten. Auch gegen Bauernarbeit von Knaben erhoben sie Einwände, da dies ein aussichtsloser Job sei. Sie waren misstrauisch, was da in den Hitlerjugendheimen vor sich ging, in denen die Jungen wohnten. All das beeindruckte die Nazibehörden nicht, die Lehrer einsetzten, um die Eltern umzustimmen. Der Bedarf des Landdienstes an Rekruten war jedoch weit höher als die 100.000 Jungen, die bis 1941 zum Landdienst gegangen waren. Die Nazipropaganda widmete sich diesem Thema nun im großen Stil, indem sie mit dem Gefühl idyllischer Einfachheit warb.

Landleben-Propaganda

Der heitere, kräftige Landarbeiter, der in der reinen Landluft vor Gesundheit strotzte und die einfachen ländlichen Freuden genoss, war schon lange ein machtvolles Bild für all jene, die in den schmutzigen, übervölkerten und dekadenten Städten „gefangen" waren. Um Rek-

Rechts: Hitlerjugendsoldat, 1941. Die Propagandaabteilung der Hitlerjugend idealisierte die Arbeit auf dem Land und lockte junge Leute zum Eintritt in den Landdienst.

ruten auf die Bauernhöfe zu locken, wurde dieses Bild von der Zeitung des Landdiensts, dem Schulungsdienst der Hitlerjugend, voll ausgenutzt. Sie veröffentlichte rosige persönliche Berichte vom Leben und der Arbeit im Landdienst und monatlich Pamphlete, die die Pflicht zur Landarbeit betonten. Sie setzte auch ein gewisses Maß an emotionaler Erpressung ein, indem sie an das jugendliche Gewissen mit der Behauptung rührte, wer zum Landdienst gehe, ernte die Zustimmung des Führers, und hohe Funktionäre der Nazipartei – etwa der Schatzmeister Franz Xaver Schwarz und Himmler – seien darüber gleichfalls erfreut. Vorzüglich gedruckte und schön bebilderte Büchlein wurden produziert, zu denen die SS Bilder von Höfen und ländlichen Einrichtungen beitrug, die mehr mit Romantik als mit dem wirklichen Landleben zu tun hatten. Wunderbare Fotos verstärkten die Botschaft. In einem besonders erfinderischen Büchlein, *Der Landdienst* von Otto Stolle, wurde der Landdienst als „des Bauern Schule für die deutsche Jugend" beworben.

Gefahr von der SS

Doch ehe Axmann den Landdienst durch Ausbreitung seiner Modellhöfe entwickeln konnte, musste er einen Versuch totaler Vereinnahmung durch die SS abwehren. Hinter den Kulissen wollte Himmler die Höfe zur Förderung der SS-Ambitionen einsetzen. Er benutzte dabei einen Mann namens Adalbert Schindlmayr für die Schmutzarbeit. Schindlmayr war Hitlerjugend-Oberstammführer und zugleich SS-Hauptsturmführer. Als er 1938 in Bayern als Inspekteur für die Artamanen-Bewegung tätig war, hatte er Kontakt mit Himmler, der seine Entlassung aus dem Heeresdienst erreichte. 1941 ließ Himmler Schindlmayr den Landdienst in Bayern als SS-Unternehmen umbilden, indem er eines seiner Lager auf einem SS-Hof einrichtete. Axmann stimmte der Einrichtung von Landdiensthöfen in ganz Deutschland unter SS-Leitung zu, ohne sogleich die dahinter stehende Absicht zu erkennen.

Doch Schindlmayr stand bereits im Verdacht, der SS ergebener zu sein als der Hitlerjugend. Jedenfalls war er nicht gerade der am subtilsten Vorgehende, den Himmler ausgewählt hatte. Die Art, wie er sich bei den höchsten SS-Führern einschmeichelte und seine Absichten auf Landdienstkonferenzen verkündete, war so marktschreierisch, dass sich bei der Hitlerjugend Misstrauen erhob. Die Reichsjugendführung verlangte daraufhin, dass Schindlmayr zwischen der Mitgliedschaft in der Hitlerjugend und der SS wählte. Zu beiden Organisationen zu gehören, war für Schindlmayrs Bemühungen entscheidend – ohne dies konnte er Himmlers Befehle nicht ausführen. Er appellierte an Himmler, doch der SS-Chef musste an sein eigenes Image denken, da die Partnerschaft Hitlerjugend – SS bereits Unmut in der Wehrmacht ausgelöst hatte.

Als Nächstes machte die Reichsjugendführung Druck, um Schindlmayr zum Landdienst-

Unten: Nazi-Filmemacher wie Leni Riefenstahl zeigten das Epische im Gewöhnlichen, besonders bei den Hitlerjungen: Man filmte von unten, um ihre Statur zu vergrößern.

Beauftragten für Bayern degradieren zu lassen – faktisch ein Ruheposten – und ihm zu verbieten, zugleich für den Landdienst und die Waffen-SS zu rekrutieren. *Kampf um den Boden*, ein von ihm publiziertes Journal, wurde verboten, ebenso sein Buch *Pflug und Schwert*. Er durfte nicht in SS-Uniform erscheinen. Dann wurde er beschuldigt, die „guten Beziehungen zwischen Hitlerjugend und SS" zu stören. 1942 wurde er offiziell vom Gerichtshof der Hitlerjugend, der sechs Jahre zuvor unter dem Hitlerjugend-Disziplinarkodex gegründet worden war, getadelt und konnte nur noch aus der Hitlerjugend ausscheiden. So scheiterten Himmlers Pläne zur Übernahme des Landdienstes schließlich. Später im Jahr 1942 ernannte Axmann Himmler zum Ehrenführer des Landdienstes, was den Übernahmeversuch bemäntelte, dem SS-Chef aber zugleich mitteilte, wo sein Platz in der Beziehung zur Hitlerjugend sein sollte.

Schindlmayrs fehlgeschlagener Plan überlebte in anderer Form, als ihn Axmann für die im Herbst 1941 eingeführten Lehrhöfe des

Oben: Vier Hitlerjungen auf einem Motorradtreffen im Harz, Juli 1936. 16-jährige oder ältere Jungen konnten der Motor-Hitlerjugend beitreten, wo sie Motorrad fahren lernten.

Landdienstes benutzte. Als Vorbild diente der Hitlerjugend-Musterhof in Koppelsdorf in Sachsen. Innerhalb von sechs Monaten eröffnete man 18 ähnliche Höfe, 11 davon in Deutschland und sieben in den besetzten Ostgebieten. Weitere sechs folgten 1943 und 1944 noch mehr. Die Ausbildung dauerte drei Jahre, das erste im Landdienst. Im zweiten gab es berufliche Studien, das dritte wurde auf einem Lehrhof verbracht. Jedes Jahr traten 30 männliche und 30 weibliche Leitungsschüler ins System ein. Waren ihre drei Jahre vorbei, so waren die Männer zum Dienst in der Waffen-SS oder wie die Frauen zu weiterem Studium in einer Landdienst-Leiterschaftseinrichtung bestimmt. Danach wurden sie als „Wehrbauern", eine Kombination von Lokalmiliz und Bauern, betrachtet, die die eroberten Länder im Osten ausbeuten sollten, die „der deutsche Soldat mit

Oben: Zwei **Hitlerjugend**-*Soldaten beim Pistolentraining. Das Training der HJ für den Krieg wurde bald Realität und ihre Geschicklichkeit zum Ärger für die alliierten Truppen.*

seinem Blut erkauft". „Die Jugend muss eng ans errungene Land gebunden werden", war 1942 Artur Axmanns Neujahrsbotschaft. „Der Osten ist Deutschlands Schicksal."

Probleme bei der Anwerbung

Leichter gesagt als getan. Wie sich zeigte, wollten viele Eltern ihre Kinder nicht in den Osten schicken, und es gab immer noch das Grundproblem, das den Landdienst seit seinen Anfängen 1934 verfolgt hatte. Die Bevölkerung zog es von den ländlichen Gegenden weg, nicht zu ihnen hin. Wo es dem Landdienst gelang, die Jugend zum Verlassen der Städte und zur Rückkehr aufs Land zu überreden, steckte meist ein anderes Motiv dahinter.

Vor dem Krieg war eines dieser Motive die Arbeitslosigkeit oder Gelegenheitsarbeit der Jugendlichen, die zwangsläufig unsicher und schlecht bezahlt war. Nackte Armut war ein weiterer Ansporn für Jungen, den Landdienst zu wählen. Er wurde als Weg gesehen, sich einen Platz in einer soliden Organisation zu sichern, die eine Zukunft und den finanziellen Rückhalt zum Weitermachen versprach, oder einfach die Aussicht auf regelmäßige Mahlzeiten bot. Das hatte für Knaben aus großen Familien besondere Bedeutung. Der Krieg selbst erzeugte so wie in England einen Exodus aufs Land, um den Luftangriffen der Alliierten auf Industrie- und andere Städte zu entkommen. Doch dies alles hatte nichts mit den teils spirituellen, teils patriotischen und teils rassischen Motiven zu tun, die die Jugend für ein zukünftiges Leben auf dem Land begeistern sollten.

Überhandnehmen der Mädchen

Die Kriegsbedingungen aber führten zu starken Veränderungen im Landdienstbetrieb. Immer mehr Jungen in wehrfähigem Alter wurden in die Waffen-SS übernommen, und so begannen die Mädchen zu überwiegen. Der männliche

Zugang wurde erheblich jünger. Schon 1938 waren den 18- bis 20-Jährigen, die in den ersten Jahren in den Landdienst eingetreten waren, 16-Jährige gefolgt. Zwischen 1942 und 1943 waren die aufs Land geschickten Jugendlichen im Durchschnitt 14 bis 15 Jahre alt, 11.415 davon Knaben und 18.189 Mädchen.

Die Eroberungen der Nazis hatten nicht nur das für „Wehrbauern" zur Verfügung stehende Land erweitert, sie lockten auch Tausende Ausländer an, die eifrig ihre Anhänglichkeit im Dienst des Dritten Reichs beweisen wollten. Axmann beschloss, wie die SS vorzugehen, die Tausende neue Rekruten aus den besetzten Gebieten aufnahm, und deren rechte Jugendorganisationen um frisches Blut für den Landdienst anzuzapfen. Flamen, später auch französischsprachige Wallonen aus Belgien, Dänen, Norweger, Esten, Letten, Holländer, die Bewohner Elsass-Lothringens und von Teilen Polens und der Tschechoslowakei wurden als germanische Völker klassifiziert und meldeten sich dankbar zum Dienst im Landdienst oder der Waffen-SS. Viele davon wurden stark durch die Gelegenheit motiviert, am Kampf Nazideutschlands gegen den Kommunismus teilzunehmen und die jüdisch-bolschewistische „Bestie" in Schach zu halten. Natürlich spielten auch das Versprechen freier Berufsschulung, die zugänglichen Sportanlagen und die Chance auf Wettbewerb und Auszeichnung, die schon lang eine Hauptattraktion der Aktivitäten der Hitlerjugend war, eine Rolle.

„Grenzland"

Dieses attraktive Paket war jedoch Teil der Landdienstpolitik, nach Osten in von Nazideutschland besetzte Gebiete zu gehen, die Hitlers Invasion in Russland im Juni 1941 eröffnet hatte – doch diese waren Kriegsgebiet mit allen Gefahren des „Grenzlands". Schon ehe die deutsche 6. Armee im Februar 1943 bei Stalingrad unterlag und sich dann das Kriegsgeschick wendete, hatte der Landdienst keine vernünftige Antwort auf die Einwände der Eltern. Erheblicher Druck musste angewandt werden, damit sie zustimmten, dass ihre Söhne und Töchter in den Osten gingen. Die große Entfernung und Gefahr waren nicht die einzigen Gründe für diesen Widerstand. Die Kämpfe hatten Tausende Kriegsgefangene und Zwangsarbeiter produziert, die neben den Jugendlichen in der Landwirtschaft eingesetzt wurden und nach Ansicht der Hitlerjugendführer die Vornehmheit der Landarbeit verwässerten, die ihren eigenen Rekruten vorbehalten sein sollte. Auch fand es der Landdienst immer schwieriger, genügend gute Führer zu finden. Selbst dass man sie von den Lehrhöfen und Führerschulen holte, konnte den Bedarf nicht abdecken.

Das Ende des Landdienstes

All dies verurteilte den Landdienst und das zu seiner Förderung geschaffene „Blut-und-Boden"-Unternehmen zu ihrem Ende. 1944 begann der Landdienst bereits zu zerfallen.

Eine Hauptursache dafür war die Forderung der SS nach immer größeren Rekrutenzahlen zur Aufstockung der Truppen und zum Ersatz der Verluste. Diese Forderungen führten dazu, dass der Landdienst immer weniger landwirtschaftlichen und immer stärker militärischen Zwecken diente, da die Rekrutierungen der SS seine älteren, erfahreneren männlichen Mitglieder abzogen und nur jüngere Kinder unter unzureichender Anleitung zur Arbeit auf den Feldern übrig ließen.

Als die anfänglichen Siege von 1940, die Deutschland ein neues Reich in Europa einbrachten, drei, vier Jahre später zum Kampf um den Erhalt des Vaterlands wurden, erlangte die Hitlerjugend innerhalb der Waffen-SS ihre eigene Identität: die 12. SS-Panzerdivision *Hitlerjugend*, offiziell am 24. Juni 1943 ins Leben gerufen. Ihr Kern stammte aus der 1. SS-Panzerdivision *Leibstandarte Adolf Hitler* oder dem, was davon noch übrig war, nachdem sie im vorangegangenen Winter in Südrussland dezimiert worden war. Zusätzlich wurden 50 Wehrmachtoffiziere, alle frühere Hitlerjugendführer, zur *Hitlerjugend*-Division verlegt. So kamen nun Jahre der Schulung und Vorbereitung zuletzt zur Erprobung, und die Hitlerjungen zogen unter der Fahne, die ihnen mehr bedeutete als ihr Leben, in den Krieg.

KAPITEL 7

KRIEGS-ERKLÄRUNG

Die Jahre, das Geld und der Aufwand, die es gekostet hatte, die deutsche Jugend in pflichtbewusste Nazikrieger zu verwandeln, trugen Früchte, als England und Frankreich am 3. September 1939 Deutschland den Krieg erklärten. Nirgendwo sonst war die Jugend so gut gedrillt, ausgebildet und an Waffengebrauch gewöhnt. Nirgendwo sonst hatte eine junge Generation so lange Kriegspropaganda eingesogen, nirgends war ihr Geist von Idealen verführt worden, die ihre Individualität so sehr unterdrückten, dass sie sich kaum an eine normale Kindheit erinnerten.

Kaum einen Monat nach der Kriegserklärung und kurz nach Abschluss der Eroberung Polens wurde die paramilitärische Schulung der Hitlerjugend verstärkt. Ganze Wochenenden dienten Waffen- und Geländeübungen und Programmen zur Körperertüchtigung, um die Bereitschaft der Jungen zu erhalten und sie auf den künftigen Kampf vorzubereiten. Frühere, im Kampf verwundete Führer der Hitlerjugend verbrachten ihre Erholungszeit mit der Aufsicht über Aktionen, besonders als der Krieg in Russland immer mehr Männer ausschaltete. Ihre Teilnahme sollte die Jungen zu noch mehr Anstrengung anspornen.

Der nationalsozialistische Eifer richtete sich auch auf die weltlichen Erfordernisse eines Landes im Krieg. In Deutschland rief die Regie-

***Links:** Nervös blickende HJ-Soldaten beim Unterricht in der Kriegskunst durch Wehrmachtsoffiziere. Viele dieser Knaben starben dann bei der Verteidigung Deutschlands.*

rung wie in England nach kriegsdienlichen Materialien, und Jungvolk und jüngere Hitlerjungen sammelten auf den Straßen Messing, Kupfer, Schrott, Rasierklingen, Papier und Flaschen. Die Jungen waren diszipliniert und höflich – sie salutierten stets, ehe sie fragten –, doch sehr hartnäckig. Gab es in einem Haus oder einer Wohnung keine Antwort, so kamen sie immer wieder, bis sie bekamen, was sie wollten. Manche Regierungsforderungen wurden weniger höflich erfüllt. Im Winter 1941 etwa wurden Besitzer von Schiern von Hitlerjungen bedrängt, sie für die im russischen Winter frierenden Soldaten zu spenden. Es gab auch Fälle offenen Diebstahls, doch diese wurden mit den Kriegserfordernissen und der Nazisache gerechtfertigt. Auch für Botendienste wurde die Hitlerjugend eingesetzt, sie übermittelte Botschaften und Dokumente zwischen Naziparteibüros, Heereshauptquartieren und später auch Militärkasernen.

Oben: Jungvolkknaben 1941 vor einer Mahlzeit. Kinder, die fürs Jungvolk zu jung waren, nahmen zur Vorbereitung auf die verpflichtende Mitgliedschaft an Aktivitäten teil.

Inzwischen produzierte die unermüdliche Nazipropagandamaschinerie Ermunterungen, Slogans, Ermahnungen an die Pflicht und Aufrufe zur Mitwirkung am Nazikreuzzug. Um das Niveau der Begeisterung bei der Hitlerjugend zu halten, erhielt jedes Jahr ein anspornendes Markenzeichen: 1940 war das „Jahr der Prüfung", 1941 das Jahr „Unser Leben, ein Weg zum Führer". Die Beschäftigung der Nazis mit dem Russlandfeldzug zeigte sich im Slogan von 1942: „Dienst im Osten und am Land", und die stockenden deutschen Kriegserfolge 1943 und 1944 führten zu: „Kriegsdienst der deutschen Jugend" und „Jahr der Kriegsfreiwilligen".

Nach der Invasion in Russland am 22. Juni 1941 wurde die Hitlerjugend ideologisch in den

Konflikt hineingezogen; es wurde das Jahr des „Kreuzzugs gegen den Bolschewismus“ verkündet. Bei der Hitlerjugend wie bei der Partei war der Hass gegen den Kommunismus ebenso groß wie der gegen die Juden. Die Eroberungen in Europa 1940 und 1941 gaben Gelegenheit, diese Phobien bei Jugendgruppen außerhalb Deutschlands zu verbreiten. Auch konnte man nun auf Millionen deutscher Kinder zählen, die zur Schulung in Hitlerjugendlager in Dänemark, Lettland, Kroatien, Ungarn, Bulgarien, der Slowakei und dem Generalgouvernement Polen geschickt wurden.

Das Fundament für internationale Jugendzusammenarbeit war schon 1937 gelegt worden, als der Einfluss der Hitlerjugend bei den Minderheiten außerhalb der Heimat gesichert wurde, besonders bei den durch den Versailler Vertrag vom Vaterland Getrennten. Unter Schirmherrschaft des Auslandsamts der Reichsjugendführung wurden Austauschbesuche mit Gruppen in Italien, Ungarn, Bulgarien, Rumänien, Luxemburg und, nach der Demontierung der Tschechoslowakei 1939, in der Slowakei organisiert. Mitglieder der Türkischen Hitlerjugend kamen zu einem Kulturbesuch nach Deutschland, und 1938, zwei Jahre nach Unterzeichnung des Antikominternpakts durch Nazideutschland und Japan gegen Russland, reisten Hitlerjungen nach Tokio.

Ausländische Gruppen

Die Mitgliederzahl einiger ausländischer Hitlerjugendgruppen war beträchtlich. In der Slowakei betrug sie 17.400, und sogar das kleine Fürstentum Luxemburg hatte 17.000. In Estland, wo etwa 20.000 Auslandsdeutsche lebten, gab es eine Hitlerjugendgruppe von 5000. Danzig, reichsfreie Stadt unter der Ägide des Völkerbunds, zählte schon 43.400 Hitlerjungen, ehe sie 1939 von den Nazis annektiert wurde. Die Eroberung Frankreichs 1940 ermöglichte es der Hitlerjugend von Straßburg, die vor Hitlers Machtergreifung geheim agiert hatte, aus dem Untergrund aufzutauchen.

Unten: Eine Familie mit Hitlerjugendmitgliedern beim Essen. Obwohl harmonische Familienbande zum Ideal der Nazis gehörten, waren ihnen Partei und Volk wichtiger.

Rechts: Nicht Deutschland, die USA! Abneigung gegen Judentum und Kommunismus gab es in den 1930ern auch außerhalb Deutschlands – vor dem Zweiten Weltkrieg in allen westlichen Ländern. Dieses Pro-Nazi-Jugendlager in New Jersey war eines der vielen für deutsche Knaben außerhalb ihrer Heimat errichteten. Das Foto wurde 1936 aufgenommen. Als der Krieg erklärt war, wurden diese Lager nicht weitergeführt und Familien mit deutscher Abstammung gerieten unter Verdacht.

Alle Gruppen außerhalb Deutschlands wurden von der Reichsjugendführung überwacht. Am erfolgreichsten waren die in Luxemburg, Holland, Norwegen und in Eupen und Malmédy in Belgien, in Gebieten, deren Bewohner nach Hitler zum Reichsvolk gehörten, also germanische oder nordische Völker waren. Anderswo schürte die Angst vor bolschewistischem Einfluss die Verbindung zur Hitlerjugend, besonders in Ländern mit Erfahrungen mit dem Kommunismus oder in Russlands Nachbarländern. Hierzu gehörten die italienische faschistische Jugend und die spanische Falange-Jugend. In beiden Ländern hatten sich die blutigen Gefahren des Kommunismus gezeigt: In Italien in den 20er-Jahren, als der bolschewistische Machtanspruch mühsam unterdrückt werden konnte; in Spanien war das sozialistisch-republikanische Regime im Bürgerkrieg 1936–1939 vernichtet worden. Wegen geografischer Nähe zu Russland zeigten die dänische Nationalsozialistische Jugend, die norwegische *Masjion-Samling-Jugend*, die *Brannik-Jugend* in Bulgarien, die *Große-Ustashi-Jugend* Rumäniens und die *Levente-Jugend* in Ungarn Interesse an der Hitlerjugend.

Der Europäische Jugendbund

Alle diese Gruppen, dazu noch die *Hlinka-Jugend* aus der Slowakei, die holländische Nationalsozialistische Jugend, die Wallonische Rexisten-Jugend und Beobachter aus Frankreich und Japan, trafen sich 1942 in Wien zur so genannten „Europäischen Versammlung", um den Europäischen Jugendbund zu gründen. Der neue Bund, am 14. September verkündet, war ein Geistesprodukt Artur Axmanns und seines Vorgängers Baldur von Schirach. Der Anflug von Internationalität dieses Treffens und die Aussicht, alle Jugendgruppen in einem riesigen Bund zu vereinigen, ließ Gedanken an ein „neues Europa" viel Raum, in dem voraussichtlich alle Jugendlichen in einem Zusammenspiel gemeinsamer Ideale vereint sein würden.

Die Nazipartei aber stand dem Konzept zunächst kühl gegenüber. Wie aus allem, was sie seit ihrer Machtergreifung gesagt und getan hatte, ersichtlich war, kannte das neue Europa, das die Partei im Sinn hatte, keine gleiche Partnerschaft mit Ausländern, die sich in die neue Naziordnung hineindrängten. Zwei Tage nach der europäischen Versammlung äußerte das Propagandaministerium, Goebbels halte „es nicht für ratsam, von unsere Seite gegenwärtig so viel Lärm um dieses Thema zu machen".

Deutscher Erfolg

Zu diesem Zeitpunkt konnte Goebbels leicht kurz angebunden zu sein. Der Russlandfeldzug lief, obwohl er schon länger als von Hitler geplant dauerte, für Deutschland gut. Es gab in den vergangenen vier Monaten Siege in Charkow, Sewastopol, Rostow und Noworossisk, und am 16. September drang General Friedrich Paulus' 6. Armee in die Vorstädte von Stalingrad vor. Die bolschewistische Bedrohung war, wie es schien, im Zaum gehalten. Doch das Bild – und Goebbels Haltung – wurde völlig umgestülpt, als die 6. Armee in Stalingrad ein-

Unten: Mitglieder der italienischen* Avanguardisti *1938 bei einer Parade. Diese faschistische Jugendorganisation betonte wie ihr deutsches Gegenstück die militärische Schulung.

geschlossen wurde und sich mit den Russen einen wilden Kampf von Haus zu Haus und von Zimmer zu Zimmer lieferte, ehe sie schließlich nach monatelanger Umzingelung am 2. Februar 1943 kapitulierte. Plötzlich nahm die „rote Bedrohung" vorher von niemandem geahnte Ausmaße an. Am 18. Februar, zwei Wochen nach der Kapitulation, sagte Goebbels in einer dramatischen Rede: „Es besteht eine Bedrohung des Reichs und des europäischen Kontinents, die alle früheren Gefährdungen des Abendlandes überschattet. Würden wir in diesem Kampf scheitern, so hätten wir unsere gesamte historische Mission verspielt." Die Niederlage in Stalingrad schien auch Goebbels' Einstellung bezüglich der paneuropäischen Versprechen im Fall eines Nazisieges zu verändern. Am 5. Juni 1943 verkündete er:

„Fast ganz Europa arbeitet für unseren Sieg im Krieg. Eines Tages wird es auch die Früchte unseres gemeinsamen Kampfs genießen. Nach dem Sieg wird ein Teil der Welt eine mächtige kontinentale Gemeinschaft bilden, bestehend aus freien, einer gemeinsamen großen Sache gewidmeten Menschen. Nur so kann Europa erwarten, weiterhin zu bestehen …"

Umsiedlung

Trotzdem musste sich die Hitlerjugend auf weniger begeisternder Ebene der ihr zugeteilten Kriegsarbeit unterwerfen, die hauptsächlich in Anstrengungen der „Umsiedlung" im Osten bestand. „Umsiedlung" war Schönrederei. In Wahrheit bedeutete es die gewaltsame Beseitigung der einheimischen Bevölkerung im Wartheland in Westpolen. Nach der Eroberung 1939 wurde dieses Gebiet annektiert und zum Gau (Bezirk) des Nazistaates, anders als der Rest Polens, des Generalgouvernements, das unter direkter Besatzung stand. Als die Polen vertrieben waren, nahmen Volksdeutsche ihren Platz ein. Die enteigneten Polen, die nur ein paar Habseligkjeiten mitnehmen durften, wurden vorgeblich auf leere Bauernhöfe oder ins Gebiet des Generalgouvernements geschickt. Tatsächlich aber war ihr Bestimmungsort eher ein Konzentrationslager, wo sie ermordet wurden.

Links: Hitlerjungen mit Führer beim Hitlergruß. Die Hitlerjugendführer mussten einen dreiwöchigen Kurs in Körperertüchtigung und den rassistischen Lehren absolvieren.

Größere Verantwortung

1942 wurde den nach Polen abgestellten Hitlerjugendführern eine Menge abverlangt. Etwa 18.000 dienten dort und in der Westukraine. Zu ihren Aufgaben gehörte die Beaufsichtigung deutscher Kinder, insgesamt etwa 30.000, die nach Osten geschickt wurden, um ihren Landdienst zu leisten. Führerschulen, Lager und Herbergen wurden eingerichtet, und es gab einen Zustrom von „Östlichen Freiwilligen der Germanischen Jugend", hauptsächlich aus Holland, Norwegen, Dänemark und den flämischen Gebieten Belgiens.

Da es nicht genügend qualifizierte Lehrer gab, mussten die Hitlerjugend und der Bund Deutscher Mädel die Schulen führen, eine umso schwierigere Aufgabe, als viele „rassisch" Deutsche nur geringe oder gar keine Kenntnisse der deutschen Sprache hatten. Die jugendlichen, unerfahrenen Lehrer erhielten nur drei Monate Klassenraum-Ausbildung und drei Wochen Ausbildung in Landarbeit.

Für die Hitlerjungen war diese Erfahrung ein Kulturschock. Jahrelang hatte man sie gelehrt, deutsch zu sein sei, mit all der Überlegenheit, die dazu gehörte, eine angeborene, körperlich sichtbare Eigenschaft. Sie kamen im Warthegau an und merkten, dass „rassisch" Deutsche ebenso unwissend und ungehobelt wie irgendwelche Bauern ohne die Wohltaten der Kultur, deutscher oder anderer, sein konnten. Die Jungen mussten praktisch bei Null anfangen zu lehren: nicht nur die deutsche Sprache, auch die richtigen germanischen Lieder, Musik und sogar die Standards von Möbeln und Kleidung, die es im kultivierteren Dritten Reich gab. Der Bund Deutscher Mädel lehrte Frauen Kochen und Nähen, machte sie mit den Grundlagen moderner Medizin vertraut und unterrichtete neben der Hitlerjugend Landwirtschaftstechniken. Auch war es den Mädchen

Oben: 1944: Hitlerjungen laden eine Fliegerabwehrkanone (Flak). Ab 26. Januar 1943 wurden die Luftabwehrwaffen fast gänzlich von Mitgliedern der Hitlerjugend bedient.

nichts Neues, in Abwesenheit qualifizierter Geistlicher Heiraten und Taufen zu vollziehen.

Ausmaß und Umfang ihrer Verantwortlichkeiten waren fast überwältigend. Dazu kam noch, dass der Hass der Polen, auf den die jungen Deutschen trafen, heftig war, und ihre Jugend schützte sie nicht vor ihm. Diese Situation konnte nicht weiter von einer normalen, gesunden Jugend entfernt sein. Ebenso die Schießausbildung und Geländeübungen, bei denen das untere Alter 1940 herabgesetzt wurde und Knaben ab zehn einschloss. Bis 1941 hatten etwa 500.000 dieser Burschen eine Schulung erhalten und lernten als Vorbereitung auf ihre zukünftige Zeit an der Front und das Töten, Hinterhalte zu legen und Feinde zu beschleichen und zu vernichten.

Die Zivilisten blieben im Zweiten Weltkrieg natürlich nicht von der Front verschont, und bei den alliierten Luftangriffen dienten die Hitlerjungen als Flakhelfer. Jungen von 15 aufwärts wurden erstmals am 26. Januar 1943 als Flakhelfer eingesetzt. Mitglieder des Junkvolks dienten als Meldefahrer zwischen der Flak und den Scheinwerferbatterien. Vorgeblich sollten die Knaben Aufgaben „entsprechend ihrer Altersgruppe" erfüllen. Diese eher ungenaue Formulierung verhüllte die mörderischen Anforderungen, die an diese Knaben gestellt wurden. Dazu gehörte vermutlich nicht das Schicksal einer Scheinwerferstellung im Oktober 1943: Die gesamte Mannschaft, darunter 14-jährige und jüngere Knaben, wurde getötet. Danach wurden die jüngeren Altersgruppen vom Dienst befreit, doch die Meldefahrer mussten weiter unter Luftangriffsbedingungen arbeiten. Nach Angriffen halfen Hitlerjungen ausgebombten Familien, Nahrung, Trost und Unterkunft zu finden. Sie wurden auch zur Bewachung von

Eigentum in bombardierten Häusern gegen Plünderung eingesetzt und blieben dabei meist die ganz Nacht wach.

Diese Schulkinder sollten ihre Ausbildung fortsetzen, zumindest während ihrer Luftabwehraufgaben am Vormittag, doch dies erwies sich rasch als unmöglich, da die alliierten Bomber ständig, bei Tag und Nacht, kamen. Stattdessen lebten, aßen und schliefen die Hitlerjungen neben ihren Batterien mit dem erwachsenen Kanonier, der die Gesamtverantwortung trug. Das entsprach nicht dem ursprünglichen Konzept der Flakhelfer. Es sah vor, dass die Hitlerjungen Batterien nahe ihrem Zuhause oder zumindest in dessen Nachbarorten bemannten, doch die Angriffe wurden so intensiv, dass landesweite Einsätze nötig waren. Sie wurden Nomaden, wechselten ständig von Ort zu Ort, manchmal dreimal im Monat. 14 Verlegungen in einem Jahr waren nicht selten, und unter solchen Umständen vergingen einem alle Gedanken an Schulausbildung völlig.

Natürlich hatte die Erfahrung eines gegen den heimatlichen Boden geführten Luftkriegs – etwas, das nach Görings Versprechen nie geschehen würde – verheerende Auswirkungen auf junge Seelen. Regelmäßig trat nackte Angst ein, die die Kameradschaft geteilter Gefahr nie lindern konnte. Nach einem Angriff auf Berlin, bei dem etliche Schulknaben als Bemannung von Flaks getötet wurden, fand man die Überlebenden bleich und starr vor Schrecken oder unkontrolliert schreiend dasitzen. Trotzdem hatte die Bestimmung der Hitlerjungen, ihrem Land zu dienen, Befehlen zu gehorchen und sich zu opfern, die Botschaft, die ihnen seit der frühen Kindheit in den Ohren dröhnte, immer noch ihren Einfluss. Ein verwundeter Knabe kämpfte sich auf die Beine, um einem inspizierenden Offizier zu salutieren. Er hatte sichtlich Schmerzen, ignorierte sie aber und sagte: „Das ist nicht wichtig. Deutschland muss siegen."

Panzerabwehrgräben

1944 fanden sich Mitglieder einer Flieger-Hitlerjugendeinheit, die kaum älter waren, unerwartet in Ostpreußen nahe der Front wieder, wo sie Panzerabwehrgräben ausheben sollten. Sie hatten erwartet, ihre Sommerferien mit Segelfliegen an der Ostseeküste zu ver-

Links: Mitglieder der Spaten-Division 1944 in Ostpreußen nahe der deutsch-sowjetischen Front. Diese Hitlerjugendformation wurde beim Ausheben von Verteidigungsgräben und zum Nachschubbringen für die kämpfenden Soldaten an der russischen Front eingesetzt, ein Job, den sie trotz der für Deutschland schlechten Kriegslage mit Einsatz und Hingabe erfüllten.

bringen, wurden aber durch dringende Befehle zur Weiterfahrt nach Bischofsburg umgeleitet. Zu dieser Zeit hatte sich das Desaster von Stalingrad vom vorigen Jahr als Wendepunkt des Kriegs in Russland erwiesen. Die Deutschen zogen sich ständig zurück. Die Russen näherten sich schon der deutschen Grenze. Während die älteren, etwa 15-jährigen Jungen Gräben aushoben, brachten 10-Jährige auf Pferdekarren Material und Nachschub aus Bischofsburg. Die Einheit kampierte auf einem Feld und wurde mitten in der Nacht durch unheilvolles Rumpeln und Beben aufgeweckt. Im Osten sahen sie eine Linie von Rot, durchsetzt mit Feuerblitzen, die flackerten, erstarben und wieder hochschossen. Im Glauben, die Russen stünden bereits am Horizont, erinnerte sich ein Knabe der Worte seines Vaters, falls die Russen nach Deutschland kämen, solle er sich lieber selbst töten, als in ihre Hände zu fallen. Zu der Zeit zogen die Russen durch Polen und im Norden nach Lettland hinein. Sie drohten die Heeresgruppe Nord an der Ostsee festzunageln. Die Heeresgruppe konnte sich nicht herauswinden, da ihr Hitler jede Bewegung verbot, bis es zu spät war. Bis Oktober schnitten die Russen, die Memel einschlossen, den Rückzug der Heeresgruppe ab, doch Ostpreußen, der Ort der Panzerabwehrgräben, kam nach deutschen Gegenangriffen noch einmal davon.

Wehrertüchtigungslager

Der Vorfall bei Bischofsburg ereignete sich im August 1944, neun Monate vor dem Ende des Kriegs in Europa, doch schon lange davor wurde die militärische Ausbildung der Hitlerjugend, die schon 1939 verstärkt worden war, noch weiter intensiviert. Am 13. März 1942 wurden auf Befehl Hitlers Wehrertüchtigungs-

Unten: Ein sehr junger Knabe wird 1941 im Gebrauch des MG34-Maschinengewehrs unterwiesen. 1945 kam es oft zum Kampf alliierter Soldaten mit solchen Jungen.

lager eingerichtet, in denen 15- bis 18-Jährige drei Wochen lang eine intensive Infanterieausbildung erhielten. Die Lager standen auch „germanischen" Jungen aus Lettland und Holland offen, deren Lehrer aus den entsprechenden Zweigen der Waffen-SS kamen. Hitlerjugend-Oberbannführer Gerhard Hein, der mit dem Ritterkreuz mit Eichenlaub ausgezeichnet worden war, war ihr Inspekteur.

Schließlich gab es 226 Wehrertüchtigungslager. Obwohl man es nicht offen sagte, war der nächste Ort für diese Knaben die Front, oft die Ostfront. Wie viele Deutsche bereits gemerkt hatten, war der Kampf an der Ostfront eine grausame Sache. Der entschlossene Widerstand der Russen führte nach ihrem Rückzug 1941 zu einer von Stalin befohlenen „Politik der verbrannten Erde", bei der Ernten, Nahrungsmittel, Maschinen und Gebäude eher zerstört wurden, als sie den Deutschen als Hilfsgüter zu überlassen. Die deutsche Behandlung der slawischen „Untermenschen" in Russland selbst – besonders die Aktivitäten der Einsatzgruppen – ließ viele russische Soldaten nach Rache dürsten. Kein Wunder, dass der Gedanke an die Ostfront Furcht und Zittern auslöste und für viele Deutsche gleichbedeutend mit „Friedhof" wurde.

Der Kampf dort forderte daher mehr als die durchschnittliche Spannkraft, körperliche Härte, geistige Stärke und ideologische Inbrunst. Man dachte, die Naziideologie könne die Soldaten gegen die extreme Härte der Ostfront wappnen, und keine Aktivität in den Wehrertüchtigungslagern geschah ohne inspirierenden Aspekt. Jede der drei Wochen hatte ihren eigenen Slogan: „Wir kämpfen" sollte die Idee festigen, dass der Krieg seit jeher von der Natur ins Mark menschlicher Wesen eingeimpft war. „Wir opfern" verwies auf die totale Hingabe an die Nazisache. Der Slogan der dritten Woche, „Wir siegen", sollte zeigen, dass alle Anstrengungen und Opfer zum sicheren Triumph Großdeutschlands führten.

In den Lagern lernten die Hitlerjungen die Tugenden des guten Soldaten: Sauberkeit, Ordnung, Teamwork und unbedingten Befehlsgehorsam. Unnötig zu sagen, dass die Schulung, die den Jugendlichen diese Lektionen einhämmern sollte, äußerst streng war.

1944 beschrieb der expressionistische Dichter Gottfried Benn, der im Krieg als Heeresarzt diente, die für ihn abschreckenden Ergebnisse dieser harschen Schulung sinngemäß so:

„Die Leutnants des deutschen Heeres kommen aus der Hitlerjugend und haben daher eine Erziehung hinter sich, deren Wesen in der Ausschaltung des geistigen und moralischen Gehalts der Literatur und ihrer Ersetzung durch gotische Fürsten und Dolche bestand – und deren Lebensweise in Marschübungen und Schlafen in Heustadeln bestand. Schon in Friedenszeiten waren sie weit entfernt von denen, die nach alter Tradition erzogen wurden, von Eltern, Erziehern, Geistlichen und humanistischen Kreisen. Mit ihren festen Auffassungen sind sie gut für die Aufgabe gerüstet, im Namen der arischen Mission bewusst einen Teil der Erde zu zerstören."

SS- und Wehrmacht-Rekrutierung

Die SS sah in den Produkten der Wehrertüchtigungslager etwas viel Wünschenswerteres: „politische Soldaten", die verlässlich, gehorsam, diszipliniert und in der Kriegskunst gewandt waren – das perfekte Rezept für eine militärische Elite. Die Eignung der Lager als Reservoir für künftige SS- und Waffen-SS-Soldaten war von Anfang an klar, und viele von ihnen wurden von der SS betrieben. Sie schöpfte die besten der Hitlerjungen, die dort ausgebildet wurden, ab und nahmen sie in ihre eigenen Reihen auf.

Luftwaffe, Kriegsmarine und Heer waren ebenso bemüht, das Reservoir an Fachkenntnissen und patriotischer Inbrunst, die die Hitlerjugend bot, anzuzapfen. Die Aufnahme in die Luftwaffe und Marine war unkompliziert, zumindest theoretisch, da die Flieger-Hitlerjugend und die Marine-Hitlerjugend schon lange ihre Vorlieben deklariert hatten. Nicht immer wurde ihre Wahl erfüllt. In der Praxis konnten angehende Flieger und Matrosen zu einem anderen Truppenteil eingeteilt werden, etwa als Flakhelfer im Kampf gegen die alliier-

Links: Hitlerjungen prüfen die Trommel eines MG34-Maschinengewehrs, das auf einem Fahrrad montiert scheint, obwohl es wahrscheinlich nur für den Transport darauf liegt. Da sie von früh an mit Waffen zu tun hatten, erreichte die Geläufigkeit mit Waffentechnologie, von kleinen Waffen bis zu klein- und mittelkalibrigen Fliegerabwehrkanonen, bei der Hitlerjugend ein Niveau, das es oft mit dem regulärer Kampfeinheiten aufnehmen konnte.

ten Luftangriffe. Dazu konnten ganze Schulklassen auf einmal eingezogen werden. Ein Mitglied der Flieger-Hitlerjugend, Jochen Volmar, qualifizierte sich 1944 mit 17 als Seglerpilot und wurde dann für den raketengetriebenen Me-163-Jäger ausgebildet, nur um dann in einer Flak-Einheit zu dienen. Andere Freiwillige aus der Hitlerjugend fanden sich in der 1943 gebildeten *Hitlerjugend*-Division wieder.

Beim Abwerben von Personal war jedoch die SS Meister. Ihre Forderung nach mehr Männern war rücksichtslos, sie machte vor nichts Halt. So entwickelte sich eine heftige Konkurrenz zwischen dem Kampfzweig der SS – der Waffen-SS – und der Wehrmacht. Die Waffen-SS war durch stärkere und längere Verbindungen zur Hitlerjugend im Vorteil, und zugleich hatte ihre Werbung eine Antriebskraft, die das Heer weit hinter sich zurückließ.

Die Rekrutierungskampagne der SS wurde von SS-Obergruppenführer (General) Gottlob Berger geleitet, der zwei machtvolle Funktionen innehatte: Er war Himmlers Stabschef für die Waffen-SS und Leiter der SS-Hauptamts.

Mit Berger als Gesamtverantwortlichem und Heinrich Jürs als seinem Haupt-Anwerbeoffizier wurden den ganzen Krieg hindurch starke Anstrengungen unternommen, neue Mitglieder für die SS zu rekrutieren. Die SS warb im Radio, brachte Plakate an und setzte ihre eigenen Veteranen als Propagandisten ein, die Knaben zur Bewerbung überreden sollten. Das Elitewesen der Waffen-SS und die Aussicht auf die Ehre, in ihren Reihen zu kämpfen, wurden als mächtiger Köder benützt. Nahe liegende Zielpersonen waren natürlich die Hitlerjugendführer.

Anwerbefunktionäre propagierten den Glanz der SS und Waffen-SS und strichen den Unterschied zu jeder anderen irdischen Armee heraus. Sie erzählten von Heldentaten früherer Hitlerjungen, die Kriegsauszeichnungen erhalten hatten, und weckten das jugendliche Interesse mit der Information, dass die SS-Einheiten voll motorisiert seien. Besonders betont wurde das Konzept des „politischen Soldaten", der kein Kanonenfutter, sondern ein Ideologe war und zur militärischen Vorhut des National-sozialismus gehörte.

Prüfung der Rekruten

Einmal überredet, wurden die Rekruten nach Gesundheit und rassischer und ideologischer Tauglichkeit gesiebt, und Ärzte und Prüfer der SS und der Hitlerjugend stellten sicher, dass kein offensichtlich Ungeeigneter durch das Netz kam. Der rassische Eifer der „Eignungsprüfer" hielt die Zahlen zeitweise gering, denn die kleinste nichtarische Spur, ob echt oder eingebildet, schloss den Kandidaten aus. Ein Prüfer in München ließ von 3000 17-jährigen Knaben nur 1300 bestehen. Die anderen lehnte er ab, weil er mittelöstliche, mongolide oder negroide Züge gefunden zu haben glaubte. Doch die Waffen-SS konnte sich eine solche Pingeligkeit nicht leisten. 1940 war Geschwindigkeit lebenswichtig, die Akzeptierten mussten neben der Rassenprüfung nur ein Minimum an Tests absolvieren. Um eine SS-Nummer zu

Unten: Hitlerjugendsoldaten bei einer Übung an der Küste. Die Qualität der militärischen Ausbildung der Hitlerjungen machte sie zum begehrten Ziel für Anwerber.

erhalten, benötigten sie Bestätigungen für die bestandenen Prüfungen und ein Foto von sich und mussten einige Grundfragen beantworten, um ein ausreichendes Maß an Nazifizierung zu zeigen. Auf diese Weise konnten an nur einem Tag bis zu 300 Jungen aufgenommen werden, wobei Sonntag der beste Rekrutierungstag war. Manche Hitlerjugendgruppen brauchten keine Überredung. In Frankfurt etwa glaubten die Hitlerjungen, sie würden automatisch zur SS kommen und standen abrufbereit.

Die SS-Anwerbung war so dynamisch, dass das Oberkommando der Wehrmacht (OKW) überflügelt und ausmanövriert wurde. Dies verstärkte die Ängste des OKW, die Waffen-SS könnte zur „Parallelarmee" werden, besonders an der Ostfront. Berger selbst billigte extreme Rekrutierungsmethoden nicht. Er meinte, sie könnten die SS in einem unsympathischen Licht zeigen. So war er nicht besonders erfreut, als ein übereifriger SS-Anwerbeoffizier eine Gruppe von Studenten, die sich schon beim Heer verpflichtet hatten, abfing und in ein SS-Rekrutierungszentrum brachte. Schlimmer noch: Sie erfuhren, dass sie, falls sie sich weigern sollten, sich zu verpflichten, als Verräter eingestuft und verfolgt würden. Dasselbe würde, so drohte man, mit Mitgliedern der Hitlerjugend geschehen, die es wagten, Einspruch zu erheben, besonders wenn sie einen höheren Schulabschluss hatten.

Unten: Hitlerjungen in einem fröhlichen Moment auf einem BMW-Motorrad. Für die meisten bei der Hitlerjugend Aktiven gab es wenige Momente erlaubter Ausgelassenheit.

Beschwerden

Andere Fälle, die in Beschwerden über die SS-Rekrutierungsmethoden auftauchten, waren unter Vorwänden erschlichene Unterschriften: Man sagte Rekruten, mit ihrer Unterschrift würden sie die Richtigkeit der persönlichen Angaben, die sie gemacht hatten, bestätigen oder dass sie die Anwerbeformulare gelesen hätten. In Wahrheit verpflichteten sie sich damit zur SS. Auch Himmler missbilligte diese plumpen Tricks, nicht zuletzt deshalb, weil er Vorbehalte bei Eltern oder katholischen Priestern, die potenzielle Rekruten beeinflussten, weckte. Manche Wiener Priester sagten den Bewerbern, sie würden in die Hölle kommen, falls sie zur „gottlosen" SS gingen. Die Kampffilme, die als Teil des Werbezugs gezeigt wurden, schienen eher abzuschrecken als zu ermuntern, besonders als die schweren Verluste der Waffen-SS weithin bekannt wurden. Manche Rekruten weinten beim Unterschreiben. Andere waren glücklich und erleichtert, als sie abgewiesen wurden.

Offenbar war ein positiverer Ansatz nötig. Himmler meinte, statt durch Drohung und Einschüchterung die Reihen der Waffen-SS zu füllen, sollte mehr Betonung auf Freude und Aufregung des Kampfs und die Ehre, zu solch einer Elite zu gehören, gelegt werden. Nach Himmlers Politik sollten die Aufstiegschancen in der Waffen-SS herausgestellt werden, die Rekruten sollten wissen, wie sie ins Offizierskorps aufsteigen konnten. Nach neun Monaten aktiven Dienstes in der Waffen-SS konnten sie zu Einheitsführern ausgebildet werden und danach die SS-Kadettenschulen besuchen. Waren sie einmal Offiziere, hatten sie die Wahl: Rückkehr zur Waffen-SS oder Eintritt in den Sicherheitsdienst, die Ordnungspolizei, das Rasse-und-Siedlungs-Hauptamt, die SS-Verwal-

tung oder die Sanitätsabteilung. Als zusätzlichen Anreiz mussten die Rekruten nicht länger gute Sehkraft beweisen oder einen rassisch reinen Stammbaum vorlegen. Zu versprechen, es später zu tun, genügte. Doch mussten die Rekruten eine Mindestgröße von 1,67 Meter aufweisen, zwischen 17 und 23 Jahre alt sein und sich für mindestens viereinhalb Jahre verpflichten.

Erfolg der SS-Werbung

Dieses Paket erwies sich als äußerst attraktiv und zog viele Hitlerjugendführer an, die in Reserve gehalten wurden. Die allgemeine Rekrutierung nach den von Berger gebilligten Richtlinien ergab in weniger als sechs Monaten, zwischen dem 15. Januar und dem 29. Juni 1940, 59.526 neue SS-Männer. Die SS-Totenkopfverbände, die die Konzentrationslager-Wachen stellten und später den Kern der SS-Panzer-Division *Totenkopf* bildeten, waren mit 10.000 Mann sogar überzeichnet.

Das OKW kämpfte noch zäh gegen den Strom, da 1940 48.894 Rekruten, 32 Prozent davon noch Mitglieder der Hitlerjugend, in die Waffen-SS einberufen wurden. Die SS fand, dass ein gewisses Maß an List bei ihrer Rekrutierung politisch angebracht sei. Ein Weg, dem OKW Rekruten zu entziehen, bestand darin, sie in der Hitlerjugendhierarchie zu belassen, bis sie von der Waffen-SS einberufen wurden, ein anderer, sie in der Allgemeinen SS unterzubringen.

Oben: Die Wehrmacht hatte wie die SS ein starkes Interesse an Hitlerjungen, da die Qualität der Rekruten vom militärischen Standpunkt aus höher war als normal.

Die Reaktion des OKW

Als Reaktion darauf entsandte das OKW Offiziere in die Hitlerjugend-Ausbildungslager. Als die geplante Invasion in Russland 1941 Einwände gegen SS-Rekrutierungen unpatriotisch machte, stimmte das OKW unbegrenzter SS-Rekrutierung zu, versuchte aber Kandidaten davon abzuhalten, indem es von einer Mindestdienstdauer von zwölf Jahren sprach. Berger konterte mit eigenen Tricks: Er fingerte an den Zahlen und teilte den Rekruten mit, sie würden nicht länger als zwei Jahre in SS-Uniform bleiben. Das brachte 22.361 neue Soldaten, die meisten davon unter 18, in die SS. Bis Ende 1941 war die Waffen-SS auf 150.000 Mann angewachsen, mehr als achtmal so viele wie bei Kriegsbeginn. Ende 1944 dienten 600.000 Waffen-SS-Männer unter einem Armee- und 12 Korps-Hauptquartieren in über 30 Divisionen.

Mit gutem Grund beschuldigte das OKW die SS der „illegalen“ Rekrutierung. Sein Zorn wurde auch durch die Art angefacht, in der die SS die Wehrmacht ständig verleumdete. Doch war sie selbst das Beleidigen gewöhnt. Ende 1941 deutete in München Generalmajor Friessner, Chef der Heeres-Schulungs- und Ausbildungsabteilung, an, die Hitlerjungen seien nicht passend auf den Krieg vorbereitet. Er sagte, sie bräuchten „weniger Reden und mehr fachliche Genauigkeit“. Zu jener Zeit trickste die Wehrmacht einmal die SS aus, als sie die besten Führer der Motor-Hitlerjugend und Signal-Hitlerjugend in ihr eigenes Offizierskorps locken konnte und ihre Entlassung vom Arbeitsdienst erreichte. Die SS wollte diesen Trick nachahmen, scheiterte aber daran, dass die Entlassung vom Arbeitsdienst ausblieb.

Balgerei um Hitlers Gunst

Machtkämpfe wie diese waren in Nazikreisen, wo Ambitionen kollidierten und finstere, persönliche Rachefeldzüge ausgearbeitet wurden, keineswegs unüblich. Der höchste Preis bei der Balgerei um Macht und Aufstieg war die Gunst des Führers, und Hitler selbst förderte diese Form des „teile und herrsche“. Unter diesen Umständen war es unvermeidlich, dass die Fehde zwischen OKW und SS eine Eigendynamik entwickelte. Jede Seite versuchte die andere auszumanövrieren und zu diskreditieren, um den Löwenanteil der Mitglieder der Hitlerjugend zu bekommen. Doch die SS war in der Abteilung „schmutzige Tricks“ erfahrener. Berger war äußerst gewandt, so sehr, dass das OKW regelmäßig seine Fähigkeit zur Tücke unterschätzte. Er tarnte etwa erfolgreiche Bewerber, sodass niemand sie identifizieren konnte. Doch trotz Himmlers Bemühung, gewaltsame Rekrutierung zu vermindern, gab es an manchen Orten weiterhin Nötigung. 1943 etwa versuchte ein SS-Anwerbeoffizier, die Schüler einer Landwirtschaftsschule in Halle unter Druck zu setzen. Mit einem von ihnen, Werner Kallmeyer, tauschte er Beschimpfungen, als der darauf bestand, dass sein Vater der Verpflichtung zustimmte. Dann beleidigte er Kallmeyers Vater, einen Arbeitsführer des Reichsarbeitsdienstes. Beim folgenden Wortduell beschuldigte er Kallmeyer und die anderen Schüler der Feigheit und dass sie sich dem Krieg entziehen wollten. Er drohte ihnen mit dem Tod im Einsatz als menschliche Minendetektoren. Die meisten, auch Kallmeyer, unterschrieben, obwohl er weiterhin auf der Zustimmung seines Vaters bestand.

Hohe Opferrate der SS

Mit Fortschreiten des Kriegs verursachte das Ausmaß der Verluste bei der Waffen-SS eine Krise der Mannschaftsstärke. Bei Charkow etwa verlor sie 1944 1800 Mann. Die SS konnte sich nicht länger ein Vorgehen mit Samthandschuhen leisten, und Ereignisse wie das in Halle häuften sich. Das verstärkte nur die Rivalität: Tatsächlich ging der Krieg um Rekrutierungen zwischen SS und Wehrmacht fast bis zum Ende der Feindseligkeiten 1945 weiter. Berger jedoch verkündete schon lange vorher den Sieg. Als die SS Ende 1944 150.000 Jugendliche bis zum Alter von 19 Jahren rekrutieren konnte, prahlte er gemeinsam mit Heinrich Jürs mit dem Erfolg und schrieb an Himmler: „Der Kampf, den ich 1940 begann und den SS-General Jürs mit Härte und Ausdauer fortführte, hat sein Ende gefunden.“

Tatsächlich konnte die SS die Hitlerjugend in eine Jugendversion ihrer selbst verwandeln und ihre Reihen so gründlich durchdringen, dass die Unabhängigkeit der Hitlerjugend ernsthaft gefährdet war. Trotzdem widerstand eine große Zahl von Hitlerjungen allen Bemühungen und verweigerte den Eintritt in die Waffen-SS. Gleichzeitig wurden aber genug angelockt, um als Futter für den großen Rachen des Herrschaftsgebäudes Himmlers und den Appetit seiner „Parallelarmee“ zu dienen.

Rechts: Ein junger Deutscher bläst im Hitlerjugend-Pfingstlager in Nassen im Mai 1938 die Pfeife. Im Krieg wurden die Lager sichere Plätze für junge deutsche Stadtbewohner.

KAPITEL 8

IN DEN KAMPF

Der totale Krieg, den Karl Maria von Clausewitz 1831 skizziert hatte, bestand im bedingungslosen Opfer von Leben und Ressourcen, militärisch und zivil, um den Sieg zu erringen. Trotz des Hurrapatriotismus, mit dem die Nazipropaganda dieses Konzept förderte, war der „totale Krieg" des Dritten Reichs Anfang 1943 eher ein verzweifeltes letztes Mittel als eine Militärphilosophie. An der Ostfront waren bereits mehr als eine Million Mann verloren worden. Allein die deutsche Niederlage in Stalingrad hatte 300.000 Mann gekostet. Nur etwa 93.000 Mann überlebten und ergaben sich mit ihrem Kommandeur, Generalfeldmarschall Friedrich Paulus, am 31. Januar.

Es war kein Zufall, dass der Führer zehn Tage nach diesem Desaster die Bildung einer *Hitlerjugend*-Division billigte. Diese sollte nicht nur den katastrophalen Verlust an Männern ersetzen. Die neue Division sollte auch die Art von Opferwillen und Kampfgeist zeigen, die der „totale Krieg" erfordern würde. Dies war schließlich das Prinzip, das für die Hitlerjugend stets gegolten hatte, und außerhalb der Waffen-SS gab es keinen Truppenkörper, der geeigneter gewesen wäre, dieses Prinzip in die Praxis umzusetzen. Offiziell am 30. Oktober 1943 als 12. SS-Panzer-Division *Hitlerjugend* bezeichnet, war sie die bei weitem jüngste Einheit der deutschen Streitkräfte. Die Hitlerjungen in ihren Panzern waren alle etwa 17 Jahre

Links: Mitglieder der SS-Panzer-Division* Hitlerjugend *mit einer Panzerjägerkanone in der Normandie, Juni 1944. Die Einheit focht fanatisch gegen den alliierten Vormarsch.

alt, und ihre beiden ersten Kommandeure, Fritz Witt und Kurt Meyer, beide Brigadeführer der Waffen-SS, waren 34 beziehungsweise 33, als sie das Kommando übernahmen.

Wie jung die Rekruten waren, sah man daran, dass die übliche Zigarettenration durch Süßigkeiten ersetzt wurde. Die Knaben, die alt genug zum Kämpfen und Sterben waren, freuten sich darüber nicht besonders und nutzten jede Gelegenheit, heimlich zu rauchen. Doch manchmal benahmen sie sich wie Kinder. Ein Hitlerjugendrekrut, der aus Beverlo, dem Ausbildungszentrum der Division in Belgien, entlief, wurde von der Militärpolizei bei der Fahrt nach Deutschland aus einem Zug geholt und zurückgebracht und stand vor Kurt Meyer. Dieser wollte den Grund wissen, aus dem er desertiert war. Der Junge nannte Heimweh. Das könnten die anderen 10.000 Hitlerjungen in Beverlo auch sagen, meinte Meyer und gab ihm eine Ohrfeige. „Anstelle deines Vaters!“, teilte ihm Meyer mit. „Jetzt geh und tu deine Pflicht – die Sache ist vergessen!“

Disziplinierte Rekruten

Ansonsten musste Meyer die Hitlerjungen nicht behandeln, als ob sie noch kleine Kinder wären. Sie mussten nicht, wie er bald merkte, mit hartem Exerzierplatzdrill auf Zack gebracht werden. Militärischer Drill war kein regelmäßiger Teil ihrer Ausbildung gewesen, doch waren sie diszipliniert. Wie Erwin Rommel 1937, als er Heeres-Verbindungsoffizier war, über die Hitlerjugend gesagt hatte: „Es gibt keine Spur von geistlosem Drill … Es überrascht, dass die Jungen wie Rekruten ohne Reibereien an Disziplin gewöhnt sind.“

Unten:* SS-Brigadeführer *Fritz Witt flankiert von Max Wünsche und „Panzermeyer“ (Kurt Meyer), Witts Nachfolger als Kommandeur der* Hitlerjugend*-Division nach dessen Tod.

Rechts: Die SS-Anwerber gewannen oft den Werbekrieg gegen die Wehrmacht beim Anlocken von Mitgliedern der Hitlerjugend. Dieses gewinnende Plakat lädt die jungen Deutschen zum Eintritt in die Reihen der 12. SS-Panzer-Division **Hitlerjugend** *ein.*

Trotzdem war es nötig, die etablierten Formen militärischer Ausbildung für die Hitlerjungen anzupassen. So gab es etwa eine engere Beziehung zwischen Offizieren und einfachen Rängen, und Befehle wurden auf sensiblere Art erteilt. Die Gründe für Befehle wurden erklärt, um die Anstrengungen der Ränge, ihnen zu gehorchen, zu erhöhen. Dies machte manchen der konventionelleren Offiziere und Unteroffiziere das Leben schwer, die an den Umgang mit mit so jungen und „anderen" Rekruten wie den Hitlerjungen nicht gewöhnt waren. Für sie sah eine sanftere Ausbildung verdächtig nach Fopperei aus. Um dem Problem zu begegnen, erhielten die Ausbildungsoffiziere spezielle Anweisungen, wie sie mit den Hitlerjugendrekruten umgehen sollten. Zur Unterstützung hielt Hauptmann Heinrich Springer, der Divisionsadjutant, etliche ermutigende Reden vor dem Offizierskorps.

Witt – und nach ihm Meyer – musste auch im Auge behalten, dass er es nicht mit erfahrenen Männern zu tun hatte, sondern mit Knaben, die mit Träumen vom ruhmreichen Kämpfen und Sterben für Führer und Vaterland aufgezogen worden waren. Um den Knaben den Unterschied zwischen Träumen und den Tatsachen des Kriegs einzuprägen und auch um ihre Ausbildungszeit zu verkürzen, hörten die Waffen-SS-Übungen gemeinsam mit den erwachsenen Rekruten auf dem Exerzierplatz auf und fanden unter simulierten Kampfbedingungen mit scharfer Munition statt. Auf Rat des Panzerexperten Heinz Guderian wurden auch die Schießübungen von den Schießplätzen in eine realistischere Umgebung verlegt. Hier übten die Jungen mit Karabinern, Pistolen und Maschinenpistolen. Sie probten auch Tarntechniken für Infanterie und Panzer, hörten feindliche Funksignale ab und lernten, die eigenen vor dem Gegner abzuschirmen.

Die Struktur der Division

Inzwischen wurde die *Hitlerjugend*-Division in ein Panzer-, ein Artillerie- und zwei Panzergrenadier-(Infanterie-)Regimenter und ein Pionierbataillon gegliedert. Jedes hatte seine eigene Aufklärungsabteilung und Panzerjäger-, Luftabwehr- und Meldeabteilung. Auch gab es Berge- und Motor-Reparaturzüge und einen

Rechts: Mitglieder der 12. SS-Panzer-Division* Hitlerjugend *werden 1944 vereidigt. Beim Eidablegen mussten die Rekruten in Anwesenheit einer Fahne, die die* Blutfahne, *eine Nazireliquie, die angeblich mit dem Blut von Nazimärtyrern getränkt war, berührt hatte, einen Treuschwur auf Adolf Hitler ablegen. Die Feuertaufe der Rekruten würde bald mit der Invasion am D-Day kommen, und die Opferrate unter alliiertem Geschützfeuer und Luftbombardement war erschreckend: Allein in Frankreich gab es über 9000 Tote.

Waffen-Reparaturzug mit einem 20-Tonnen-Spezialkran zur Hebung von Panzertürmen. Es gab viele Anfangsschwierigkeiten bei der Versorgung und Bewaffnung, darunter Mangel an Wagen, Lastwagen und Zugfahrzeugen, Uniformen und sogar Munition. Auch Benzin war in dieser Phase des Krieges knapp. Eine wertvolle besondere Reserve von 3000 Litern wurde versiegelt und streng bewacht, um Diebstahl zu verhindern. Doch der Mangel erschwerte die Fahrzeugausbildung: Etliche Gruppen mussten mit einem einzigen gepanzerten Personentransporter auskommen, und manchmal konnte auch der nicht benutzt werden. Dasselbe galt für die Panzer beim Waffentraining in Winterlag, wo immer nur einer auf das simulierte Schlachtfeld gefahren werden konnte.

Personalmangel

Zusätzlich gab es eine Knappheit an Personal, zu wenig spezialisierte Offiziere für die Artillerie, zu wenig Pioniere und Motorrad-Meldefahrer. Die entstehende Division benötigte so verzweifelt Offiziere und Unteroffiziere, dass Heinrich Springer dreimal mit einer Vakanzliste zur Personalabteilung nach Cottbus fuhr. Seine Mühen wurden belohnt, als Anfang 1944 etwa 50 Offiziere dem Ausbildungszentrum der Division in Beverlo zugeteilt wurden.

Heimweh

Zu diesem Zeitpunkt waren die ersten 10.000 Hitlerjugendrekruten etwa seit sechs Monaten in Beverlo. Das war lange genug, um Heimweh zu bekommen, und die Sorgen um ihre Familien war wegen ihrer Jugend besonders groß. Etliche erhielten die gefürchteten Telegramme, die schon vor ihrer Öffnung persönliche Tragödien anzeigten: Ein Bruder war an der Front gefallen, ein Haus zerbombt, die Eltern bei einem Luftangriff getötet oder vermisst. Hinzu kamen noch die neuen und ungewöhnten Erfahrungen, die die Jungen in Belgien machten. Hier sahen sie erstmals deutsch besetztes Gebiet und, trotz der freundlichen Aufnahme durch manche lokale Flamen, ein unterworfenes, zum Widerstand gegen die Besatzer gewilltes Volk.

Dazu wurden die Belgier durch heimliche Waffenabwürfe und Propagandakampagnen aus England ermutigt. Dies machte es für die *Hitlerjugend* nötig, ihr Lager und seine Einrichtungen scharf zu bewachen und auch Vorkehrungen zum Selbstschutz zu treffen. Hitlerjungen und andere Soldaten der Division wurden gelegentlich auf die Suche nach dem versteckten Nachschub geschickt, und dabei wurden einmal, am 19. September 1943, in den Wäldern nördlich von Gheel 48 Kisten mit Maschinenpistolen, Munition, Fallschirmen und einem Sender entdeckt. Dies war nur ein Teil eines sich langsam aufbauenden Bilds von der Aufbauarbeit des britischen *Special Operations Executive* und des amerikanischen *Office of Strategic Services* bei ihrer Vorbereitung der Widerstandsgruppen in Belgien, Holland und Frankreich auf die Zerstörung und Sabotage, die den Deutschen am und nach dem D-Day 1944 zu schaffen machen sollte.

Unten: Artur Axmann, Kopf der Hitlerju-gend, der bei den Kämpfen an der Ostfront selbst einen Arm verlor, begrüßt 1943 Angehörige der* Hitlerjugend-*Division.

Zwei Monate vor dem D-Day, am 1. April 1944, begann die *Hitlerjugend*-Division von Flandern in die Normandie zu marschieren, wo ihr zunächst ein Gebiet nahe der Küste zwischen der Seine und der Orne zugeteilt wurde. Der Großteil der Division zog später nach Süden in ein Gebiet, das sich von Nogent le Roi bis Mortagne erstreckte. Einige Einheiten wurden anderswo im selben Bezirk platziert. Das Pionierbataillon etwa stand an beiden Seiten des Flusses Eure, die Flak-Abteilung verteidigte den Flugplatz bei Dreux, und das Panzergrenadier-Regiment 25 stand im Bernay-Orbec-Vimoutiers-Gebiet, wo es für den Kampf nach Westen am besten platziert war. In diesen Stellungen würde die *Hitlerjugend*-Division bei der alliierten Invasion nahe dem Landebereich liegen, doch herrschte Uneinigkeit darüber, wo dieser sein würde. Ein vermuteter Landeplatz lag zwischen der Orne und der Vire und dem Ostabschnitt der Halbinsel Cotentin. Andere tippten auf Cotentin als Nebenschauplatz, während die Hauptinvasion anderswo stattfinden würde. Dank der Kniffe des alliierten Nachrichtendiensts blieb der wahre Ort den Deutschen verborgen. Trotz der Unsicherheit über Ort und genaues Datum machte sich die *Hitlerjugend*-Division am 1. Juni kampfbereit und war in zuversichtlicher, ja übermütiger Stimmung. „Die Alliierten planten, die ‚Baby-

Links: Ein Hitlerjugendsoldat lernt 1944 in einem NSKK-Ausbildungslager das Fahren eines Kettenfahrzeugs. Das am 20. April 1930 geschaffene NSKK hatte eine Gruppe von Jungen, die an Fahrzeugen von Lastwagen und Funk-Lastwagen bis zu Halbkettenfahrzeugen und Panzern ausgebildet waren. Die Lehrer waren hauptsächlich Kampfveteranen, die verwundet worden waren. Ab Juni 1944 waren die deutschen Fahrzeuge immer mehr den alliierten Luftangriffen ausgeliefert, und ein Hitlerjugendfahrer in Frankreich konnte ein gefährliches und oft kurzes Leben haben.

milch-Division', wie sie uns nannten, auseinander zu nehmen", schrieb der 17-jährige Jochen Leykauff, „doch wir hatten keine Angst ... Man hatte uns gesagt, der Feind sei uns körperlich überlegen. Nun, wir wussten, dass wir schnell, flink und zuversichtlich waren. Wir vertrauten unseren Offizieren und Unteroffizieren, die im Kampf gestählt waren."

Der D-Day

Als die D-Day-Invasion kam, geschah sie weit entfernt vom Einsatzgebiet der *Hitlerjugend*. Manche ihrer Einheiten lagen 125 km weit weg von den Küsten der Normandie. Es war ein langer Weg zum Kampf, und unterwegs machte die *Hitlerjugend*-Division ihre erste Erfahrung mit feindlichem Feuer, als sie von alliierten Jagdbombern angegriffen wurde. Dies verzögerte ihr Vorrücken in den ihr zugewiesenen Abschnitt bei Caen stark. Die *Hitlerjugend* musste etliche Male in Deckung gehen, als die Jagdbomber die Straße und die umliegenden Felder unter Sperrfeuer nahmen. Sie antwortete mit 2-cm-Flak-Geschützen, Maschinengewehren und Handfeuerwaffen. Immer wieder kamen sie aus der Deckung, und immer wieder büßten sie dafür. Beschädigte Fahrzeuge wurden an den Straßenrand gezogen, Verwundete

Oben: Frühling 1944: Eine Hitlerjugendmannschaft zeigt während einer NSKK-Ausbildungsübung ihr Können an einem frühen Modell des Panzers IV.

versorgt und Tote geborgen. Regimentskommandeur Kurt Meyer hatte großes Glück: Er sprang links aus seinem Wagen, als rechts eine Bombe explodierte und diesen völlig zerstörte.

Als die Luftangriffe häufiger wurden, ging die Division bei jedem Flugzeuggeräusch in Stellung. Einmal hielten sie etwa 40 ihrer eigenen Me-109-Jäger – ein seltener Auftritt der Luftwaffe über der Normandie – für den Feind. Sie flogen so tief, dass die Piloten im Cockpit klar sichtbar waren. Die Me-109 beantworten Rufe und Winken der erleichterten Männer am Boden, in dem sie zum Gruß mit den Flügeln wackelten. Als sich die *Hitlerjugend*-Division der Kampfzone näherte, waren die Straßen mit einem endlosen Strom von gepanzerten Personentransportern, Funkwagen, Panzerjägerkanonen und Meldefahrern verstopft. Alle Einheiten versuchten auf jeder möglichen Route zur Front zu gelangen. Der Himmel war diesmal leer und die Stimmung gut, da die *Hitlerjugend* überzeugt war, die mächtige Luftwaffe habe die alliierten Flugzeuge vertrieben.

Oben: Zwei jugendliche Mitglieder der 12. SS-Panzer-Division* Hitlerjugend *in ihrem Panzer IV, auf den sie die Namen ihrer Liebsten gemalt haben.

Bald merkten sie, wie falsch sie damit lagen. Als sie vorrückten, kamen sie zu mit Bombenkratern übersäten Wiesen und Feldern, zerschlagenen, ausgebrannten Fahrzeugen und zerschmetterter Ausrüstung. Tote Soldaten lagen herum. Der Rumpf eines Opfers, dessen Körper sich halb im, halb außerhalb eines zerstörten Fahrzeugs befand, war fast völlig verbrannt. Etliche Male suchte die *Hitlerjugend* Schutz, als neue Angriffe drohten. Ihre Kar-98K-Karabiner waren praktisch nutzlos gegen die Jagdbomber, die tief herabstießen und die Straßen mit Maschinengewehr- und Geschützfeuer bestrichen. Als die Prüfung vorbei war, waren die Verluste an Männern und Material ernst. Insgesamt verloren die 2., 3. und 4. Kompanien 8 Fahrzeuge und die Kolonne B der Brückenpioniere verlor all ihre Pontons und die meisten ihrer Fahrzeuge. Die Gesamtverluste beliefen sich auf 22 Tote, 60 Verwundete und einen Vermissten. Die Flugangriffe bremsten mit häufigen Unterbrechungen den Vormarsch der *Hitlerjugend*, und weil man es für sicherer hielt, die Fahrzeuge nicht zu bündeln, ließ man mehr Raum zwischen ihnen, damit sie schwerer zu treffen sein würden. Als Resultat konnten Teile der Division den Sammelplatz südwestlich von Caen länger nicht erreichen.

Kampflärm

Um Caen herum hörte man bereits den Lärm der Kämpfe an den Küsten, als die Amerikaner, Engländer und Kanadier, die am D-Day an Land geströmt waren, auf die deutschen Verteidiger einhämmerten und diese entsprechend antworteten. Die *Hitlerjugend*-Division wurde gemeinsam mit zwei weiteren Panzerdivisionen, der 21. Panzerdivision und der Panzer-Lehr-Division, der 7. Armee zugeteilt. Die Panzer-Lehr-Division sollte das Gebiet zwischen Flers und Vire sichern. Die 21. und die *Hitlerjugend*-Panzerdivision sollten „den durchgebrochenen Feind ins Meer treiben und vernichten". Doch die alliierte Stärke war überwältigend. Außer dem Omaha-Strand, wo die Amerikaner in blutigem Kampf festgenagelt wurden, waren der Strandabschnitt Utah und die britischen und kanadischen Brückenköpfe gesichert. Hatte es eine Chance gegeben, die Brückenköpfe einzuschließen, aufzubrechen und die Invasoren zurück ins Meer zu treiben, so war sie vorbei.

Es gab auch operative Schwierigkeiten, einen Mangel an geeigneter Kampfstärke, Fehler in der Kommunikation, widersprüchliche Information und die beharrliche Fehleinschätzung der wahren Größe der alliierten Streitkräfte. Vor dem D-Day hatte der Nachrichtendienst sie auf 48 Infanteriedivisionen, 4 Infanteriebrigaden, 7 Luftlandedivisionen, 8 Fallschirmjäger-Bataillone, 15 Panzerdivisionen und 14 Panzerbrigaden, insgesamt 79 Einheiten, geschätzt. Die wahren Zahlen waren nicht einmal halb so groß: 23 Infanterie-, 10 Panzer- und 4 Luftlandedivisionen, insgesamt 37. Diese Fehleinschätzung führte dazu, dass die Deutschen in der Normandie ihre Kräfte viel weiter als nötig verteilten und so ihre Chancen, die Invasoren abzuwehren, verringerten.

Hitlers Rolle

Das größte Problem aber war die ambivalente Haltung des Führers. Er hatte zum Zeitpunkt der Invasion in die „Festung Europa" durch die größte amphibische Streitmacht der Geschichte geschlafen. Als er erwachte und davon hörte, war er überzeugt, die Normandie sei nur ein Nebenschauplatz. Die Hauptinvasion unter General Patton würde erst im Pas de Calais kommen. Die Deutschen hatten alliierte Dokumente erbeutet, die die Normandie als Hauptinvasionsgebiet nannten, doch Hitler hielt sie für einen Trick, um die deutschen Einheiten vom Hauptlandegebiet wegzulocken. Und die ganze Zeit lagen fünf Divisionen der deutschen Panzerreserve in Frankreich, und die 19 Divisionen der 15. Armee standen unter der Führung von Salmuths untätig im Pas de Calais und warteten auf den Hauptangriff, der nie stattfand.

Als der D-Day vorüber war, waren alliierte Zonen nördlich und nordwestlich von Caen etabliert. Eine erstreckte sich von Arromanches zur Bucht zwischen St-Aubin-sur-Mer und Langrune-sur-Mer, die andere von Lion-sur-Mer zum Westen von Hermanville. Obwohl die Zonen noch nicht verbunden waren, stand Caen nun dem alliierten Angriff offen. Briten und Kanadier rückten schon am 7. Juni in das Gebiet vor, als sie die Deutschen in einen Kampf verwickelten, der sie einige Sherman-Panzer und zahlreiche Opfer kostete.

Auch die *Hitlerjugend*-Division wurde übel zugerichtet, einzelne Erfahrungen waren traumatisch. Sturmmann Hans Fenn, der beim folgenden Kampf schwere Verbrennungen erlitt, schrieb:

„Der Zug fand sich plötzlich auf einer weiten, offenen Ebene und kam unter Feuer kanadischer Panzerjägerkanonen. Vier Panzer IV fingen sogleich Feuer. Wir, der fünfte Panzer IV, erhielten einen Treffer zwischen Seite und Turm, als wir den großen Fehler machten, unter Feuer zu wenden ... Wir konnten die kanadischen Panzerjägerkanonen, die aus 1500 bis 2000 Meter Entfernung schossen, nicht ausschalten. Ich verlor das Bewusstsein, weil der Gummiüberzug meiner Kanonenluke verkohlte und die Luke verklemmte, sodass ich nicht sofort hinaus konnte. Irgendwie schaffte ich es, zur Ladeluke zu kriechen ... Kopfüber fiel ich auf den Boden."

Gegenangriff

Am nächsten Tag, dem 8. Juni, unternahmen die Deutschen einen Gegenangriff und warfen die kanadische 9. Infanteriebrigade beim Mue-Flüsschen nach Westen zurück. Doch das 1. Bataillon des Königlichen Schützen-Regiments nahm Norrey-en-Bessin und Bretteville-l'Orgeilleuse, und die 3. Kanadische Infanteriedivision bereitete den Sturm auf Buron vor. Inzwischen nützte das 16. Panzergrenadier-Regiment 26 der *Hitlerjugend*-Division den Schutz der Nacht zum 8. Juni und griff um 3 Uhr an. Die Männer der 3. Kompanie gerieten unter Feuer, als sie einen Hügel bei Norrey erklommen. Die kanadische Artillerie hämmerte so auf sie ein, dass sie an einem Hang halten mussten. Die 2. Kompanie wurde beim Queren eines Getreidefeldes gestoppt und musste sich eingraben. Den ganzen Tag mussten die *Hitlerjugend*-Einheiten vor beständigem Artilleriesperrfeuer und Mörserfeuer in Deckung bleiben. Fünf wurden dabei getötet, 20 verwundet.

Schweres Feuer

Dasselbe Szenario spielte sich im ganzen Kampfgebiet ab. Jedes Vorrücken, das den deutschen Einheiten gelang, wurde mit Gegenangriffsfeuer beantwortet. Angriffe stoppten, gingen weiter, stoppten wieder. Hier wie dort loderten die Flammen brennender Panzer in den Himmel. Manche verbrannten darin. Tote Soldaten fielen in Gräben und auf den Feldern.

Unten: Nicht alle Hitlerjungen waren bei der* Hitlerjugend*-Division. Hier sieht man frühere Mitglieder mit ihrem Modell J-Panzer IV der* Hohenstaufen*-Division in der Normandie.

Verwundete versuchten, die Sanitätsposten zu erreichen. Beide Seiten machten Gefangene.

Diese ziellose Kriegsführung dauerte bis zum Abend des 8. Juni. Dann, um 20.30 Uhr, machten die Kanadier einen konzertierten Versuch, ihre verlorenen Stellungen bei Putot zurückzuerobern. Ihre Infanterie und Panzer schufen einen Feuerwall, schwere Maschinengewehre und Artillerie spuckten zur Unterstützung. Die Panzergrenadiere mussten sich an die nahe gelegene Bahnlinie zurückziehen. Bei Einbruch der Nacht gingen sie weitere 300 Meter südlich zurück. Um 21.30 Uhr war Putot zurückerobert. Der kanadische Sieg war verlustreich: 655 verlorene Männer, davon 150 tot. Das 26. Panzergrenadier-Regiment zählte 19 Tote, 49 Verwundete und 21 Vermisste. Alle Vermissten außer einem waren von der 6. Kompanie, die unter schweres Feuer von 18. Panzern der 24. Britischen Lancer geriet, als sie sich der Straße von Caen nach Bayeux näherte.

In der Nacht vom 8. zum 9. Juni war Bayeux, 20 km nordwestlich, von britischen Kräften

Rechts: Ein schon älter aussehendes Mitglied der Hitlerjugend-*Division genießt einen der wenigen sorglosen Momente 1944 an der Westfront. Obwohl die* Hitlerjugend-*Division im Falaise-Kessel und beim Rückzug durch Frankreich dezimiert wurde, pumpte man immer noch Freiwillige, deren Durchschnittsalter allerdings immer niedriger wurde, in ihre Reihen.*

überrannt worden, die auch die Anhöhe im Osten und Südosten einnahmen. Am 8. Juni um 19.05 Uhr traf Generalfeldmarschall Rommel in der Kommandostelle der Panzer-Lehr-Division in Cheux ein. Die Panzer-Lehr-Division sollte mit der *Hitlerjugend*-Division einen Angriff nördlich Richtung Küste durchführen, doch Rommel befahl beiden Divisionen, stattdesssen in der Nacht vom 8. zum 9. Juni ins Gebiet um Tilly zu ziehen und entlang der Straße von Tilly nach Bayeux anzugreifen. Ziel war die Rückeroberung von Bayeux. Doch es ging nicht: Die Pazer-Lehr-Division, die sich am 8. Juni morgens südlich der Bahnlinie Caen–Bayeux sammelte, hatte zwei Regimenter zu wenig, und das 26. *Hitlerjugend*-Panzergrenadier-Regiment wurde immer noch bei Putot festgehalten, da Tanks der britischen 8. Panzerbrigade ihre linke Flanke angriffen.

Scheitern bei Bayeux

Die fortgesetzten deutschen Versuche, die Briten aus Bayeux zu vertreiben, scheiterten in den nächsten zwei, drei Tagen, nachdem ihre Tiger-Panzer am 10. Juni in eine Wand von Panzerjägergeschützen fuhren. Als die Royal Navy von 16 km entfernten Schiffen im Ärmelkanal aus weit reichendes Feuer eröffnete, mussten

Oben: Tief in sein Loch geduckt hält ein **Hitlerjugend**-*Soldat nach alliierten Flugzeugen Ausschau, die am Himmel der Normandie praktisch rund um die Uhr operierten.*

sich die Deutschen zurückziehen. Sie ließen drei zerstörte Tiger, Panzer- und Stabswagen sowie zahlreiche Opfer zurück.

Der Kampf um Caen geht weiter

Weiter landeinwärts ging der Kampf um Caen weiter. Am 9. Juni wurde Rots von der 1. Kompanie des 26. Panzergrenadier-Regiments zurückerobert. In der folgenden Nacht bis in den nächsten Tag hinein geriet sie unter schweres Granatfeuer. Am Abend trafen kanadische Panzer ein, und obwohl die Maschinengewehrschützen der Kompanie das Gebiet beharkten, konnten die Kanadier aufmarschieren. Sie zogen mit einer starken Infanterieabteilung im Rücken Richtung Rots. Sturmmann Hans Kesper, der Fahrer eines nahe der Kirche von Rots stehenden Panther-Panzers, schrieb:

„Bis zu 15 Sherman-Panzer griffen uns plötzlich an … Mein Fahrzeug … schaltete vier oder fünf davon aus. Die anderen drehten ab. Zur Vergeltung überschüttete uns der Feind mit entsetzlichem Feuer. Unsere Infanterie erlitt schwere Verluste. Am Nachmittag wurde das Dorf wieder angegriffen. Unser Panzer-III-Zug kämpfte im Stadtzentrum mit Shermans und Infanterie, die eingedrungen waren. Mein Panzer war an den Ketten beschädigt … Ich bat zwei Grenadiere, mir beim Montieren der Kette zu helfen. Trotz der Artillerie-Explosionen rund um uns taten sie es. Über Funk hörte ich auch von draußen den dringenden Befehl: ‚Macht schneller! Der Druck wird zu stark.'"

Die Kanadier waren schon in Rots eingedrungen, doch die 1. Kompanie machte einen Gegenangriff und konnte sie aus dem West- und dem Ostrand der Stadt vertreiben. Doch die Kanadier drangen wieder ein, und die Kompanie musste sich an die Brücke über die Meu ins Stadtzentrum zurückziehen. Einige wurden beauftragt, die Brücke zu halten, andere verteilten sich in den umliegenden Häusern, um von dort aus den Kampf fortzusetzen. Die kanadischen Panzer rollten auf die Brücke zu und spuckten Feuer. Bald pflasterten Tote und Verwundete die Straßen. Panzer gerieten in engen Gassen in die Falle. Ein Panzerfahrer, der sah, dass sich von hinten ein Sherman näherte, quälte seine Maschine, bis sie aufheulte, um auf einen offeneren Platz vorzufahren, wo er seinen Geschützturm drehen konnte. Es gelang ihm nicht, und sein Panzer wurde zerstört.

Der Kampf geht weiter

Es wurde Nacht, der Kampf ging weiter. Die Gegner töteten einander aus Kernschussweite. Manche hetzten einander in die Keller und kämpften dort bis zum Tod. Ein deutscher und ein kanadischer Panzer wurden später als ineinander verkeilte Masse zerfetzten Metalls gefunden, ihre toten Mannschaften hingen von den Türmen. Nachher wurden die Toten beider Seiten in Reihen auf die Straßen gelegt, inmitten einer Menge von Handgranaten. Schließlich mussten sich die Deutschen aus Rots zurückziehen, doch die Heftigkeit der Kämpfe trug zur Bildung der Legende von der „fanatischen“ Hitlerjugend bei, die wie vom Berserkermut der Wikinger befallen kämpfte.

Eine Woche nach dem D-Day hatten die Alliierten Caen und ihr anderes Ziel, den Flugplatz von Carpiquet, immer noch nicht eingenommen, und am 14. Juni wurde ein weiterer Durchbruchsversuch der britischen 7. Panzerdivision bei Evrecy zurückgeschlagen. Dazu blieben die britischen und die kanadischen Brückenköpfe unverbunden. Am 16. Juni wurde Fritz Witt in der Divisionskommandostelle in Venoix nahe Caen getötet. Witt war im Haus, als schwerkalibrige, von Schiffen der Royal Navy abgefeuerte Artilleriegranaten die Straße trafen, an der der Posten stand. Man hatte hinter dem Haus unter Bäumen einen tiefen Graben angelegt, und Witt, der den Posten für das Ziel hielt, befahl al-len, Schutz zu suchen. Er wollte als Letzter in den Graben springen, und gerade in diesem Moment explodierte über den Bäumen eine Granate. Witt wurde von einem großen Schrapnellstück am Kopf getroffen und starb.

Witt war bewundert und respektiert worden, doch Kurt Meyer, der nun Divisionskommandeur wurde, war weit eher ein Kandidat

Unten: Ein Panzer IV Modell G liegt in einer Stadt in der Normandie im Hinterhalt. Die deutschen Panzer übertrafen die alliierten: Einer konnte vier oder fünf alliierte zerstören.

für jugendliche Heldenverehrung. Ehe er zur *Hitlerjugend*-Division abgestellt wurde, hatte er in Polen, Griechenland und Russland gekämpft. Als freibeuterischer, verwegener Charakter war Meyer auf unorthodoxe Methoden spezialisiert, die ihn manchmal tief in die gegenerischen Linien geführt hatten.

Bis zu Anfang 1943 hatte Meyers Kampfstil ihm nicht nur den Spitznamen „Panzermeyer", sondern auch das Eiserne Kreuz Erster und Zweiter Klasse und das Ritterkreuz mit Eichenlaub eingetragen. Als er Witts Nachfolge antrat, war Meyer mit 33 der jüngste Divisionskommandeur der deutschen Streitkräfte. Doch barg er auch ein dunkles Geheimnis: die Verantwortung für die Hinrichtung von 20 kanadischen Gefangenen in der Ardennen-Abtei am D-Day – dafür wurde er nach dem Krieg vor Gericht gestellt. Er wurde zum Tod durch Erschießen verurteilt, was aber dann in lebenslange Haft umgewandelt wurde. 1954 kam er frei.

Harte Kämpfe

Der Kommandowechsel bei der *Hitlerjugend* änderte ihre taktischen Operationen nicht. Das Muster blieb das gleiche: Die Alliierten griffen an, die Deutschen wehrten sie ab. Am 18. Juni wiesen sie General Montgomerys Versuche, ihre Verteidigungsstellungen zu durchstoßen und Caen zu nehmen, ab. Doch die deutsche Verteidigung bewegte sich am Rande des Scheiterns. Der Divisionsbericht vom 17. Juni enthüllt: „Der Feind erzielt Erfolge nur durch den Einsatz seiner unglaublichen Überlegenheit an Ausrüstung ... der Kampfwert seiner Infanterie ist geringer. Eine der Hauptbedingungen für erfolgreiche Verteidigung und späteren Angriff ist die Unterdrückung der feindlichen Artillerie ..." Dies gelang den Deutschen nicht. Der Bericht vom nächsten Tag besagt: „Die

Unten: 9. Juni 1944. Drei Tage nach der Landung der Alliierten in der Normandie beginnen die Verwundeten der* Hitlerjugend*-Division ins Hinterland zu strömen.

Rechts: **Hitlerjugend-** ***Soldaten laufen durch die zerstörten Straßen Caens. Ironischerweise sollte die Division nach einem Abzugsbefehl Hitlers nicht an der letzten Verteidigung Caens teilnehmen. Doch die Mitglieder der*** **Hitlerjugend-** ***Division kämpften dort die ganze Schlacht hindurch und verteidigten wochenlang ein Objekt gegen die Briten, das nach dem alliierten Zeitplan schon am D-Day eingenommen werden sollte. Die Division tat bei den Kämpfen in der Normandie und in Nordfrankreich ihr Menschenmögliches.***

Ursache des Scheiterns unseres Gegenangriffs, trotz starker Artillerieunterstützung, liegt darin, dass Aufklärung und Unterdrückung der feindlichen Artilerie unmöglich war und deren Feuer nicht verhindert werden konnte." Liest man zwischen den Zeilen, so war die Niederlage nur eine Frage der Zeit.

Erfolg der Alliierten

Am 26. Juni 1944 meldete der Nachrichtendienst des OKW, dass in Südengland neue Kräfte gemeinsam mit der 3. US-Armee, die nordöstlich von London lag, zusammengezogen wurden. Am nächsten Tag fiel nach fünf Tagen verzweifelten Kampfes Cherbourg an die Amerikaner. Der Hafen war noch unbenutzbar, da die Verteidiger seine Einrichtungen zerstört hatten, doch die amerikanischen Truppen konnten nach Erfüllung ihrer Aufgabe nun anderswo eingesetzt werden. Auch die deutschen Kräfte wurden ergänzt, was dringend nötig war. Die schweren Kämpfe bei Caen hatten die Divisionen erschöpft. Am 5. Juli erreichte das Oberkommando West die Nachricht, Hitler wolle, dass die *Hitlerjugend*-Division abgelöst werde. Niemand teilte dies der Hitlerjugend mit, die weitermachte und sich auf den deutschen Endkampf um Caen vorbereitete.

Dieser Kampf zeigte einen neuen und noch belastenderen Zug: Zermürbung durch Marine-

Oben: Drei deutsche Soldaten halten während ihres Einschlusses im Falaise-Kessel einen Moment Rast. Etwa 10.000 deutsche Soldaten wurden getötet, über 25.000 gefangen.

Kanonenfeuer aus dem Ärmelkanal und alliierte Luftangriffe. Das Sperrfeuer begann am Nachmittag des 7. Juli, als die 34,6-cm-Kanonen der HMS *Rodney* den Hügel 64 1,5 km nördlich Caens mit 28 Salven belegten. Am selben Abend um 21.50 Uhr griffen 450 Halifax- und Lancaster-Bomber der RAF ein Gebiet am Nordrand der Stadt an. 80 Minuten lang hämmerten ihre Bomben auf Truppen-, Panzer- und Geschützstellungen, während die Luft von Explosionen erschüttert wurde und Feuer und schwarzer Rauch in den Himmel stiegen. Die Flak landete einige Treffer und schoss einen Bomber ab, richtete aber nicht viel Schaden an. Als die Bomber zurückflogen, kamen an ihrer Stelle leichte Bomber und Jagdbomber.

Nach deutschen Berichten waren die Angriffe weit weniger wirksam als geplant. Zwei Panzer IV wurden zerstört, andere umgeworfen, doch ohne ernsten Schaden. Ein Panzerwagenbataillon beklagte einen Toten, fünf Verwundete und einen Vermissten, doch die Hauptverluste gab es bei den Zivilisten: Etwa 400 wurden getötet. Als die Luftangriffe vorbei waren, begann ein weiteres Bombardement, diesmal vom britischen VIII. Korps, das vom Süden und Südwesten her die Straßen nach Caen hinein beschoss. Die ganze Nacht hindurch feuerten die Geschütze und beschossen die nahen Dörfer la Folie, St-Contest, St-Germain und Authie, das zwischen 7. und 9. Juni schwere Kämpfe gesehen hatte.

Operation „Charnwood"

Operation „Charnwood", der Sturm auf Caen, begann am 8. Juli um 4.20 Uhr mit einem konzertierten Bombardement der Artillerie der 59. Division, der kanadischen 3. Division, des 105. Feld-Regiments, des 107. Schweren Luftabwehr-Regiments, der britischen 3. Division und anderer alliierter Einheiten. Unter der Deckung dieses Bombardements drangen Teile des Staffordshire-Regiments, unterstützt von

Panzern und schweren Waffen, bei La Bijude und Golmanche ein. Bis 9.30 Uhr am 8. Juli war jeder Widerstand in diesen Sektoren vorbei.

Die kanadische 9. Infanterie-Brigade hatte zwei Stunden vorher angegriffen. Der Rauch des dauernden Bombardements war so dicht, dass er die Sonne verdunkelte und die Soldaten wie in Nebel gehüllte Gespenster erscheinen ließ, als sie sich dem Rand der kleinen Stadt Gruchy näherten. Die Deutschen feuerten mit Gewehren und schweren Maschinengewehren auf die Schatten, während eine einsame Panzerjägerkanone zwischen Bruchy und Buron die kanadischen Panzer aufhielt, bis sie nach 30 Minuten ausgeschaltet wurde. Auch Mörser, Raketenwerfer und Artillerie kamen zum Einsatz. Trotzdem nahmen die Kanadier Gruchy um 9.45 Uhr ein.

Die Hitlerjugend *weicht*

Inzwischen konnten die Kanadier nach wilden Mann-gegen-Mann-Kämpfen die Vorposten bei Buron einnehmen. An der Hauptverteidigungslinie aber blieben sie fast stecken. Ihre Verluste waren groß, da sie ins Feuer aus Maschinengewehren, Artillerie und Raketenwerfern gerieten. Die Kämpfe bei Buron dauerten den ganzen Morgen, und trotz wilder Verteidigung wurde ein Stützpunkt nach dem anderen eingenommen. Bald war das 3. Bataillon des 25. Panzergrenadier-Regiments bzw. das, was von ihm übrig war, völlig eingeschlossen. Es schien, als würde die *Hitlerjugend*-Division umzingelt und ausgelöscht werden.

In gewohnter Weise hatte der Führer befohlen, Caen um jeden Preis zu halten, doch der Preis schien ein Gesamtverlust zu werden. Kurt Meyer rang kurz mit der Idee, dass Befehlsverweigerung logischer sei als Selbstmord der Division. Es gab keine Reserven und nur minimale Artilleriemunition. Der einzige Ausweg war, Hitlers Befehle zu „interpretieren“: Zog sich die Division beim Kampf gegen einen überlegenen Feind zurück, wäre dies nicht gegen den Befehl. Die *Hitlerjugend*-Division erhielt also Anweisung, mit ihren schweren Waffen aus Caen abzuziehen und im Hinterland neue Verteidigungsstellungen einzunehmen.

Der unbarmherzige und verlustreiche kanadische Vorstoß ging hinter einem beweglichen Wall von Artilleriefeuer weiter. Der Einbruch der Nacht war für die Verteidiger der letzte Aufschub. Die Kanadier setzten nun Panzer mit Flammenwerfern ein, doch trotz dieser furchtbaren Waffen blieb die *Hitlerjugend* in ihren Stellungen. „Ich schätze die Tapferkeit der jungen Soldaten, die eben erst ihre erste Kampferfahrung gemacht haben, sehr hoch ein“, schrieb der Kommandeur der 1. Kompanie. Kurz darauf wurden einige kanadische Tanks ausgeschaltet, und der Rest zog sich zurück.

Nun waren alle äußerst erschöpft. Als Meyer in der dezimierten Stellung der 1. Kompanie an der Peripherie Caens eintraf, fand er die Überlebenden im Schutz eines Bunkers. Er schrieb:

„Die völlig ausgebrannten Soldaten waren in tiefen Schlaf gefallen ... Nachzügler taumelten in den Bunker und ließen sich hinfallen, wo ein freier Fleck war ... Die Soldaten der 12. SS-Panzerdivision waren am Ende ihrer Kräfte. Vier Wochen lang hatten sie ohne Entlastung an der Front gekämpft und die schweren Schläge der Schlacht ausgehalten. Sie zogen mit frischen, strahlenden Gesichtern in den Kampf. Heute werfen schlammbedeckte Helme ihre Schatten auf eingefallene Gesichter, deren Augen allzu oft den Tod erblickt haben.“

Die Hitlerjugend *zieht ab*

Am 9. Juli gab es in Caen sporadische Kämpfe, Widerstandsnester im Westen und Nordwesten hielten aus, doch der Kampf war vorbei. Die *Hitlerjugend*-Division hatte dabei 595 Mann verloren. Am 11. Juli wurde sie durch die *Leibstandarte Adolf Hitler*-Division ersetzt. Diese übernahm das Kommando über zwei *Hitlerjugend*-Einheiten, die im Kampf blieben – das Artillerie-Regiment und ein Panzergrenadier-Bataillon –, während der Rest Mitte Juli zur Erholung in ein Gebiet zwischen Sassy and Bons abgezogen wurde. Doch Rast und Erholung stellten sich als kurz heraus. Manche Soldaten der Division standen schon nach sechs Tagen wieder im Einsatz.

KAPITEL 9

FLUCHT AUS FRANKREICH

Der Kampf um Caen war für die *Hitlerjugend*-Division die Feuertaufe in der extremsten Bedeutung des Wortes. Es gab wenig Hoffnung, die Verluste, den sie erlitten hatte, aufzufüllen. Die Reserve konnte keine Verstärkung anbieten, also mussten die Überlebenden so eingesetzt werden, dass für den nächsten Schritt im Kampf um die Normandie halbwegs eine Schlachtordnung hergestellt werden konnte. Die 5. Kompanie wurde aufgeteilt, einige Teile kamen zur 8., andere zur 9. Kompanie. Der Großteil der 6. Kompanie und das 2. Bataillon des 26. Panzergrenadier-Regiments, das neu ausgerüstet werden sollte, wurden abgezogen. Der Hauptteil des 3. Bataillons des 25. Panzergrenadier-Regiments war bei Buron eingeschlossen worden und konnte nicht gerettet werden. Die Überreste wurden dem 1. Bataillon des 26. Panzergrenadier-Regiments zugeschlagen. Für zerstörte Panzer und verlorene Waffen gab es keinen Ersatz, doch ließen sich einige Panzer und Fahrzeuge reparieren und mit Munition und Benzin versorgen. Die Situation war unbefriedigend, doch mehr war unter den Umständen nicht möglich.

Links: Das Schicksal vieler Ex-Hitlerjugend-Soldaten 1944 und 1945. Ein Teenager-Soldat liegt tot in Nordfrankreich, ein Reserve-Maschinengewehr-Magazin über der Schulter.

Rechts: Kurt Meyer, fotografiert in den frühen Stadien der Invasion 1941 in Russland, wo er sich im Dienst bei der SS-Division **Leibstandarte Adolf Hitler** *den Ruf als dynamischer Führer erwarb.*
Als Meyer 1944 das Kommanado über die **Hitlerjugend-** *Division übernahm, hatte die Division bereits 60 Prozent ihrer Stärke eingebüßt, und es erforderte all seine taktischen Fähigkeiten, die er in Russland, Griechenland und Polen bewiesen hatte, um die Todesraten zu reduzieren.*

Die Zeit drängte. Nun, da Caen in alliierter Hand war, drohte ein baldiger Ausbruch. Der erste Stoß von der Brückenkopf-Peripherie sollte von britisch gehaltenem Territorium östlich der Orne aus erfolgen. Am 30. Juni befahl General Montgomery der 1. US-Armee, Richtung Alençon zu ziehen und ein Korps westwärts zu schwenken, um die Bretagne einzunehmen. Dieser Plan geriet ins Stocken, als die Amerikaner am 10. Juli wegen der energischen deutschen Verteidigung von St-Lô und lokalen Überschwemmungen zum Stehen kamen. Montgomery hatte einen Zusammenschluss der britischen 2. Armee mit dem linken Flügel der Amerikaner bei le Bény Bocage geplant, 12 km nordöstlich von Vire, doch dazu kam es nicht. Stattdessen erhielt am 15. Juli die aus dem Brückenkopf nordöstlich von Caen stoßende 2. Armee Befehl, die Szene von Panzern zu säubern, damit sie den amerikanischen Vormarsch nicht gefährden könnten.

Operation „Goodwood“

Daneben befahl Montgomery einen Großangriff durch das britische VIII. Korps am 18. Juli. Diese Operation „Goodwood“ sollte durch Angriffe, die als Ziel scheinbar einen Stoß über den Fluss zwischen Caen und Amayé-sur-Orne hatten, getarnt werden. Montgomerys Absicht war, Bourgebus, Vimont und Bretteville zu nehmen und dann mit gepanzerten Aufklärungs-Einheiten so weit wie möglich nach Süden zu stoßen, „Richtung Falaise, um den Feind aufzurütteln, zu alarmieren und seinen Aufmarsch zu ermitteln". Hierauf würde ein Brückenkopf über die Orne errichtet werden.

Unter den Käften, die dieser massive Ansturm treffen würde, erhielt die *Hitlerjugend*-Division die besondere Aufmerksamkeit des Führers. Nach den Befehlen, die das operationale Heeres-Hauptquartier erreichten, „legt der Führer besonderen Wert darauf, die 12. SS-Panzerdivision *Hitlerjugend* zu bewahren". Um Hitlers Wunsch zu erfüllen, gab es die Idee, die *Hitlerjugend* in eine Stellung nahe Lisieux hinter die 711. Infanterie-Division zu verlegen.

Unten: Zwei* Hitlerjugend*-Soldaten nehmen einen britischen Offizier gefangen. Für die meisten alliierten Soldaten war der Anblick der jungen deutschen Soldaten ein Schock.

Doch diesen Luxus konnten sich die deutschen nicht leisten. Nun war Überleben wichtig, und die deutschen Kräfte waren so dünn gestreut, dass sogar die Überlebenschancen dürftig waren, umso mehr, als es praktisch keine Deckung durch die Luftwaffe gab. Dies war Thema einer dringenden Bitte Meyers, als er zum 1. SS-Panzerkorps nach Urville gerufen wurde, um Generalfeldmarschall Rommel einen Lagebericht zu geben. Doch als er um Jägergeschwader als Schutz für seine Bodentruppen vor den alliierten Flugzeugen bat, war Rommels Antwort nicht ermutigend. „Schon von Afrika aus", sagte er zu Meyer, „habe ich auf die lähmende Wirkung der Jagdbomber hingewiesen, doch die ‚Herren' wissen einfach alles besser. Meinen Berichten wurde einfach nicht geglaubt!"

Rommel wird verwundet

Am selben Tag, dem 17. Juli, erlitt Rommel selbst einen Schädelbruch, als ein tief fliegender Jagdbomber nahe Sainte-Foy-de-Montgo-

mery sein Auto angriff. Am Abend teilte Generalfeldmarschall Günther Hans von Kluge, der zwei Wochen vorher in Nachfolge von Rundstedts Oberbefehlshaber der Westfront geworden war, Generaloberst Alfred Jodl, dem Chef des Wehrmachtführungsstabes, mit, die *Hitlerjugend*-Division nach Lisieux zurückzuziehen, wäre ein Schritt rückwärts. Es war allerdings ein Anzeichen der deutschen Notlage, dass die Division an zwei Orten zugleich gebraucht wurde. Von Kluge wollte, dass sie nahe bei Caen blieb, wo er den Hauptstoß der Alliierten erwartete, und General Heinrich Eberbach, Oberbefehlshaber der Panzergruppe West, forderte, dass sie ins Bretteville-Juvigny-Gebiet verlegt werde, um das II. Korps zu unterstützen. Von Kluge setzte sich durch. Zu seiner Erleichterung hatte er bereits Jodls Zustimmung erhalten, dass die Division an ihrem Platz südöstlich von Caen verbleiben konnte.

In den Morgenstunden des 18. Juli gab es eine Demonstration der alliierten Luftmacht, die Rommel und Meyer so fürchteten. 1595 britische Lancaster- und Halifax- und amerikanische Superfortress-Bomber griffen die Gebiete bei Colombelles, Cagny und zwischen Touffreville und Emiéville mit hochexplosiven Ladungen mit Verzögerungsauslöser an. Sie schlugen auch südwärts mit Splitterbomben zu, die den Boden aufreißen und für Panzer unpassierbar machen sollten. Zum selben Zweck warfen mittlere Bomber – Mitchells, Mosquitos und Bostons – Splitterbomben. Am 18. Juli um 7.45 Uhr wurden die Front der 16. Luftwaffe-Felddivision und die Panzersammelpunkte gründ-

Unten:* Hitlerjugend-*Soldaten hinter einer Mauer in Deckung vor schwerem Beschuss. Die Artillerie sorgte beim Rückzug ins Reich für viele Opfer.

lich mit Bomben gepflastert. Zahlreiche Panzer wurden ausgeschaltet oder so schwer beschädigt, dass nur eine langwierige Reparatur sie wiederherstellen konnte. Doch dazu war keine Zeit.

Die Briten greifen an

Als Folge der Luftangriffe hatten die 200 Tanks der britischen 11. Panzerdivision, die sich hinter einem Schild von Feuer bewegten, praktisch freie Bahn, als sie die deutschen Stellungen und die Stützpunkte dahinter durchbrachen. Die deutschen Panzerabwehr- und anderen schweren Waffen wurden zerstört, als die Briten gnadenlos vorwärts rollten. gefolgt von noch mehr Panzern und einer Masse Infanterie. Bis zum späten Nachmittag gab es keine Pause, dann konnten die deutschen Sturmgeschütz-Batterien, 8,8-cm-Kanonen und Raketenwerfer die Panzer endlich stoppen. Die alliierten Verluste waren schwer. die 11. Panzerdivision etwa verlor 126 Tanks.

Es gab keine Atempause. Noch mehr alliierte Tanks kamen heran, und alles, was die verbleibenden Panzer tun konnten, war, auf ihre Flanken zu feuern, als sie vorbeirollten. Die Tanks wurden gerade langsamer, als die 8,8-cm-Luftwaffebatterie zwei ihrer eigenen Tiger für den Feind hielt und ausschaltete. Dass die Frontalpanzerung der Tiger zerstört wurde, ließ die anderen deutschen Panzermannschaften glauben, sie hätten es mit einer bisher unbekannten, mächtigen Waffe zu tun. Daher stoppten sie ihre Angriffe.

Obwohl die Alliierten an diesem ersten Tag nicht all ihre Ziele erreichten, hatten sie eine Menge Schaden angerichtet. Um 15 Uhr wurde die *Hitlerjugend*-Division, die man bisher zurückgehalten hatte, zwischen der Kirche bei Emiéville und Frénouville in Stellung gebracht und bereitete die Verteidigung vor. Die Alliierten wussten, dass sie dort war, und hielten offenbar nicht viel von ihr. Nach einem Bericht der Garde-Panzerdivision vom 18. Juli, 21 Uhr: „... die 12. SS-Panzerdivision, sehr schwach ... wird wahrscheinlich in keiner nennenswerten Stärke nach ihren schweren Verlusten an unserer linken Flanke auftauchen." Das erwies sich am Nachmittag des 19. Juli als falsch, als die Kampfgruppe Waldmüller, eine von dreien, in die die *Hitlerjugend*-Division aufgeteilt worden war, einen starken Angriff auf Frénouville zurückwies und Männer des 3. Bataillons des 26. Panzergrenadier-Regiments bei Emiéville die Oberhand behielten, wo sie ihre Gegner zurückschlugen und zwei Tote und sechs Verletzte verloren.

Dazu drang Meyers dringende Forderung nach Luftdeckung irgendwie durch, und am 19. Juli um 20 Uhr erschien ein Luftwaffe-Geschwader von Me110 schweren Jägern von den Flugplätzen in Belgien und Holland über dem Cagny-Gebiet und bombardierte die alliierten Stellungen. Obwohl die erste und dritte Welle ihre Ziele fanden, fiel die zweite Bombenwelle zu kurz und traf von der Kampfgruppe Waldmüller besetzte Stellungen. Zum Glück war sie gut aufgeteilt und hatte keine Verluste. Meyer und der verlegene Schwadronskommandeur, General der Flieger Pelz, sahen den Vorfall, blieben aber ebenfalls unverletzt.

Doch schon am nächsten Tag, dem 20. Juli, musste Frénouville angesichts eines neuen alliierten Panzerangriffs aufgegeben werden, ebenso die Stellung nahe Emiéville. Dann verschlechterte sich das Wetter, und alle Kämpfe hörten auf, da das Schlachtfeld von strömendem Regen getränkt war. Am selben Abend traf die Nachricht vom Attentat auf Hitler in Rastenburg ein. Sie löste beim Kommando, das schon an der Front unter schwerem Druck stand, einen Schock aus, doch die Moral blieb weitgehend aufrecht.

„Goodwood" wird abgeblasen

Das alliierte Kommando hatte auch Probleme. Wegen des schrecklichen Wetters musste die Operation „Goodwood" abgeblasen werden. Alles, was neun Panzereinheiten unter Verlusten an Tanks und Leben erreicht hatten, war ein erweiterter Brückenkopf an der Orne und ein Flussübergang bei Caen. Bis jetzt gab es keinen Durchbruch. Der Hauptbeitrag der *Hitlerjugend*-Division war, dass sie die Garde-Panzerdivision gestoppt und so ihren Vormarsch nach Vimont verhindert hatte.

***Oben:** Zivilisten grüßen in einer französischen Stadt Pioniere der* **Hitlerjugend**-*Division mit ihrem SdKfz 251/7 Ausf D-Truppentransporter.*

Das Schlechtwetter, das die Normandie heimsuchte, dauerte fünf Tage. Es gab sporadischen Beschuss, beide Seiten erkundeten das Gelände und machten einige Gefangene, doch die lästigsten Feinde waren in dieser Pause die Stechmücken, die bei den Soldaten in der Stellungen rund um die Sümpfe bei Bellengreville reiche Mahlzeit fanden.

Lob für die Hitlerjugend

Die *Hitlerjugend*-Division, die im Vimont-Sektor in Verteidigungsstellung blieb, wurde von General Heinrich Eberbach wegen der Qualität ihrer Moral und Ausbildung besonders erwähnt. Doch zu dieser Zeit hatte sie nur noch 50 Prozent ihrer Kampfkraft – seit dem D-Day hatte sie 6164 Mann verloren. Dies war für die deutsche Situation nach fast sieben Wochen Kämpfens symptomatisch. Wie von Kluge am 21. Juli an Hitler schrieb:

„In unserer gegenwärtigen Lage, auch was das Material betrifft, gibt es keine operationale Methode, der Vorherrschaft und vernichtenden Wirkung der feindlichen Luftwaffe zu begegnen, ohne das Kampffeld aufzugeben … Die Truppen stehen einer Streitmacht gegenüber, gegen die es keine Verteidigung mehr gibt … Der Preis ist die langsame, aber sichere Vernichtung der Truppen – ich denke hier an die besonders lobenswerte Hitlerjugend-Division … Meine letzten Worte bei der Instruktion der Kommandeure südlich Caens waren: Wir halten durch. Gibt es keinen Weg, unsere Lage entscheidend zu verbessern, so ist die Alternative der ehrenvolle Tod auf dem Schlachtfeld."

Der Durchbruch, den von Kluge in seiner Botschaft voraussagte, erfolgte am 1. August, nachdem die 1. US-Armee westlich von St-Lô die deutschen Linien durchstoßen hatte, Montgomerys Panzerdivisionen im Osten angriffen und General George Pattons 3. US-Armee durch die Avranches-Schlucht fegte. Nun wurden alle verfügbaren Panzereinheiten südlich Caens zusammengezogen, und am 2. August wurde ein Teil der Hitlerjugend-Kampfgruppe Wünsche in Aufklärungsgruppe Olboeter umbenannt und dem II. SS-Panzerkorps zugeteilt.

Die Aufklärungsgruppe Olboeter

Am 3. August wurde die neue Gruppe Chêndollé, östlich von Vire, zugewiesen, wo anfängliche deutsche Erfolge im Laufe des Tags von britischen Panzern gestoppt wurden. Sie kam gemeinsam mit dem 600. Pionier-Bataillon am Abend dort an. Die Stellungen bei Chêndollé und le Bas Perrier im Norden waren heftig umkämpft, bis am Abend des 7. August die Amerikaner im Norden Vires eintrafen und es besetzten. Dann stießen sie ostwärts gegen Chêndollé. Die Aufklärungsgruppe Olboeter sollte als erster Teil der *Hitlerjugend* auf Amerikaner treffen. Unterscharführer Karl Bassler, dessen Panther einer der gegen die US-Truppen kämpfenden Panzer war, schrieb:

„Der Feind griff aus der Richtung von Vire an … Bei 2700 Meter eröffneten wir das Feuer und schalteten drei Tanks aus. Ein vierter wurde ohne offensichtlichen Grund von seiner Mannschaft verlassen. Als es einige Zeit ruhig blieb, fuhren wir vorwärts … und besichtigten unser Werk … Der Inhalt der Kampffahrzeuge war schon von den Panzergrenadieren verteilt worden. Wir erhielten einen Anteil verschiedener schmackhafter englischer (oder amerikanischer) Kekse.“

Die Aufklärungsgruppe Olboeter verfügte über sechs Panzer, doch nach hartem Kampf musste Chêndollé aufgegeben werden. Am 8. August wurde die Gruppe vom II. SS-Panzerkorps entlassen und kehrte zur *Hitlerjugend*-Division zurück.

Zwei Tage vorher wurde die Kampfgruppe Wünsche beim dritten deutschen Versuch, den Brückenkopf im Grimbosq-Thury-Harcort-Sektor zu beseitigen, eingesetzt. Beide früheren Versuche waren gescheitert, und ehe sie den Sektor erreichte, konnten die Briten ihren Brückenkopf erweitern und ihre Stellungen verstärken. Unterwegs wurde sie von 54 amerikanischen Mitchell-Bombern erspäht, doch die Flak der Einheit konnte 36 von ihnen beschädigen, sodass einige landen mussten, ehe sie zu ihren Basen nach England zurückkehrten.

Die Kampfgruppe erreichte sicher den Sammelpunkt und nahm um 19 Uhr den Kampf auf. Die ersten Zeichen waren ermutigend. Panzer und Infanterie rückten bis Grimbosq und Brieux vor, und die Panzergrenadiere erreichten die Brücke in Le Bas. Beim folgenden heftigen Kampf wurden 28 britische Tanks ausgeschaltet, zwei davon vom 3. Bataillon des 26. Panzergrenadier-Regiments. Über die Heftigkeit der Kämpfe berichtete später Sturmmann Hermann Linke von 3. Bataillon des 12. Panzer-Regiments:

Oben:* Max Wünsche von der** *Kampfgruppe Wünsche, 12. SS-Panzer-Division* **Hitlerjugend.** ***Die Kampfgruppe konnte den alliierten Vorstoß nach Caen nicht aufhalten.

„Es war der 7. August, später Nachmittag. Wir fuhren eine Waldstraße entlang. Allmählich wurde der Wald lichter. Was wir als Nächstes sahen, konnte man nicht mehr als Wald bezeichnen. Nur drei Baumstümpfe standen noch. Bis zu einer Tiefe von etwa 200 Metern waren alle Bäume von Artillerie zerrissen. Außerhalb des Walds war ein großer Obstgarten. Kein Baum darin, der nicht von Artilleriefeuer zerfetzt war. Wir gingen am Waldrand in Stellung. In einem Tal vor uns, etwa 80 Meter weit weg, floss die Orne.

Der Angriff begann am Abend gemeinsam mit Infanterie. Als wir die Panzer starteten, setzte das feindliche Artilleriefeuer wieder ein. Das Sperrfeuer wurde immer heftiger … Plötzlich erhielt der Panzer zu unserer Linken einen Treffer und fing sofort Feuer."

Unten: Ein junger Empfänger des Eisernen Kreuzes, das 16-jährige Hitlerjugendmitglied Nikolaus Wilms, erhält am 13. Oktober 1943 von Axmann seine Tapferkeitsmedaille.

Britische Feuerkraft

Da sprang, fährt Linke fort, Untersturmführer Rudolf Alban aus seinem Panzerturm, lief von einem Panzer zum nächsten und schrie: „Ausrücken! Ausrücken!" Das Nächste, woran sich Linke erinnerte, war: „Es gab einen schrecklichen Krach. Eine Granate explodierte direkt bei unserem Panzer." Als der Schock abklang, suchten Linke und seine Kameraden nach Alban. Sie fanden ihn zusammengesackt an einem Baum – tot. Die Briten hatten die Aktivität bei den Panzern bemerkt und nahmen sie unter Feuer. Linke konnte noch Albans Soldbuch und Ausweise an sich nehmen, doch seine Leiche musste zurückgelassen werden, als die Einheit seinem Befehl folgte und abzog.

Am 8. August griffen die Deutschen wieder an, doch die Briten hatten ihre Truppen ver-

stärkt, und bei 122 verlorenen Mann und 9 zerstörten Panzern gab es keine Hoffnung auf Erfolg. Am selben Tag begann die kanadische 1. Armee die Operation „Totalise“. Sie sollte nach Falaise vorstoßen. Um 23 Uhr in der Nacht davor bombardierten 1020 Halifaxe und Lancaster la Hogue, St-Aignon, May-sur-Orne und vier weitere Dörfer im Umkreis des vorgesehenen Kampfplatzes mit 3517 Tonnen Bomben. Die Flak traf 10 der Bomber, doch der Schaden war nicht sehr groß.

Neuer alliierter Vormarsch

Eine wahrhaft gewaltige anglo-kanadische Streitmacht rückte auf der Straße von Caen nach Falaise vor, als die Bomber ihr Werk getan hatten: 5700 Infanteristen, 600 Tanks, 720 Geschütze, von denen die Hälfte auf beide Seiten der Straße ein Sperrfeuer von 3700 m legten, und spezielle „Dreschflegel-Tanks“ für Minen. Gegen diese waren die deutschen Kräfte, darunter Abteilungen der *Hitlerjugend*-Division, bald am Rande der Vernichtung. Meyer kam selbst, um die Lage beurteilen, und sah, dass der anglo-kanadische Durchbruch auf weiter Front jene deutschen Stützpunkte isoliert hatte, die bisher ausgehalten hatten. Meyer sah auch Szenen totaler Unordnung bei Soldaten, die entsetzt und erschöpft vom Kampfplatz flohen.

Verschiedene Abteilungen erhielten Befehl, zu Hilfe zu eilen und die klaffende Lücke in den deutschen Lücken zu schließen. Die Kampfgruppe Wünsche etwa wurde angewiesen, ihren Gegenangriff bei Grimbosq und Brieux abzubrechen und den Bereich zwischen Laison und Laize zu verteidigen; die Kampfgruppe Waldmüller sollte sich mit Panther- und Tiger-Einheiten zusammentun und in einem Gegenangriff die Hügel südlich von St-Aignan einnehmen. Von neuen Luftangriffen geplagt, von Artilleriefeuer dezimiert und von Maschinengewehren beharkt, warfen sich die Deutschen in den Kampf, fochten verzweifelte Panzerduelle oder verwickelten den Feind im dicken, beißenden Kampfrauch in Nahkämpfe.

Die *Hitlerjugend*-Division sollte abgelöst werden, doch am 12. August erfuhr sie, sie müsse noch einen Tag bleiben, da ihr Ersatz, die 85. Infanterie-Division, einen Gewaltmarsch zur Front gemacht hatte und Erholung brauchte. Schließlich konnte die *Hitlerjugend* als Reserve für das I. SS-Panzerkorps nordöstlich von Falaise ziehen, die einzige Reserve, mittlerweile schwer abgenutzt, mit der tatsächlichen Kampfstärke von nur einer Regiments-Kampfgruppe. Diesem Rest wurde ein Bereich nördlich von Falaise zugeteilt, wo er an „Krisenpunkten“, dem Ziel der nächsten alliierten Operation „Tractable“, die auf „Totalise“ folgte, kämpfen sollte. Operation „Tractable“ begann am 13. August, doch gab es keine „Krisenpunkte“: Das ganze Gebiet war Kampfschauplatz.

Bis 16. August hatten sich die Kanadier nach Falaise durchgekämpft, wo die *Hitlerjugend*-Division in der *École Supérieure de Jeunes Filles*, die Teil der Abtei war, bis zum Letzten kämpfte. Nach dem Bericht eines der wenigen Überlebenden, Ordonnanzarzt Rottenführer Paul Hinsberger, waren sie 40, nicht einmal genug, um alle Fenster zu bewachen. Draußen waren etwa 100 Mann der Mount-Royal-Füsiliere mit Panzerjägergeschützen, Mörsern und Maschinengewehren. Das Mörserfeuer zertrümmerte die Mauern und setzte die Schule in Brand. Schon davor waren die Verteidiger einer nach dem anderen abgeschossen worden. Die schwer Verwundeten brachte man im Keller in Sicherheit. Die leichter Verletzten kämpften weiter. Am Ende machten die Füsiliere nur vier Gefangene. Der Rest war tot.

Die Falaise-Lücke

Die Alliierten wollten nun die Schlinge um die südlich der Seine noch in der Normandie befindlichen Deutschen Kräfte zuziehen, um ihr Entkommen zu verhindern. Doch es gab einen Weg hinaus. Eine englische Zeitung jener Tage beschrieb die Deutschen als „in vollem Rückzug“ und fuhr fort: „Die Reste der sechs Infanterie- und sechs Panzerdivisionen strömen durch die 12-Meilen-Lücke zwischen Falaise und Argentan, die als einzige noch offen ist.“

In Wirklichkeit war es nicht so einfach, vor allem, da die Deutschen keine Reserven hatten, die ein Loch in die alliierten Linien hätten

Rechts: Das seit 1940 zunehmende alliierte Bombardement der deutschen Städte brachte immer mehr Hitlerjugendmitglieder zum Luftschutz und zum Brandbekämpfungsdienst. Dieses Foto aus dem deutschen Propagandamagazin* Signal *zeigt einen solchen Jungen 1943 beim Bekämpfen eines Bombenschadens. Der alliierte Luftkrieg zwang die Deutschen, kostbare Reserven zur Verteidigung ihrer Städte und der Reparatur von Bombenschäden einzusetzen.

schlagen können, um einen Auszug im Großen zu erleichtern. Es herrschte Mangel an Treibstoff und Munition, und die Artillerie besaß nur sehr wenige Granaten. Jede deutsche Einheit, jeder Soldat stand voll im Kampf, sodass die einzige Möglichkeit stückweises Abziehen war. Etliche Tage im August war das Wetter klar, sodass die alliierten Flugzeuge die fliehenden Deutschen nach Belieben plagen konnten. Anderswo war der Weg hinaus von alliierten Tanks blockiert. In Feldern und Gärten gab es heftige Kämpfe. Manche entkamen um Haaresbreite, indem sie sich in Wäldern oder hinter Hecken versteckten, nur ein paar Meter von Panzern und Soldaten entfernt, die Jagd auf Nachzügler machten.

Viele Seinebrücken waren zerstört, manche blockierten den Fluss mit Schutt und zerfetztem Stahl. Die Gruppen, die den Fluss erreichten, mussten improvisieren und ihn auf hastig konstruierten Pontonbrücken queren, die sie sprengten, sobald sie am anderen Ufer waren. Mohnke von einer *Hitlerjugend*-Kampfgruppe war der Letzte der Division, der in der Nacht vom 24. zum 25. August den Fluss überquerte. Die Kampfgruppe blieb in diesem Gebiet und verteidigte die Wasserstraße, sodass andere sie benutzen konnten. Am 29. August waren sie immer noch da, doch vergeblich: Die Alliierten hatten die Seine bereits an etlichen Stellen nordwestlich von Paris überquert. Paris selbst fiel am 25. August an die Alliierten.

Erholung

Der größere Teil der *Hitlerjugend*-Division sammelte sich im Beauvais-Gebiet nördlich der französischen Hauptstadt. Tag für Tag trafen Nachzügler ein. Manche hatten sich als Bauern verkleidet und trugen Heugabeln, Harken oder Butterfässer. Andere waren schwarz gekleidet, trugen Kränze und spielten Trauernde. Die meisten hatten Fahrräder requiriert und kamen so nach Beauvais. In der Nacht vom 27. zum 28. August wurde die *Hitlerjugend*-Division ins Gebiet nordöstlich von Laon nach Hirson befohlen. Nach 12 Wochen Kampf in Frankreich war sie stark reduziert, sie hatte nur noch 60 Prozent ihrer Größe vom 1. Juni. Bis 22. August gab es 8334 Opfer: 1802 Tote, 4312 Verwundete, 2220 Gefangene oder Vermisste. Dies ließ der Division 12.206 Mann einschließlich der etwa 2500 in den Versorgungseinheiten.

Die Resistance greift ein

Trotz Nachhutgefechten mit den Amerikanern am 30. und 31. August und einem Vorstoß der Briten bis Antwerpen Anfang September konnten Teile der *Hitlerjugend* die französisch-belgische Grenze überqueren und Richtung Deutschland ziehen. Nicht alle schafften es. Manche gerieten in einen Hinterhalt der belgischen Resistance und wurden getötet. Am 8. September fuhren zwei *Hitlerjugend*-Offiziere im Beiwagen eines Motorrads, als dieses in ein von belgischen Widerstandskämpfern über die Straße gespanntes Seil fuhr. Einer wurde später an derselben Stelle erschossen aufgefunden. Der andere, Sturmbannführer Hans Waldmüller, war verschwunden. Seine Leiche wurde später in einem Bewässerungsrohr in einem nahen Teich gefunden. Er war kastriert, sein Bauch aufgeschlitzt. Waldmüller war eines von 144 *Hitlerjugend*-Opfern zwischen 22. August und 27. Oktober, dem Datum des letzten Verlustberichts der Division im Normandiefeldzug. Ein anderer Name auf der Liste war Kurt Meyer. Im kleinen Dorf Spontin nahm ein belgischer Polizist ihn und seinen Fahrer Max Bornhöft gefangen. Beide wurden verletzt. Meyer und Bornhöft wurden den Amerikanern übergeben, die sie nach Namur brachten. Dort zog vor dem Gefängnis ein Zivilist eine Waffe und erschoss Bornhöft. Ehe er auch Meyer töten konnte, griff ein amerikanischer Offizier ein. Meyer wurde zur Behandlung in ein nahes katholisches Krankenhaus gebracht.

Die Division wird instand gesetzt

Die *Hitlerjugend*-Division, nun unter vorübergehendem Kommando von Hubert Meyer, einem Generalstabsoffizier, begann am 8. September nach Deutschland zurück zu ziehen. Sie wurde nach Arnsberg an der Saar befohlen. Ein größeres Programm der Instandsetzung, Neubewaffnung und des Ersatzes von Mannschaftsverlusten wurde im Eiltempo eingeleitet. Doch die Mangellage bereitete dabei große Probleme. Obwohl die schwere Bewaffnung ihr früheres Niveau erreichen sollte, mussten drei Viertel des Bedarfs mit Handfeuer- und automatischen Waffen, Motorrädern, Wagen und Lastwagen gedeckt werden. Artillerie-Traktoren gab es je nach Vorrat.

Die Toten, Verwundeten und Gefangenen zu ersetzen war noch schwieriger. Die neuen

Oben: Ab 1944 waren jene Hitlerjungen, die nicht an der Front kämpften, oft an Luftabwehrkanonen und -scheinwerfern gegen die alliierten Luftangriffe im Einsatz.

Mannschaften und Unteroffiziere waren junge Freiwillige und Verwundete, die sich wieder genügend erholt hatten. Luftwaffe und Kriegsmarine steuerten etwa 2000 Mann bei. Keiner davon war für den Infanterieeinsatz ausgebildet. Der Ersatz trudelte ab September ein. Im Oktober war die Instandsetzung noch im Gang, doch wurde klar, dass die zusammengestoppelte Natur des neuen Personals und der allgemeine Mangel an Nachschub und Material es den Streitkräften des Dritten Reichs unmöglich machen würde, die Alliierten auf einer genügend breiten Front aufzuhalten und am Einmarsch ins Herz Deutschlands zu hindern. Am 21. Oktober kapitulierte Aachen, und das Ruhrgebiet, der Maschinenraum der deutschen Industrie, war bedroht.

In dieser Situation war der Hauptfaktor, der die Alliierten vom tieferen Eindringen nach Deutschland abhielt, ihre eigenen Versorgungsprobleme, da sich ihre Nachschublinien nun über hunderte Kilometer erstreckten. Dieser – für Deutschland glückliche – Umstand würde nicht lang anhalten, eine Lösung stand, wie man hoffte, kurz bevor.

Am 16. September 1944 hatte Hitler seinen Plan für einen neuen Feldzug im Westen im November oder Dezember bekannt gegeben, wenn die Winterlage den feindlichen Luftangriffen den Stachel nehmen würde. Der Plan sah vor, durch die von der 1. US-Armee gehalteten Linien und die Front an der Nordgrenze Luxemburgs zu brechen, die Brücken über die Maas zu nehmen, die alliierte Artillerie zu zerstören, ihre Reserven zu binden und ohne Halt nach Antwerpen und an die Küste zu stürmen. Dies sollte die Alliierten so schockieren, dass sie den Kampf eine Zeit lang, falls überhaupt, nicht wieder aufnehmen würden.

Neue Aufgabe für die Hitlerjugend

Von den neun für die Ardennen-Offensive ausgewähten Divisionen kam die *Hitlerjugend*-Division unter das Generalkommando des I. SS-Panzerkorps. Am 15. November erhielt sie einen neuen Kommandeur, Standartenführer Hugo Kraas, früherer Kommandeur des 2. SS-Panzergrenadier-Regiments der SS-Panzerdivision *Leibstandarte Adolf Hitler*. Das Artillerie-Regiment der *Hitlerjugend*-Division wurde da-

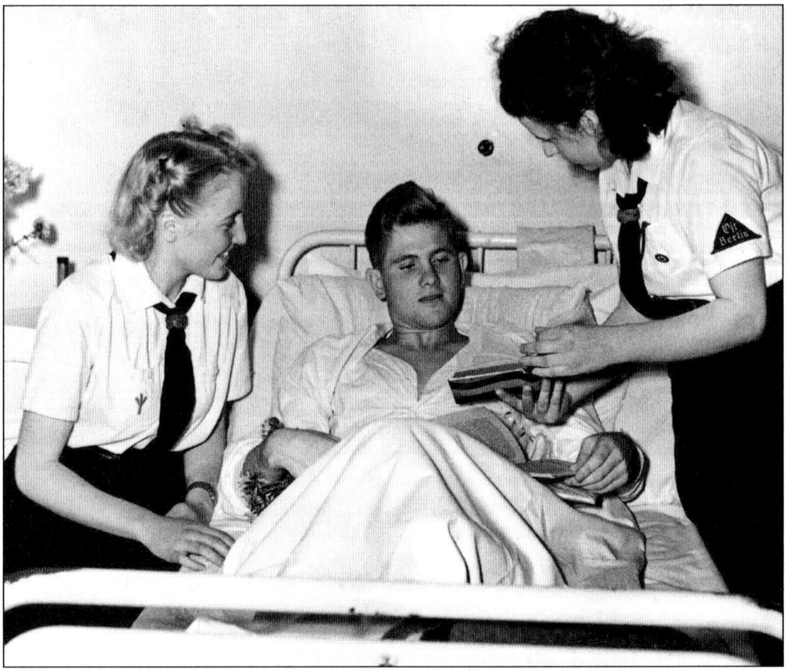

Rechts: Zwei Mädchen vom Bund Deutscher Mädel besuchen 1943 einen verwundeten Soldaten in einem deutschen Krankenhaus. Der BDM mag nicht die Kampfpflichten der männlichen Hitlerjugend gehabt haben, doch sein Beitrag zur Aufrechterhaltung des Lebens in der Heimat, von der Landwirtschaft bis zur Krankenpflege, war ein bedeutender Teil der deutschen Kriegsanstrengungen.

zu bestimmt, am Artilleriebombardement teilzunehmen, das die Offensive einleiten würde. Am 14. Dezember erreichte es unter größter Geheimhaltung das Sammelgebiet im Schmidtheimer Wald. Bis in die frühen Stunden des 15. Dezember war der Rest der Division nachgefolgt, der seinen Weg in der Nacht zurückgelegt hatte.

Oben: Gefangene deutsche Jungen Ende 1944 in einer Kirche. Solche Bilder, von alliierten Fotografen aufgenommen, hatten in den alliierten Ländern starke Propagandawirkung.

Der „Tag null" war trotz Benzin- und Munitionsknappheit auf den 16. Dezember festgelegt, obwohl ihn das Heer aufschieben wollte.

Rechts: Zwei US-Militärpolizisten bewachen 1944 in Belgien gefangene Hitlerjugend-*Soldaten. Die deutschen Offensiven in Belgien zeigten wieder, wie ungestüm, pflichtbewusst und militärisch effektiv die Hitlerjugend im Kampf sein konnte, wofür die Wachsamkeit der MPs einen Beweis liefert.*

Ein weiterer Aufschub war jedoch gefährlich, da die Heimlichkeit, mit der die Deutschen ihre Vorbereitungen zu tarnen versucht hatten, bereits gelüftet war. Die Amerikaner nördlich Luxemburgs hatten seit 13. Dezember verstärkte Fahrzeugbewegungen wahrgenommen, und am 16. Dezember kam ein Zivilist mit der Nachricht ins Hauptquartier der 1. US-Armee, dass große Mengen deutscher Ausrüstung in den Wäldern bei Bitburg versteckt worden seien. Die Amerikaner erhielten weitere Informationen durch zwei Gefangene und Aufklärungsflugzeuge, die nahe am Rhein Tiger-Panzer auf Tiefladern und Sanitätszügen ausgemacht hatten.

Amerikanische Selbstsicherheit

Obwohl bruchstückhaft, hätten diese Informationen die Amerikaner wachsam machen sollen. Dass dem nicht so war, lag vor allem an der Vorstellung, die Deutschen seien zu keiner größeren Operation mehr imstande. Außerdem hatte die deutsche Propaganda bereits zuvor einmal eine große Offensive versprochen, um die Stimmung ihrer Streitkräfte zu heben. Es schien sich also wieder um heiße Luft zu handeln. Auch der tiefe Winterschnee, der die Ardennen bedeckte, trug zur Skepsis bei.

Trotzdem gab Generalfeldmarschall von Rundstedt seinen Kräften am 16. Dezember morgens bekannt:

„Soldaten an der Westfront! Eure entscheidende Stunde ist da! Starke Offensivheere sind heute gegen die Amerikaner versammelt. Mehr brauche ich nicht zu sagen. Ihr alle fühlt es: Jetzt oder nie! Mögt ihr in euch die heilige Pflicht fühlen, alles zu geben und übermenschliche Großtaten für unser Vaterland und unseren Führer zu vollbringen!“

Die Amerikaner erlebten ein raues Erwachen, als die Deutschen mit dem begannen, was im Englischen nach der Beule („buldge“), die sie in den amerikanischen Linien erzeugte, „Battle of the Buldge“ (Ardennenschlacht) genannt wird. Sie griffen an vielen Punkten entlang einer 120-km-Front zwischen der deutschen Grenzstadt Monschau und Echternach in Luxemburg an. 83.000 Amerikaner sahen sich plötzlich 200.000 Deutschen gegenüber. Noch dazu waren die sechs amerikanischen Divisionen im Ardennen-Gebiet relativ neu und unerfahren, und ihre einzig nennenswerte Konzentration an der ganzen Front lag bei Monschau. Wie Hitler vorausgesehen hatte, hielt

Schlechtwetter – Nebel, Regen und Schnee – die alliierte Luftunterstützung am Boden und der dichte Wald war wie ein Dach, das die deutschen Truppenbewegungen deckte. Am 19. Dezember, drei Tage später, wurde gemeldet, die Deutschen hätten die Linien der 1. US-Armee durchbrochen. Nun wurde die Zone, in der der Krieg so plötzlich wieder aufgeflammt war, mit einer alliierten Nachrichtensperre belegt.

Wie unvorbereitet die Amerikaner waren, zeigt das folgende Beispiel: Am 16. Dezember kurz nach Mittag, nachdem das 1. Bataillon des 25. Panzergrenadier-Regiments der *Hitlerjugend*-Division den Bach Olef nahe eines Waldwegs überquert hatte, traf sie auf keinen Widerstand, bis sie sich dem Dorf Rocherath genähert hatte. Auch dann war das auf sie eröffnete Gewehr- und Maschinengewehrfeuer nur schwach. Obwohl überrascht, waren die Soldaten des 393. Infanterie-Regiments sehr nahe. Hauptsturmführer Alfons Ott berichtete:

„Wir befanden uns auf Rufdistanz vom Feind. Ich befahl einem meiner Männer, der gut Englisch sprach, den Amerikanern, die über unser plötzliches Erscheinen überrascht waren, zuzurufen, sie sollten sich ergeben, da sie bereits umzingelt seien. Ich schickte sogar einen Mann mit derselben Einladung auf den höchsten Fleck vor uns. Er kam unbeschädigt dort an, schaffte es aber nicht zurück ..."

Der Erfolg dauert an

Kurz darauf stoppte das 1. Bataillon des 25. Panzergrenadier-Regiments auf dem Waldweg eine Gruppe argloser Amerikaner in Versorgungsfahrzeugen und nahm sie gefangen. An manchen Plätzen trafen die vorrückenden Deutschen auf starken, beherzten Widerstand, doch ansonsten hatten sie die Oberhand und zwangen die Amerikaner zum Rückzug. Dem 3. Bataillon des amerikanischen 393. Infanterie-Regiments wurde der Rückzug befohlen, als es auf vereinte deutsche Panzer und Infanterie traf und sein eigener Munitionsmangel seine Stellung unhaltbar machte. Das 1. Bataillon desselben Regiments wurde auf ähnliche Weise von der *Hitlerjugend* vertrieben und entkam querfeldein, nachdem es seine zurückgelassenen Fahrzeuge zerstört hatte.

An diesem Punkt schien die glückliche Zeit von 1940, als die deutschen Kräfte auf ihrem Weg, Westeuropa zu erobern, durch die Ardennen gebrandet waren, zurückgekehrt zu sein. Am 17. Dezember verzeichneten die Protokollbücher verschiedener amerikanischer Einheiten eine Reihe von Notlagen: „Artillerie-Funkeinheit hörte Nachricht mit, drei Tanks seien westwärts Richtung Rocherath durchgebrochen" (9. Infanterie-Regiment); „Tiger-Tanks verlassen Wald Richtung Versorgungskompanie. 23. zieht sich aus dem Walt zurück. Unsere Tanks sind abgezogen ..." und „Der Feind hat Tuttles Bataillon durchbrochen. Tuttles Bataillon in großer Unordnung ..." (38. Infanterie).

Das Blatt wendet sich

Trotz dieses Bilds von Chaos und Bestürzung bei den amerikanischen Kräften neigte sich die Waage des Kampfs langsam zu ihren Gunsten: Das 1. Bataillon des 25. Panzergrenadier-Regiments der *Hitlerjugend* etwa griff amerikanische Stellungen bei Dreiherrenwald an und wurde trotz anfänglichen Erfolgs von Verteidigern mit Stellungsvorteil gestoppt: den Anhöhen nordöstlich und östlich von Rockerath und Krinkelt. Weitere Versuche, hier durchzubrechen, wurden gleichfalls vereitelt, und in der Nacht vom 19. zum 20. Dezember wurden das 1. Bataillon des 25. Panzergrenadier-Regiments und andere deutsche Kräfte nach schweren Verlusten abgezogen.

Das Winterwetter hatte seine Vorteile, aber auch erhebliche Nachteile. Die Einheiten der *Hitlerjugend*-Division marschierten auf glatten, schlammigen Straßen, die fast unpassierbar waren. Die Enge des Terrains hatte zur Folge, dass sie sich eine einzige Straße für den Nachschub mit zwei weiteren Divisionen teilen musste. Es gab auch noch andere Plätze, wo die Geländelage die amerikanischen Verteidiger erheblich begünstigte, etwa die Front am Schwarzenbüchel nahe Bütgenbach, wo zwischen dem 19. und dem 22. Dezember schwer gekämpft wurde. Am bedeutsamsten für den gesamten Feldzug war aber, dass die Deutschen die alliierten Treibstoffdepots nicht einnehmen konnten, was ihnen das Wiederauftanken ihrer durstigen Panzer erlaubt und ihre Erfolgschancen vergrößert hätte.

Inzwischen hatten die Amerikaner die Gefahr, in der sie sich befanden, erkannt – der Durchbruch bei Rocheruth-Krinkelt war gerade noch verhindert worden –, und ab 20. Dezember begannen sie sich zu erholen. Verstärkung strömte ins Kampfgebiet. Am 22. Dezember griff die 3. US-Armee unter General Patton nordwärts in Richtung des wichtigen Straßenknotenpunkts Bastogne an, wo die 101. US-Luftlande-Division am 25. von der 5. Panzerarmee umzingelt wurde. Obwohl knapp an Munition und medizinischer Versorgung, weigerten sich die Amerikaner zu kapitulieren. Am 26. Dezember schlug Patton eine Lücke in die Panzerkräfte, und trotz Hitlers Beharren, Bastogne müsse genommen werden, konnte eine Woche schwerer Kämpfe, die am 2. Januar endeten, das deutsche Geschick nicht wenden.

Unten: Die Ausbildung der Hitlerjugend ging bis 1945 weiter, die Wehrmacht und die SS hatten Bedarf. Diese Schützen könnten gut im* Volkssturm *gekämpft haben.

Die Rolle der Hitlerjugend

Die *Hitlerjugend*-Division war mittendrin und konnte Speerspitzen bis 3,5 km vom Stadtzentrum Bastognes entfernt stoßen, doch nicht weit genug, um Beobachtungspunkte zu gewinnen, von denen aus man die Stadt hätte beschießen können. Um das zu erreichen, erhielt die *Hitlerjugend* Befehl, den Hügel 510 westlich des nahen Mageret einzunehmen. Die Division war bereits erschöpft und hatte hohe Verluste erlitten, doch trotz anfänglicher Proteste stand der Befehl. Die 2. Kompanie unter Hauptsturmführer Hans Richter sollte die Aufgabe erledigen und nahm am 8. Januar um 9.39 Uhr den Hügel ein. Doch hatte dies so schwere Opfer gekostet, dass fast sicher war, dass sie

ihn nicht lange würde halten können. Man versprach Verstärkung, doch diese konnte nicht rechtzeitig eintreffen. Richter schrieb später:

„Der Feind begann einen Gegenschlag mit Panzern ... Deren Druck – es waren zehn, die vom Bizory-Gebiet her angriffen – nahm zu. Die erhebliche Opferzahl, der Verlust der meisten Truppführer und das Fehlen von Panzerfäusten machte es unmöglich, den Hügel zu halten. Die Kompanie war zum kämpfenden Rückzug nach Mageret gezwungen."

Diese Aktion kostete die Kompanie 35 Tote, Verwundete oder Vermisste. Etliche waren so schwer verletzt, dass sie bei der medizinischen Versorgung starben.

Nur noch Rückzug möglich

Der anfängliche Schwung der Ardennen-Offensive war bis zum 10. Januar total verloren. Was blieb, war der lange Rückzug heim nach Deutschland. Das allgegenwärtige Problem,

***Oben:** Wehrmachtoffiziere inspizieren eine mit Hitlerjungen besetzte Meldeabteilung, eine typische Arbeit, mit der man die Hitlerjugend mit fortschreitendem Krieg betraute.*

der Treibstoffmangel, der an der deutschen Niederlage mit Schuld war, verfolgte sie dabei die ganze Zeit. Den Fahrzeugen ging unterwges etliche Male das Benzin aus. Die Einheiten, die Reserven hatten, gaben nur kleinste Mengen an andere weiter. Manche Fahrzeuge mussten mit leeren Tanks aufgegeben werden. Am 28. Januar war die Ardennen-Schlacht offiziell vorbei, doch noch eine Woche später fuhren deutsche Einheiten nach Hause.

Bevor die *Hitlerjugend*-Division zu ihrem neuen Stützpunkt bei Köln zurückkehrte, war der schlimmste Notfall eingetreten, nicht in Westeuropa, sondern im Osten: Am 26. Januar 1945 hatte die neue russische Offensive die polnische Grenze nach Deutschland überschritten und zog in Richtung Berlin.

KAPITEL 10

DAS ENDE DER HITLER-JUGEND

Die Jungen der *Hitlerjugend*-Division hatten Deutschland im April 1944 frisch und kampfbegierig verlassen, von Kindheit an mit Geschichten von Tapferkeit, Opfern und Heldentaten indoktriniert. Neun Monate später, nach zwei strapaziösen Feldzügen und 40 Prozent Opfern, kehrten sie kampfgehärtet, verbraucht und erschöpft zurück. Sie wurden als Helden betrachtet, von ihren eigenen Kommandeuren und von den Amerikanern, die sich vor ihnen in den Ardennen zurückgezogen hatten. Doch nun wussten die Jungen auch konkret, was es hieß, für Führer und Vaterland zu sterben, und als Beweis dafür waren Bilder von Schrecken, Zerstörung und Verlust in ihren Geist eingebrannt.

Im Dritten Reich, das Anfang 1945 der sicheren Niederlage und Zerstörung ins Auge sah, wurden Jungen allzu leicht Veteranen, und die Männer der *Hitlerjugend*, erst 17 oder 18, waren keineswegs die Jüngsten. Da die Fronten immer mehr Menschen verschlangen, gab es immer jüngere neue Rekruten. Am 2. August 1944 schlug der Staatssekretär im SS-Innenministerium Helmut Möckel eine „eiserne Reser-

Links: In den letzten Tagen des Dritten Reichs grüßt Joseph Goebbels, frischgebackener Hauptbeauftragter des totalen Kriegs, in Unterschlesien einen Knaben des Volkssturms.

ve" von16-Jährigen vor, die als Guerilleros in „Selbstverteidigungsstaffeln" kämpfen sollten. Die Rekrutierung schien kein Problem: Der Arbeitsdienst hatte 62.000 18- und 19-Jährige in Reserve und weitere 160.000 17-Jährige hatten ihre paramilitärische Ausbildung schon abgeschlossen. Dazu konnten Luftwaffe und Marine theoretisch etwa 25.000 beisteuern, falls Admiral Karl Dönitz der Verlegung seines Marinepersonals zustimmte.

Am 25. September verfügte Hitler die Bildung einer neuen Streitmacht, des Volkssturms, einer bunten Sammlung von 16- bis 60-Jährigen und rekonvaleszenten Soldaten, frisch aus dem Spital. Schließlich umfasste der Volkssturm etwa 60.000 Mitglieder, von denen weniger als ein Prozent überlebte. Anders als sonst waren es die jüngeren Mitglieder des Volkssturms, die mehr militärische Ausbildung hatten und militärischer Disziplin besser vertraut waren. Zusätzlich führte ihr ungewöhnlich junges Alter zu manchen Problemen. Ein 17-Jähriger erinnerte sich später:

„Ich stand vor einem Zug des Volkssturms. Von den 45 Mann waren nur 10 Hitlerjungen, die anderen waren in den 40ern und 50ern. Herr Wolff, dessen Sohn als Unterscharführer der Waffen-SS gefallen war, war 65. Ich betrachtete sie mit einiger Besorgnis. Sie waren ungeschult und zu alt, untaugliche Zivilisten mit schwarzen und roten Armbinden mit der Aufschrift „Deutsche Wehrmacht". Als ihr Führer fühlte ich mich selbstbewusst. Einige waren die Väter meiner Schulfreunde."

Unten: Der Volkssturm bestand aus einer Mischung von Knaben des Jungvolks und alten Männern. Viele mussten selbst ihre Waffen für den eigentliche Kampf besorgen.

Die Pläne, Alte und Junge zu mobilisieren, eröffneten Aussicht auf ein neues Reservoire von Personal, und schon bald wollte jeder es anzapfen. Albert Speer, der Rüstungsminister, Bevollmächtigter für den Arbeitseinsatz, und Martin Bormann, Leiter der Naziparteikanzlei und Hitlers Privatsekretär, stritten sich um die Rekruten. Natürlich auch die SS. Am 27. Februar 1945 überredete Himmler Hitler zur Bewilligung der Rekrutierung von 6000 15- und 16-jährigen Knaben und einer Reihe von weiblichen Bataillonen.

Auch Artur Axmann wollte seinen Anteil. Eifrig bedacht, den Taten der *Hitlerjugend*-Division noch mehr Ruhm hinzuzufügen, versuchte er im Januar 1945, Himmler auf ein Mobilisierungsdatum für die „dritte Welle" des Volkssturms festzunageln, die 17-Jährige, die noch keine Uniform trugen, umfasste. Himmlers Antwort war vage. Der bedrückte Axmann hatte auf neue Hitlerjungen für den Kampf an der Ostfront gehofft, die sich durch die russischen Erfolge ständig westwärts bewegte.

Der Volkssturm an der Front

In Polen, wo die Russen am 17. Januar Warschau eingenommen hatten, dessen Ausläufer sie schon im Sommer davor erreicht hatten, standen Volkssturm-Formationen der „ersten" und „zweiten Welle" bereits im Kampf. Am 25. Januar begannen die Russen mit der Umzingelung Breslaus in Unterschlesien, und am 12. Februar erzwangen sie den Übergang über die Oder nach Nordwesten und erreichten den Fluss Bober. Die deutschen Kräfte in Schlesien waren nun gefangen. Einen Monat später sprengten sich die Russen ihren Weg von Haus zu Haus durch Breslau selbst. Unter den deutschen Truppen, die gegen sie kämpften, waren 38 Bataillone des Volkssturms und Mitglieder der lokalen Hitlerjugend. Der Hitlerjugendführer Schlesiens, Günter Fraschka, sah, was sich ereignete:

„Ich sah, wie Schlesiens Jugend an die Front getrieben und im Feuersturm geopfert wurde. Die Knaben, die neben mir fielen, waren 14 oder 15 Jahre alt ... Ich sah eine fast nur aus Kindern bestehende Kampfgruppe ... Ich war unter den wenigen Überlebenden. Die anderen gingen zugrunde. Ihr Opfer ist sinnlos, da der Rote Sturm sie verschluckt. Und er, der ihnen seinen Namen gab und versprach, die Zukunft würde ihnen gehören, hat sie schon lange verraten ... Schlesiens Knaben sind für ihn bloß Brennholz für den Ofen ... Für diese Jungen zerplatzt ihr Lebenstraum wie eine Seifenblase, wenn der Befehl zum Angriff kommt."

Im Süden hatten die Russen noch vor Ende 1944 Ostungarn besetzt und die Donau südlich von Budapest überschritten. Als Nächstes sollten die ungarische Hauptstadt eingeschlossen werden, wo sich der Großteil der Panzergrenadier-Division *Feldherrnhalle* verschanzt hatte, und alle deutschen Einheiten im Umland vernichtet werden. Doch es wurde ein schwieriger Kampf. Ein Gegenangriff des deutschen Heers, der am 1. Januar 1945 begann, war ein Schock für die Russen, so wie für die Amerikaner in den Ardennen. Sie hatten die Deutschen für zu schwach für irgendeine Offensivaktion gehalten. Der Gegenangriff und ein Ausbruchsversuch der Verteidiger von Budapest am 11. Februar brachten der Stadt keine Entlastung, doch die Deutschen bauten bereits eine lückenlose Verteidigungslinie westlich der Donau auf. Um diesen Erfolg auszunützen, planten die Deutschen einen neuen Sturm, dessen Hauptziel der 20 km tiefe russische Brückenkopf bei Gran nördlich der Donau und vier andere Brückenköpfe östlich davon sein würden.

Die Hitlerjugend *im Kampf*

Die *Hitlerjugend*-Division war bereits mit der Eisenbahn von Köln ins Gebiet südöstlich von Györ (Raab) aufgebrochen, und ihre einzelnen Teile waren am 11. Februar vor Ort. Unmittelbar vor dem Sturm auf die Brückenköpfe, in der Nacht vom 16. zum 17. Februar, sammelte sich die Division in der Gegend um Neuhäusel. Der Angriff auf die russischen Brückenköpfe wurde geheim gehalten und zu diesem Zweck erhielten die deutschen Einheiten spezielle Tarnnamen: Die *Hitlerjugend*-Division wurde als Ersatzstaffel „Wiking" bezeichnet. Die

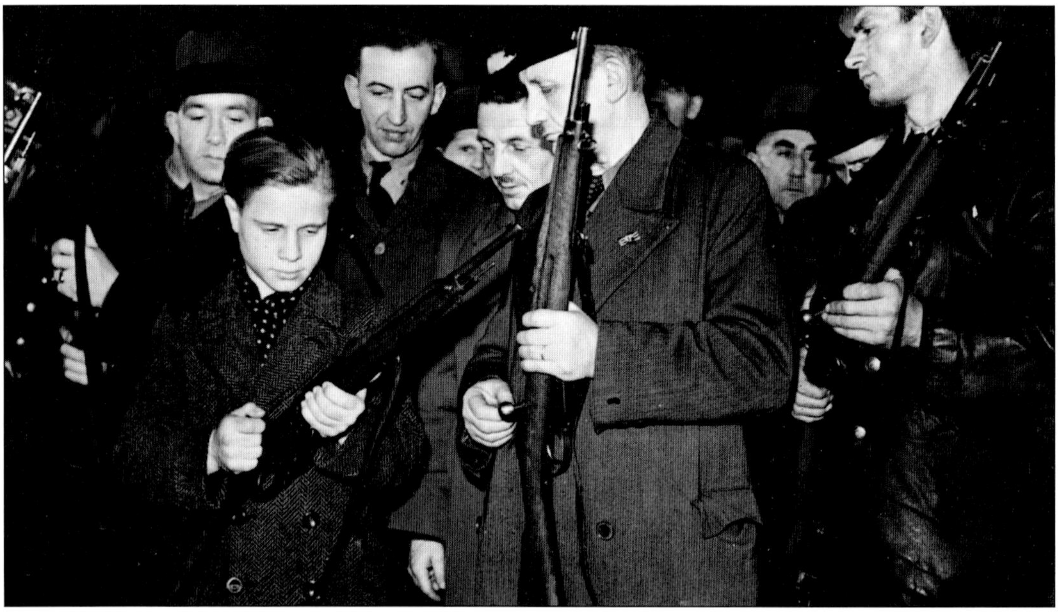

***Oben:* Ausbildung für den Volkssturm, November 1944 in Berlin. Hitler wollte 6 Millionen Mann, vor allem solche, die aus beruflichen Gründen vom Heeresdienst befreit waren.**

Regimenter der *Hitlerjugend*-Division wurden nun „Baustäbe" genannt.

Der Angriff begann am 17. Februar um 6 Uhr, als Soldaten der *Feldernnhalle*-Division, die sich der Belagerung Budapests entzogen hatten, die Russen erfolgreich überraschten und an einer Reihe von Stellen tief in ihre Linien eindrangen. Das darauf folgende Vorrücken geschah langsam, doch um 17 Uhr war Nemetszögyen eingenommen und der folgende Vormarsch brachte die SS-Panzerdivsion *Leibstandarte Adolf Hitler* und andere deutsche Einheiten bis an den Parizskanal, wo sie die Brücken zerstört vorfanden.

Das 25. und 26. Panzergrenadier-Regiment der *Hitlerjugend*-Division rückten zur Rechten und zur Linken der *Leibstandarte Adolf Hitler*-Division vor. Zwischen sich hatten sie bis 21 Uhr einen kleinen Brückenkopf über den Kanal eingenommen und erweitert. Sie mussten hart darum gegen ein russisches Bataillon kämpfen, das über zwei T-34-Panzer und zahlreiche Panzerjägerkanonen verfügte, doch gelang es ihnen, ihre Eroberung zu halten

Anschließend ging das 26. Panzergrenadier-Regiment auf einer Anhöhe 350 Meter südlich einer nahen Straßenkreuzung in Stellung, und am Nachmittag des 18. Februar nahm es mit anderen Teilen der *Hitlerjugend*-Division Köbölkut und die Anhöhe nördlich davon ein. Das deutsche Feuer, zu dem die Mörser des Regiments ihr Teil beitrugen, beschäftigte sich mit den russischen Panzerjägerkanonen, und das Regiment zog auf Hügel 186, rückte zur Straßen- und Bahnverbindung zwischen Köbölkut und Parkany vor und nahm Blockadestellungen im Süden und Südosten ein.

Standhafte Verteidigung

In der Nacht fror es, doch dann trocknete die Sonne die schlammigen Pfade im Kampfgebiet. Am Morgen des 19. Februar schlugen das 25. und 26. Panzergrenadier-Regiment russische Versuche, Köbölkut wiederzugewinnen, zurück. Die Panzer der *Hitlerjugend*, die sich in der Nacht südwestlich von Köbölkut gesammelt hatten, bereiteten einen Angriff auf Parkany vor, wurden aber auf der Straße von russischen „Stalinorgeln" (Raketenwerfern, auch

Katjuschas genannt) erwischt. Bei einem Angriff, der gegen Mittag begann, wurde Parkany nach einem schweren Scharmützel von Panzern außerhalb der Stadt, das die Russen etliche T 34 und die 9. Kompanie der *Hitlerjugend* zwei Personaltransporter kostete, eingenommen. Zwischen 20. und 21. Februar zog die *Hitlerjugend*-Division ins Gebiet südlich und südöstlich von Farnad weiter. Dort gab es russische Flugzeuge, und die Division verteilte daher ihre Fahrzeuge entlang der Straße. Die *Leibstandarte Adolf Hitler*-Division nahm in derselben Nacht Köhidgyarmat – doch um einen hohen Preis –, und am 21. Februar meldete die Aufklärung der Luftwaffe nach Einbruch der Dämmerung, die Russen schienen sich abzusetzen, vielleicht um eine neue Verteidigungslinie zu errichten.

Die *Hitlerjugend*-Division erhielt Befehl, das stark befestigte Dorf Bart anzugreifen, und erfuhr von der Bodenaufklärung, dass sich die Russen mit Mörsern, Panzerjägerkanonen und schweren Maschinengewehren in einer Reihe starker Stellungen verschanzt hatten. Die Zugänge nach Bart waren schrecklich, und der sanft gewellte Boden hie und da von Bächen durchzogen. Und es gab keine Deckung. Die einzige Chance war, bei Nacht anzugreifen. Zum Glück dämpften der Schnee und der weiche Boden den Vormarsch der *Hitlerjugend*, der bei Einbruch der Nacht begann. Damit die Panzer im Dunkeln nicht vom Weg abkamen, schnallten sich die hinteren Männer des 26. Panzergrenadier-Regiments rote Lampen an den Rücken. Trotzdem verloren die Panzer

Unten: Nur einen Monat vor der Kapitulation Deutschlands wird eine Gruppe des Volkssturms im Gebrauch der Panzerfaust und des MG 42-Maschinengewehrs eingeschult.

den Kontakt. Als sie aufschlossen, hielten sie die Panzergrenadiere für Russen und eröffneten aus Maschinengewehren das Feuer. Die durch den Lärm alarmierten Russen legten mit Maschinengewehren und Mörsern los.

Die Division macht weiter

Die Panzer begannen ihren Angriff auf Bart trotzdem um 4.45 Uhr, doch ehe sie die russischen Stellungen erreichten, gerieten sie in ein Minenfeld. Etliche Ketten wurden beschädigt. Sie mussten unter schwerem russischen Feuer repariert werden. Die Panzer zogen sich zurück, konnten aber etliche russische Panzerjägerkanonen ausschalten. Inzwischen hatten Männer der 9. Kompanie des 26. Panzergrenadier-Regiments das Minenfeld umgangen und nagelten trotz starkem Panzerjägerfeuer die Russen mit ihren 2-cm-Flak-Kanonen und anderen schweren Waffen fest. Kurz danach stießen die gepanzerten Personenträger der Angreifer nach Bart hinein und erreichten den Südrand des Dorfes. Günther Burdack von der 9. Kompanie berichtete, dass

„das Dorf mit feindlichen Fahrzeugen vollgestopft war. Die Leuchtspurgeschosse der 2-cm-Kanonen hatten eine verheerende Wirkung. Etliche T 34 und T 43 im Dorf zwangen den gepanzerten Personenträger in Deckung. Günther Drost versuchte, im Rückwärtsgang ein Scheunentor einzudrücken, um aus dem Feuer eines T 34 zu kommen. Drinnen war überraschenderweise ein weiterer T 34. Der Fahrer war am Bein verwundet worden und der Rest der Mannschaft verschwunden …"

Der deutsche Beschuss hatte Bart fast in eine Ruine verwandelt. Die meisten Gebäude waren schwer beschädigt, ganze Dächer waren weggerissen und die Mauern eine Masse von Schutt und Staub. In der offenen Schlacht, die durch die zerstörten Straßen wogte, konnten sich die Russen eine Zeit lang behaupten. Ein Entlastungsangriff wurde vom 26. Panzergrenadier-Regiment abgeschlagen, und am nächsten Morgen, dem 22. Februar, waren die meisten Russen fort. Sie hatten viele Panzerjägerkanonen, Mörser und Fahrzeuge zurückgelas-

Unten: Eine Volkssturm-Gruppe Ende 1944. Das Foto zeigt ihr unterschiedliches Alter. Auch für Veteranen aus dem Ersten Weltkrieg waren 3 Monate Ausbildung zu wenig.

***Rechts:** Ein traumatisierter Hitlerjugendsoldat, aufgenommen gegen Ende des Zweiten Weltkriegs nach seiner Gefangennahme durch die Amerikaner. Die in der Hitlerjugend erworbenen Fertigkeiten halfen diesen jungen Leuten beim Überleben der Mangellage während der Besatzung nach der deutschen Kapitulation. Nach der Entlassung aus den Gefangenenlagern und der vorgeschriebenen Entnazifizierung kehrten die Deutschen nach Hause zurück und fanden ihr Land in einem ausgelaugten Zustand vor.*

sen. Zwei T 34 und sechs 17,2-cm-Haubitzen wurden unbeschädigt von den Deutschen erbeutet. Unter den 80 gefangenen Russen befand sich auch ein Oberst.

Zwei Tage später wurde das Dorf Kemend nach schweren Von-Haus-zu-Haus-Kämpfen eingenommen, und kurz danach wurde der russische Brückenkopf an der Mündung der Gran für gesäubert erklärt. Die Verluste waren auf beiden Seiten hoch. Genaue Opferzahlen der *Hitlerjugend* blieben unbekannt, doch ein Zeichen für ihre Verluste war, dass sie vor der nächsten Offensive an der Donau zwischen 6. und 18. März 23 neue Offiziere, 60 Unteroffiziere und 1040 Soldaten erhielt, viele davon Rekruten von der Kriegsmarine. Die Russen verzeichneten 2919 Tote und 537 Gefangene, und neben anderem Material wurden auch 71 ihrer Panzer zerstört.

Die Russen waren der Feind, den die Deutschen am meisten fürchteten. In Deutschland glaubte man mit gutem Grund weithin, dass sie Vergeltung für die Invasion von 1941 und die danach von den Invasoren verübten Gräueltaten wollten. Die *Hitlerjugend*-Division und andere deutsche Kräfte entlang der Donau hatten daher mehr als nur einen kleinen Sieg errungen: Sie hatten die Russen für eine Weile länger von der deutschen Heimat abgehalten. Doch die Erleichterung darüber wurde vom Ernst der deutschen Gesamtlage Anfang 1945 gedämpft. Noch vor dem deutschen Erfolg an der Donau hatte der frühere Verbündete Ungarn am 20. Januar vor den Alliierten kapituliert.

***Oben:* Von Amerikanern bei Martinzelli gefangene Hitlerjungen. Sie wurden fair behandelt. Im Osten töteten sie sich oft eher selbst, als den Russen in die Hände zu fallen.**

Am 13. Februar fiel trotz aller Anstrengungen Budapest an die Russen. Am 5. März waren die US-Kräfte bereits in Köln, und zwei Tage später überquerten Soldaten der 9. US-Panzerdivision bei der Brücke von Remagen den Rhein.

Trotz dieser Lage gab es hochrangige Einwände dagegen, die deutsche Jugend in einer letzten verzweifelten Aktion zu vergeuden. General Siegfried Westphal, Generalfeldmarschall von Rundstedts Stabschef, verwies das OKW darauf, dass die Jugend der Samen der künftigen Streitkräfte sei. Rundstedt selbst hatte die Katastrophe schon nahen gesehen. „Es ist ein Jammer", sagte er 1944 über die *Hitlerjugend*-Division, „dass diese ergebene Jugend in einer hoffnungslosen Lage geopfert wird." General Karl Weidling, Kommandeur des 56. Panzerkorps, teilte seine Gefühle, als Artur Axmann in Hitlers Berliner Bunker kam und mitteilte, er habe der Hitlerjugend Befehl zum Weiterkämpfen gegeben. Tatsächlich waren schon 1500 zur Verteidigung der Hauptstadt eingesetzt.

Weidling wurde so zornig, dass er für eine Weile nichts sagen konnte. Schließlich erlangte er seine Fassung wieder und sagte in eindeutigen Worten zu Axmann: „Sie können diese Kinder nicht für eine Sache opfern, die bereits verloren ist ... Ich werde sie nicht einsetzen und verlange, dass der Befehl aufgehoben wird."

Die Hitlerjugend im Kampf

Doch die meisten Heeres- und SS-Führer teilten Westphals, von Rundstedts und Weidlings Skrupel nicht und nahmen Hitlerjungen in ihre Reihen auf. Schon bald kämpften die Knaben an der Ostfront, besonders in Pyritz im Weizacker in Pommern und in Stettin. Viele Tausend fielen. Von denen, die überlebten, töteten sich Hunderte eher sebst, als von den gefürchteten Russen gefangen zu werden, von deren angeblicher Brutalität und Grausamkeit ihnen ihre Hitlerjugend- und SS-Lehrer erzählt hatten. Im Februar 1945 verfügte Hitler, dass 15-Jährige als Ersatz für die Tausenden getöteten SS-, Waffen-SS- und Heeresoffiziere auszubilden seien. Das Reichsjugendamt wählte Knaben, die sich bei Kleinkaliber-Schießwettbewerben hervorgetan hatten, zur Ausbildung als Scharfschützen aus. Anfang März 1945 bestimmte das Amt 500 geeignete Jungen zu Assistenz-Reserveausbildnern im Projekt „Aktion Frühling". Die Jungen zwischen 17 und 18 sollten als Unteroffiziere im Heer oder in der Waffen-SS dienen und traten zunächst in ein Infanterie-Ausbildungsbataillon in Oldenburg ein.

Die zu dieser Zeit eingezogenen Hitlerjungen hatten eine zehnjährige oder längere Ausbildung hinter sich, doch der noch jüngere Volkssturm musste mit einer dreimonatigen auskommen und war ungenügend ausgerüstet. Als die Amerikaner am 7. März die Brücke von Remagen überschritten, versuchte eine bunte Gruppe von 500 Volksturm-Mitgliedern, 180 lokalen Hitlerjungen und 1176 Soldaten erfolglos, sie aufzuhalten. Die Amerikaner erlebten da erstmals den Schock, von bewaffneten Kindern angegriffen zu werden.

Neue Offensive in Ungarn

Einen Tag vorher, am 6. März, hatten die Deutschen an der Donau eine Offensive unternommen, um ihre im vergangenen Monat errungenen Erfolge zu festigen. Doch die Prämissen des Kampfs hatten sich geändert. Die Russen unterschätzten die deutschen Fähigkeiten nicht mehr selbstgefällig. Aus der Gefangennahme von Offizieren des I. SS-Panzerkorps hatten sie geschlossen, dass die Deutschen eine größere Offensive planten, da sich so wichtige Männer im Feld befanden. Diesmal waren

Unten: Die Opferzahlen der Hitlerjugend stiegen, als die Alliierten nach Deutschland vorrückten. Hier liegen nach der Rheinüberquerung im Ärz 1945 zwei tote Soldaten.

die Russen darauf vorbereitet. Die deutsche Absicht war, die russischen Kräfte zwischen der Donau, dem Balaton-See, wo es wertvolle Ölreserven zu schützen galt, und der Drau zu vernichten, und das Gebiet zwischen der Drau und östlich des Velence-Sees einzunehmen. Die *Hitlerjugend*-Division war Teil der Kräfte, die den Sio-Kanal erreichen und Brückenköpfe errichten sollten.

Das Wetter war in der 10-tägigen Pause seit der letzten Offensive nicht besser geworden. Am 6. März herrschten null Grad, es schneite, die Wolkendecke hing tief und bedrohlich und die Sicht war schlecht. Die *Hitlerjugend* traf bald auf Schwierigkeiten. Sie griff um 4 Uhr an, nur um in eine Reihe von starken Befestigungen zu laufen, wo die Russen gut eingegraben lagen und sich grimmig verteidigten. Die Division erzwang sich den Weg durch die vorderen Stellungen, wurde aber nach nur 45 Minuten gestoppt. Bei Tageslicht sah man starke russische Artilleriekräfte, die Feuer regnen ließen und schwere Verluste hervorriefen. Es gab keine Hoffnung, sich zu einzugraben. Der über Nacht gefrorene Boden war eisenhart. Die Russen verursachten mit ihren Stalinorgeln und Mörsern noch mehr Verluste. Der 2. Kompanie des 1. Bataillons des 26. Panzergrenadier-Regiments erging es nicht besser. Obwohl sie mit Unterstützung von zwei Jagdpanzern IV die Russen um 13.30 Uhr aus ihren Stellungen vertreiben konnten, waren ihre Verluste derart, dass das Regiment Befehl erhielt abzubrechen und auf Panzerunterstützung zu warten, um den Angriff am nächsten Tag wieder aufzunehmen. Schließlich konnten sie wegen der Beschaffenheit des Terrains nicht vorankommen.

Der Angriff wird abgeschlagen

Anderswo war das Muster ähnlich. Die *Hitlerjugend* und andere Einheiten griffen an, erlangten anfänglich Vorteile und wurden dann zurückgetrieben. Überall leisteten die Russen zähen Widerstand. Überall war der deutsche Erfolg relativ gering und allzu oft kehrte sich die Lage um. Regen, Schnee, Temperaturen unter null Grad und weicher, schlammiger Boden

Unten: Mitglieder des neu gebildeten* Volkssturms *ziehen am 12. November 1944 in einer Parade durch Berlin, eine Vorführung, die die Stärke des Reichs beweisen soll.

hemmten die Bewegungen, und die Operationen wurden durch starken Sturm bei Tag und Nacht noch mühsamer. Das Regiment erreichte am 11. März den Sio-Kanal und errichtete wie befohlen einen Brückenkopf, doch die deutsche Stärke war bereits alarmierend geschrumpft. Als am 15. März ein großer russischer Gegenangriff einsetzte, hatten sie ihm nicht viel entgegenzusetzen.

Gegen 8 Uhr griffen die Russen die vom Regiment gehaltenen Stellungen an und drangen durch. Obwohl sie von Artilleriefeuer zurückgeworfen wurden, war die Lage der Deutschen verzweifelt. Eine weitere russische Offensive, der schwerer Artilleriebeschuss voranging, war überwältigend, und am 18. März mussten die Deutschen ihre Niederlage akzeptieren. Dies war das letzte Mal, dass die *Hitlerjugend*-Division an einer Offensivaktion teilnahm.

Die Russen drängen vorwärts

Nach dem 17. und 18. März hatten die Russen ihren Schwung wieder gefunden und drängten weiter. Am 18. März waren sie westlich der Vertes-Berge tief eingedrungen und näherten sich rasch dem Balaton-See. Am Abend zog die *Hitlerjugend*-Division von ihrem Sammelpunkt bei Falubattyan nach Balinka, wo sie den Ostteil der Stadt verteidigen sollte. Unterwegs wurde sie von sowjetischen Flugzeugen angegriffen. Die Straße war schlammig und schwierig für Fahrzeuge, sodass die *Hitlerjugend* ihre Reise zu Fuß fortsetzen musste. Am Abend des 19. März verteidigte sie die Stadt, als die Russen erschienen. Sie war erfolgreich, und die Russen verloren sechs Panzer. Doch 4 km südlich von Balinka nahmen die Russen Isztmir ein. Am 20. März erhielt die *Hitlerjugend* den Befehl, sie zu vertreiben, doch der Versuch scheiterte, als ein russischer Stoß die linke Flanke des 26. Panzergrenadier-Regiments traf.

Langsam, aber unbarmherzig stießen die Russen vorwärts, an manchen Stellen gelegentlich von deutschem Gewehrfeuer, Maschinengewehren, einem Handgranaten-Schauer oder explodierenden Stoßgranaten aufgehalten. Nie wurde ihr Vormarsch lange gehemmt. Allmählich besser werdendes Wetter half ihnen. Die düstere Realität der Lage wurde bald klar: Die Deutschen, knapp an Männern, Benzin und Munition, kämpften gegen überlegene Kräfte, die ihnen keine Zeit zum Errichten einer kontinuierlichen Verteidigungsfront ließen. Immer wieder brachen die Russen durch und fegten die deutschen Abwehrversuche beiseite. Auch wo die *Hitlerjugend* und andere Einheiten standhielten, wie in Balinka, konnten sie wegen der Schwäche der deutschen Front nicht bleiben und mussten ihre hart erkämpften Stellungen aufgeben.

In der Nacht vom März zum 1. April stießen die Russen zwischen Ödenburg und Sopron über die österreichische Grenze und betraten damit das Territorium des Dritten Reichs. Die *Hitlerjugend*-Division konnte der Umzingelung entgehen und kämpfte sich ihren Weg in der Nacht durch Ödenburg frei. Kampfgruppen des 25. und 26. Panzergrenadier-Regiments nahmen 50 km entfernt Positionen entlang der Straße nach Wien ein, doch hatten sie keine Panzerjägerwaffen, und als die Russen eintrafen, mussten sie sich zurückzuziehen.

Am Nachmittag, gegen 15 Uhr, errichteten die Kampfgruppen der *Hitlerjugend* bei Hornstein am Fuß des Leithagebirges eine Blockadestellung und konnten zwei T 34 und zwei russische gepanzerte Personenträger mit Infanteriegeschützen und ihren eigenen gepanzerten Personenträgern ausschalten. Dies hielt die Infanterie, die unter Deckung durch Artilleriefeuer in die Gärten am Rande Hornsteins eindrang, auf, doch dann umgingen die Russen die Kampfgruppen, und alle Hoffnungen lösten sich auf, als diesen die Munition ausging.

Nur noch Reste

Nun waren von manchen Einheiten des 26. Panzergrenadier-Regiments nur noch Reste übrig. Das 2. Bataillon war nach Hornstein so reduziert, dass es aufgelöst wurde, und das 1. Bataillon hatte sich schon am 31. März nach einem Gegenangriff aufgelöst. Den Überlebenden blieb es selbst überlassen, ihren Weg zu den deutschen Linien zurück zu finden. Eine Gruppe des 1. Bataillons wurde von den Rus-

***Rechts:* Kommandeur der Militärpolizei Major El Boochvon von der 2. Panzerdivision, 3. US-Armee, spricht mit zwei sehr jungen deutschen Soldaten, die am 15. April 1945, weniger als einen Monat vor Kriegsende, bei Kulmbach gefangen genommen wurden. Ein Zeichen für die dürftige Ausstattung des Volkssturms war, dass die Knaben zwar Uniformen trugen, doch keine Waffen hatten, um gegen die Amerikaner zu kämpfen.**

sen durch den Wald und über die Flüsse verfolgt, sie wateten durch das brusthohe Wasser des Neusiedler Sees, bis sie nach acht Wochen Marsch Zuflucht im Wienerwald fanden. Dort entdeckten sie, dass die Front zu weit im Westen lag, um sie zu erreichen. Am 7. Mai, bei Kriegsende, waren sie immer noch im Wienerwald. Die Verfolgung war für manche der Flüchtlinge zu viel. Hungrig, durstig, erschöpft und durchnässt sanken sie in Straßengräben, Weingärten oder Feldern nieder. Die Russen schlachteten sie ab, wo sie sie fanden.

An anderen Orten konnten andere Einheiten der *Hitlerjugend* und die noch übrigen Einheiten des I. SS-Panzerkorps den russischen Vormarsch nach Wien höchstens kurz aufhalten. Es gab sporadische Kämpfe bei Dörfern, in Wäldern, entlang Talabhängen und Bächen. Blockadestellungen wurden errichtet, aber bald aufgegeben. Die Russen zerstörten oder umgingen sie, und die Deutschen fanden sich plötzlich von hinten angegriffen. Sie hatten nun nur noch sehr wenige schwere Waffen und keine Panzer. Überall brachen die Russen durch, räumten auf und zogen weiter. Am 7. April 1945 erreichten sie Wien, und nach sechs Tagen harter Straßenkämpfe gehörte ihnen die Stadt. Sie machten dabei etwa 130.000 Gefangene.

Neue Panzerjäger-Einheiten

Die anerkannten Formen der Kriegsführung, wie sie die *Hitlerjugend*-Division und andere Einheiten entlang der Donau und anderswo im Reich anwendeten, hatten offenbar bei der

Rettung des Vaterlands versagt. Obwohl die regulären Truppen weiterkämpften (wenn auch nur, um dem Feind vor der unvermeidlichen Niederlage noch möglichst große Verluste zuzufügen), wandte sich der Widerstand nun mehr irregulären Mitteln zu, etwa einer Idee Axmanns: zur Zerstörung von Tanks ausgebildete Einheiten der Hitlerjugend. Axmann hatte seinen Plan in einer dramatischen Erklärung im *Völkischen Beobachter* vom 28. März 1945 sinngemäß wie folgt bekannt gegeben:

„Aus der Hitlerjugend ist eine Bewegung junger Panzerknacker entstanden. ... Es gibt nur Sieg oder Vernichtung. Eure Liebe zum Volk soll keine Grenzen haben, so wie euer Hass zum Feind keine Grenzen haben soll. Es ist eure Pflicht zu wachen, wenn andere müde sind, zu stehen, wo andere wanken. Eure größte Ehre aber ist eure unerschütterliche Treue zu Adolf Hitler."

Sechs Tage darauf präsentierte Axmann seinen Plan von Panzerzerstör-Einheiten Martin Bormann, doch der Befehl, mit der Ausbildung zu beginnen, war bereits erteilt worden. Die Schulung im Waffengebrauch und im Bau von Panzerfallen sollte drei Wochen dauern. Jede Kampfeinheit bestand aus neun Knaben, sechs davon sollten Panzerfäuste benutzen, drei mit Maschinengewehren Deckung geben. Nach der Ausbildung kamen etwa 2000 Hitlerjungen der Panzerzerstör-Einheiten zur deutschen 9. Armee südwestlich Berlins. Es war ein kurzlebiger Versuch. Die Letzten von ihnen wurden von den Russen am 20. April vernichtet.

Drei Tage später führte Axmann ein Bataillon von etwa 1000 Hitlerjungen, die die Wann-

Unten: Aus Soldaten werden wieder Kinder. Vor vier von den Amerikanern gefangenen Hitlerjugendmitgliedern werden am 15. April 1945 ihre Uniformen verbrannt.

seebrücken in den Vorstädten Berlins verteidigen sollten, bis sie von einer Heereseinheit unter General Walter Wenck abgelöst würden. Der General der Waffen-SS Felix Steiner, ein Veteran der Ostfront, befahl sie zu ihrem Stützpunkt zurück. Er meinte, die Jungen seien nicht ausgebildet und würden sinnlos abgeschlachtet werden. Tatsächlich kam General Wenck nicht. Stattdessen befahl er seinen Männern, sich den Amerikanern zu ergeben, ehe sie den Russen in die Hände fielen.

Die Werwölfe

In diesen letzten Tagen des Reichs gab es mit der Einführung der Werwolf-Kämpfer der Hitlerjugend auch geheimnisvollere Maßnahmen. Die Nazipropaganda versuchte gewaltsam den Eindruck zu erwecken, diese Mörderschwadronen würden in ganz Deutschland Zerstörungen anrichten und alliierte Soldaten und jene Deutschen, die mit ihnen zusammenarbeiteten, ins Visier nehmen und töten.

Ausgangspunkt dieser Vorstellung war die Ermordung Franz Oppenhoffs, des neuen, von den Amerikanern ernannten Bürgermeisters von Aachen, durch eine Werwolf-Kommandogruppe, zu der der 16-jährige Führer des lokalen Hitlerjugend-Streifendienstes gehörte, am 25. März 1945. Goebbels und das extra eingerichtete „Radio Werwolf" nutzen den Vorfall aus, und in der britischen und amerikanischen Presse gab es etliche ungenaue, fast hysterische Meldungen. Unter den von „Radio Werwolf" gebrachten Geschichten war der Bericht über einen Angriff einer Gruppe von 10-Jährigen auf Amerikaner in Koblenz und die Tötung dreier amerikanischer Offiziere in Frankfurt am Main.

Diese Art von Untaten war aber nicht der Zweck der Werwolf-Kommandos. Ihre Absicht

Rechts: Dezember 1944. Ein mit langem Gras getarntes Mitglied des Volkssturms lernt das Abfeuern der Panzerfaust von einem erfahrenen Veteranen (wie dessen Ärmelabzeichen zeigen). Da viele Volkssturm-Soldaten sowohl ihre Arbeit weiter verrichten wie auch ausbilden mussten, bestand die Kampfausbildung in vier Stunden jeden Sonntag. Es bestand wenig Gewähr, dass sie Waffen zum Kämpfen erhalten würden, wenn man sie anforderte.

Oben: Hitlerjugendsoldaten mit ihrem Kommandeur unter britischer Bewachung. Als die Hitlerjugendsoldaten gefangen wurden, bot die SS immer mehr „Werwölfe" auf.

war Sabotage und Zerrüttung hinter den alliierten Linien. Die Vorbereitungen dazu waren seit November 1944 im Gange, als im Schloss Hülchrath in der kleinen Stadt Erkelenz nahe am Rhein ein Werwolf-Stab gebildet wurde. Erkelenz war ruhig und lag abseits. Dort würde ein Zentrum für Zerstörung, das Ausrüstung enthielt, am wenigsten auffallen. Unter den ersten Rekruten, die ausgebildet wurden, waren etwa 200 Hitlerjungen, die bereits im Gebrauch von Revolvern, Maschinenpistolen und der Panzerfaust, einer einfachen, doch wirkungsvollen Panzerjägerrakete, geübt waren. Dazu lernten die Jungen den Umgang mit Sprengstoffen, wie man Wasser und Nahrungsmittel mit Arsen vergiftet und Sabotage an Fahrzeugen. Die Ausbildung unter Schirmherrschaft der SS schloss ein Training im Führen eines Doppellebens mit ein. Bei Tag würden die Werwölfe wie andere Bürger gekleidet in einer Stadt erscheinen und ihre „harmlose" Identität auf Verlangen mit von der Gestapo gefälschten Ausweisen beweisen. Nachts sollten sie dann ihre Waffen und Ausrüstung aus geheimen Bunkern in der Nähe holen und Kommunikationsverbindungen, Vorratslager und andere wichtige alliierte Einrichtungen angreifen.

Die Hitlerjugend mordet

Der Hitlerjugend gefiel die Idee eines Guerillawiderstands und es gab eine Reihe von Morden. In Köln-Deutz erschoss ein 17-jähriger Hitlerjunge einen Arbeiter aus der Ukraine, während dieser sich gerade erleichterte. In Hannover spottete ein Bürgermeister über Pläne, eine Hitlerjugend-Widerstandsgruppe zu bilden, und wurde kurzerhand erschossen. Drei Zivilisten

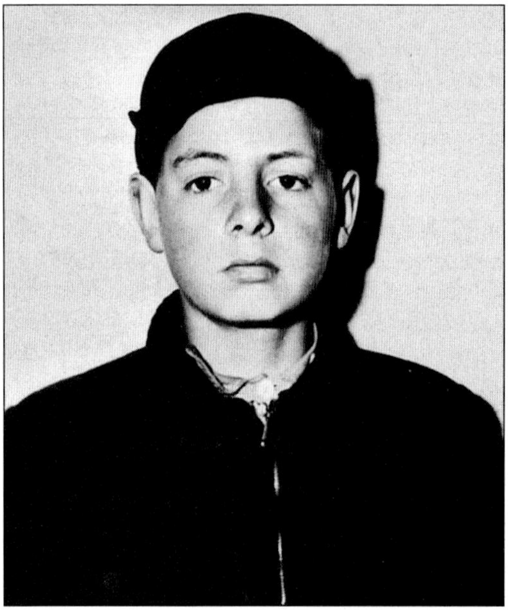

Oben: Ein Werwolf. Das Bild zeigt einen 13-Jährigen nach seiner Gefangennahme wegen Sabotage an Kommunikationsverbindungen von US-Einheiten im Sektor der 9. Armee.

wurden auf einer Straße bei Rothenburg an der Tauber ermordet, weil sie 25 Hitlerjungen auf dem Weg zu einer im Gebiet kämpfenden SS-Einheit entwaffnen wollten. Einer der grausigsten Werwolf-Morde geschah am 17. April 1945 in Quedlinburg, als der Hitlerjugend-Bezirksführer einen Arzt, der aus der Stadt zu entkommen versuchte, ermordete. Der Täter hängte den blutgetränkten Mantel des Opfers als Trophäe an die Wand des Werwolf-Verstecks.

Verzweiflungsangriffe

Anfang April war Radio Werwolf immer noch in Aktion und hetzte die Werwölfe zu Angriffen auf die amerikanischen und anderen alliierten Truppen auf. Sie zogen los und legten Hinterhalte. Im Ruhrgebiet verwickelten sie amerikanische Infanterie in Kämpfe, sprangen aus den Wäldern, um Opfer zu machen und dann unter den Bäumen zu verschwinden. Als sie gegen britische Tanks vorgingen, hieß es töten oder getötet werden. Soldaten, die alt genug waren, ihre Väter zu sein, erzählten später, wie sie sie erschießen mussten, um selbst zu überleben.

Anderswo bemannten 12-Jährige und Jüngere Artilleriebatterien und kämpften weiter, bis sie alle tot waren. Eine Kompanie von 130 Hitlerjungen versuchte, vorrückende russische Panzer aufzuhalten, doch obwohl sie bis zum letzten Atemzug in einem Graben ausharrten, half es nichts. Die Knaben suchten in einem Bunker Schutz. Nach zwei Tagen pausenlosen Kampfes waren sie völlig erschöpft und schliefen trotz des über ihnen weitergehenden Kampflärms ein. Als sie schließlich wieder auftauchten, war der Schauplatz verwüstet: zerstörte, brennende Gebäude, Schutthaufen und der überwältigende Geruch nach Staub und Tod. Die im Kampf gegen die Russen getöteten Hitlerjungen lagen verstreut herum.

Die Alliierten sind entsetzt

Die Amerikaner, die auf diese Hitlerjungen und andere Knaben trafen, merkten entsetzt, wie jung ihre Gegner waren, doch dies hinderte sie nicht, einen 16- und einen 17-Jährigen als Spione hinzurichten, nachdem diese einen Anschlag auf einen amerikanischen Nachschubkonvoi versucht hatten. Diese Knaben waren vergleichsweise alt. Ein Foto von vier von US-Soldaten gefangenen Knaben zeigte auch ein Kind von acht Jahren. Der älteste war 14. Am 30. April bemannte in München eine Gruppe von Knaben, der jüngste davon 13, eine hastig errichtete Barrikade auf der Maximilian-Brücke, war aber anscheinend vor der langen Reihe von Sherman-Tanks, die die Maximilianstraße herunterkamen, so erschrocken, dass sie unfähig waren, ihre Panzerfäuste abzufeuern. Sie wurden gefangen genommen und am 1. Mai ins Konzentrationslager Dachau gebracht, wo sie die Reihen der bleichen, ausgemergelten Insassen sahen. Diese starrten die Jungen nur ausdruckslos an. Ein amerikanischer Soldat befahl den Knaben, die Tür eines der Güterwaggons zu öffnen, die auf einem Gleis im Lager standen. Das Skelett einer Frau fiel heraus. Drinnen sahen die Hitlerjungen eine zusammengepferchte Menschenmasse. Alle tot, doch so eng gepackt, dass sie aufrecht standen. Später zeigte man den Hitlerjungen die Öfen in Dachau, aus denen noch Leichenteile und Knochen ragten. „In jener Nacht“, schrieb einer der Knaben, „fand ich keinen Schlaf.“

Die meisten Hitlerjungen in diesem Verzweiflungskampf wollten keine Gefangenen werden. Sie kämpften, bis sie tot waren. An Aufgabe dachten sie als Letztes. Eine Werwolf-Gruppe, die sich im Wald nördlich von Hamburg versteckte, weigerte sich am 1. Mai, sich den Briten zu ergeben. Auf Befehl von Admiral Dönitz mussten Männer der 8. Fallschirmjäger-Division hingesandt werden, um ihre Weigerung zu beenden. Sie fanden die meisten der Hitlerjungen tot unter den Bäumen liegen. Die paar Überlebenden hatten sich in Bunkern versteckt. Dies war einer der ersten Akte von Dönitz als deutscher Regierungschef. Erst 24 Stunden zuvor war er Hitler nachgefolgt, der sich in seinem Berliner Bunker getötet hatte.

Hitlers letzter Akt

Bei seinem letzten öffentlichen Akt verlieh Hitler an seinem 56. Geburtstag, dem 20. April, 12-Jährigen für ihre Leistungen bei der Verteidigung Berlins das Eiserne Kreuz. Axmann, Himmler, Göring and Goebbels sahen zu, wie der Führer ihnen dankte. Er selbst erschoss sich 10 Tage später. 1933 hatte er gesagt: „Ich fange bei der Jugend an.“ Zwölf Jahre später waren sie zuletzt bei ihm, als sein und ihr „Tausendjähriges Reich“ in Blut, Flammen und der Zerstörung des totalen Kriegs unterging.

Unten: Hitler, nunmehr ein Wrack, verleiht am 20. April 1945 einer Gruppe von Knaben, darunter 12-Jährigen, das Eiserne Kreuz Zweiter Klasse. Zehn Tage später erschoss er sich.

KAPITEL 11

EPILOG

Das Leben, wie es die Hitlerjugend kannte, ging am 7. Mai 1945, als das Dritte Reich kapitulierte, zu Ende. Am 8. Mai ergab sich die *Hitlerjugend*-Division befehlsgemäß der 65. US-Infanterie-Division bei Enns in Österreich. Doch manche Hitlerjungen kämpften trotzdem weiter. Noch bis zum 31. Juli gingen im Sudetenland die Sabotageakte der Werwolf-Gruppe weiter. In Berlin versuchten andere Hitlerjungen, inmitten der Verwüstung zu überleben. Sie durchstöberten die Ruinen auf der Suche nach Kohle und Holz für Feuer. Sie stahlen Nahrung und Zigaretten von amerikanischen Soldaten. Die stolzen, harten und grausamen Jungen, von denen Hitler geträumt hatte, waren nun Obdachlose.

Nun sollten die ehemaligen Führer für ihre Taten büßen. Baldur von Schirach gab sich zunächst als Schriftsteller aus, gab aber dann auf und wurde in Nürnberg angeklagt. Er schien von Reue erfüllt. Vor Gericht sagte er: „Es ist meine Schuld, die ich vor Gott und dem deutschen Volk trage, dass … ich die deutsche Jugend für einen Mann erzogen habe, der millionenfachen Mord beging. … Ich glaubte an diesen Mann. Dies ist alles, was ich zu meiner Verteidigung zu sagen habe.“ Am 1. Oktober 1946 wurde von Schirach wegen „Verbrechen gegen die Menschlichkeit“ zu 20 Jahren Haft verurteilt. Nach seiner Entlassung lebte er zurückgezogen in Südwestdeutschland. Er starb 1974 in Kröv in Westdeutschland.

Artur Axmann entkam den alliierten Behörden eine Zeit lang. Er flüchtete am 1. Mai 1945 aus Berlin und wurde aber erst im Dezember

Links: Der Krieg ist endlich vorbei. Eine Gruppe der Hitlerjugend, froh am Leben zu sein, steigt am 9. Mai 1945 von den Bergen herab und ergibt sich den US-Truppen.

nach Entdeckung einer geheimen Nazizelle, die er organisierte, gefasst. Axmann kam zweimal vors Entnazifizierungsgericht, zunächst im November 1949 in Nürnberg, wo er als „Hauptschuldiger“ zu 39 Monaten verurteilt wurde, dann 1958 in Westberlin, wo er 35.000 Mark als Strafe erhielt. Dies scheint seine Haltung nicht geändert zu haben, er wurde Führer einer Naziuntergrundbewegung. 1996 starb er in Berlin.

Kurt Meyer wurde wegen seiner Verantwortung für den Mord an kanadischen Gefangenen am D-Day in der Ardenne-Abtei in Kanada vor Gericht gestellt. Er wurde zum Tod verurteilt und später zu 14 Jahren Haft begnadigt. 1954 wurde er aus Gesundheitsgründen entlassen. Er starb 1961 in Hagen in Westdeutschland an einem Herzanfall. Der Prozess gegen Meyer war einer von dreien gegen Hitlerjugendmannschaften. Im Juni 1944 wurden sechs, die der Tötung von französischen Widerstandskämpfern für schuldig befunden worden waren, von einem Erschießungskommando hingerichtet. Zwei weitere wurden wegen dreier Morde in der Ardenne-Abtei 1949 in Hameln gehängt.

Noch ehe die Gerichte die Verbrechen der Männer aufdeckten, die ihre Vorbilder gewesen waren, gab es bei der Hitlerjugend äußerst unterschiedliche Reaktionen. Manche bereuten nie, sondern bewahrten den Glauben, den man ihnen als Kinder beigebracht hatte, bis ins Alter. Andere wurden gezwungen, sich ihrer Verantwortung zu stellen, und obwohl es manchmal lange dauerte, akzeptierten sie sie schließlich. Alfons Heck etwa, ein 17-jähriger Bezirks-Hitlerjugend-Führer, war ein fanatischer Anhänger Hitlers gewesen. Im Juni 1944 hatte er etwa 180 Knaben unter sich, die jüngsten davon 15 Jahre, die eine Panzerabwehrsperre in einer kleinen Stadt nahe der luxemburgisch-deutschen Grenze graben sollten. In seiner Arroganz befahl er, eine kleine Schule als Quartier für seine „Männer“ zu schließen, warf den Direktor hinaus und drohte, ihn zu erschießen. Nach dem Krieg wurde Heck wegen der Fortsetzung des Kampfes nach der Kapitulation im französischen Sektor vor Gericht gestellt. Eine seiner Strafen bestand in einem Monat harter Zwangsarbeit, bei der er die Leichen französischer Gefangener aus einem Massengrab exhumieren half. Als man ihnen Filme von den Todeslagern zeigte, glaubten Heck und andere Hitlerjungen an eine Fälschung. Doch allmählich wurde er sich seiner und der Schuld seiner Mentoren bewusst. „Ich nahm es den Älteren, besonders unseren Erziehern bitter übel“, bekannte Heck. „Sie hatten uns der grausamen Gewalt eines neuen Gottes übergeben.“

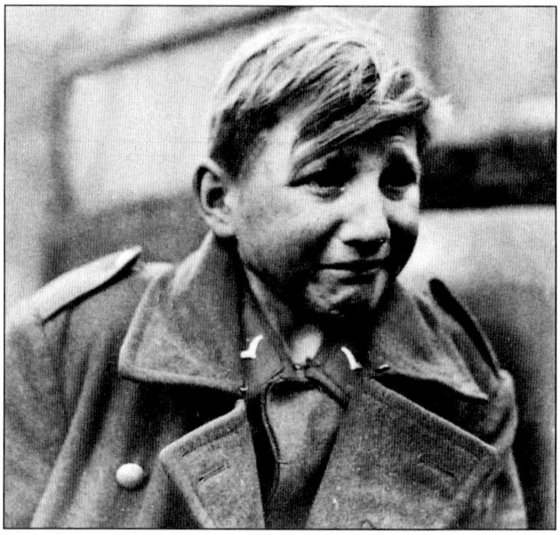

Oben: Ein verwirrter, östlich des Rheins gefangener Hitlerjunge. Hitlers Idee einer militärischen Jugend beraubte Millionen junger Menschen ihrer Kindheit oder ihres Lebens.

Andere frühere Hitlerjungen trösteten sich angesichts derselben entsetzlichen Wahrheiten mit dem Vergessen. Doch dieses konnte nie vollständig sein. Wie Peter Langer, ein Österreicher, der die Mitgliedschaft in der Hitlerjugend verweigerte, 2000 über die Mitglieder der Bewegung schrieb:

„Die Haltung zu jener Periode ihres Lebens reicht von tiefer Scham bis zur Bitterkeit gegenüber denen, die sie so lange irregeführt hatten. Sie wollen nicht daran erinnert werden … Menschen, die das nicht erlebt haben, sagen: ‚Sprich darüber und werde es los.‘ Doch so einfach ist das nicht. Man kann endlos darüber reden, doch die Narben brechen auf und bluten wieder. Du wirst es niemals los.“

Erinnerungen eines alt gewordenen "Pflichtmitglieds" der HJ.

Aufgewachsen in einer mehr als kosmopolitischen Umgebung in Prag, war die HJ für uns anders als wahrscheinlich die HJ, wie sie im Altreich oder in der Ostmark war.
Von den Eltern schon früher bei den Georgspfadfindern eingeschrieben, trat ich 1938 als Wölfling ein. Der 1939 erfolgte Einmarsch Deutschlands in das Protektorat Böhmen-Mähren war Anlaß, die Pfadfinder aufzulösen. Wir mußten mehr oder weniger freiwillig in die HJ als Jungvolk überwechseln.
Ich betrachtete diesen Wechsel als einen Übertritt von einem Jugendverein in einen anderen. Einen politischen Hintergrund hatte es sicher nicht. Ich war nun ein "Pimpf".
Im Verlauf stellte sich dann heraus, daß man in diesem Verein (Organisation) viel Sport betreiben konnte. Ebenso wurden Großfahrten nach Deutschland organisiert.
Die erste Fahrt führte mich nach Ostpreußen zu den Masurischen Seen (Nikoleiken – Allenstein).
Dies spielte sich alles im Sommer 1939 ab. Ab September 1939, als der Krieg mit Polen begann, war die Begeisterung bereits vorbei. Ich und viele. andere Gleichgesinnte versuchten, möglichst wenig mit der HJ zu tun zu haben. Aber so einfach war das nicht.
Es wurde dann viel Anwesenheit und Disziplin verlangt, ein Austreten war nicht möglich.
Es war daher notwendig, sich aus dem allgemeinen Betrieb herauszuhalten. Man konnte sich für spezielle Disziplinen melden. Ich meldete mich zum Schwimmen, Reiten und Tennis.
Es gab eine eigene Sektion Schwimmen (Leistungsklasse), Reiter HJ und eine Tennissektion.
Ich mußte daher nur noch sporadisch zu den Heimabenden. Besonderen Wert legte ich darauf, keine Uniform anzuziehen, da die Bevölkerung dies sehr kritisch beobachtete.
Je länger der Krieg dauerte, umso weniger HJ-Uniformen wurden gesichtet, da ab einem gewissen Jahrgang alle jungen Leute zum Arbeitsdienst einberufen wurden.

N. L

Kursiv gesetzte Zahlen beziehen sich auf Abbildungen